浙江省社科规划课题成果（15NDJC190YB）
浙江理工大学人文社科专著出版资金资助（2016年度）
2015年浙江省提升地方高校办学水平专项资金项目资助

网络知识产权犯罪制裁体系研究

于志强 著

浙江理工大学法学文库

法律出版社
LAW PRESS · CHINA

目 录

PREFACE >>

前言

人类正处于知识经济的崭新时代,知识经济是以知识和技术作为经济增长与发展的主推动力的经济形态,而与知识密切联系的知识产权则是人类智慧的结晶,是文明进步的成果与标志,已成为经济发展的加速器和助燃剂。在这个意义上说,我们所处的时代是一个知识经济时代,同时也是一个知识产权时代。互联网的大规模普及和运用标志着信息化时代的到来。网络发展到今天,已经由信息检索和发布工具转变为基础的生活、工作平台,并以其迅捷的发展态势渗透到社会生活的方方面面。在此过程中,出现了"网络社会化"与"社会网络化"两个并行不悖而又相互勾连的现象,网络社会化是指发生在网络空间中的行为越来越具有现实的社会意义,社会网络化是指网络成为新的社会关系的纽带,借助网络社交工具,素昧平生的人找到了新的沟通与交流途径。当然,网络的运用给人们带来的并非只是便利和快乐,网络犯罪与网络的发展如影相随,网络著作权犯罪可能未必是最吸引人眼球的犯罪类型,但肯定是传统刑法最感到棘手的犯罪类型之一。

随着知识产权所蕴涵巨大经济价值的体现,侵犯知识产权行为愈演愈烈,已成为联合国规定的知识产权犯罪中最为严重的犯罪之一。国际知识产权刑法保护的体系正在逐步构建起来。中国对知识产权的刑法保护逐步与国际接轨,并形成了自己的特色。

随着全球化进程的加快和网络时代的到来，知识产权犯罪趋势发生重大变化，其犯罪类型、组织形式、犯罪结构、行为方式都呈现出全新的态势，对于传统的国内法体系和国际法规则带来严峻的挑战，而在主要发达国家将知识产权犯罪研究的重点转向积极探索新的国际规则时，国内理论界对知识产权犯罪的研究则存在明显的滞后。

由于缺乏问题意识和对信息网络带来的犯罪变革的关注不足，使国内对新型知识产权犯罪的研究严重滞后，但我国所面临的新型知识产权犯罪的威胁却日益严重，因此，我国目前急需理论上的跟进性研究，为刑事立法和司法实践提供理论支撑。

从计算机时代到网络时代，再到信息时代，然后发展到大数据时代，大数据时代由于是各种信息的“爆发式”增长，可以说其是信息时代的“2.0 版本”。在虚拟空间的知识产权犯罪也从计算机时代的侵犯计算机软件等初级行为进化到网络知识产权犯罪，然后到如今的大数据背景下的网络知识产权犯罪，都与传统的知识产权犯罪有巨大的差别，对于传统知识产权刑法保护是一个极大的挑战。刑法制裁体系对于网络知识产权犯罪的保护不足不仅仅是立法本身的原因，在一定程度上也是由于大数据时代和知识经济时代的双重背景产生的新型法益导致传统的知识产权刑事保护体系不可以完全满足知识产权的保护需要。因此，对于大数据时代网络知识产权刑法政策应当适用新时代的要求进行一定的转化。

CHAPTER 01 >> 第一章

信息网络传播权的现实困境与解决思路

一、大数据背景下信息网络传播权的现实困境与解决思路

(一)大数据背景下的新媒体传播机制

大数据是随着云计算、移动互联网和物联网的不断发展应用产生的一种网络产物。在网络突破带宽、费用等发展“瓶颈”进入高速发展阶段就会爆炸式地产生海量数据,这种数据的产生速度、产生数量实在是太大了,与以往的数据有着天壤之别,因此,称为大数据。

国际数据中心 IDC 在 2011 年的报告中定义了大数据:“大数据技术描述了一个技术和体系的新时代,被设计于从大规模多样化的数据中通过高速捕获、发现和分析技术提取数据的价值。”这个定义刻画了大数据的四个显著特点,即容量(volume)、多样性(variety)、速度(velocity)和价值(value)。[①] McKinsey 公司的研究报告中将大数据定义为“超过了典型数据库软件工具捕获、存储、管理和分析数据能力的数据集”。[②]

大数据自产生起就不断引起人们的注意,人们逐

---

① Gantz J, Reinsel D. Extracting value from chaos. IDC iView, 2011:1-12.

② Manyika J, Chui M, Brown B, et al. Big data: the next frontier for innovation, competition, and productivity. McKinsey Global Institute, 2011.

渐认识到大数据当中所存在无穷无尽的商业价值和其他可以利用的价值。

新媒体(New Media),是指当下万物皆媒的环境,简单说新媒体是一种环境。新媒体涵盖了所有数字化的媒体形式,包括所有数字化的传统媒体、网络媒体、移动端媒体、数字电视、数字报纸杂志等。一个相对的概念,是报刊、广播、电视等传统媒体以后发展起来的新的媒体形态,包括网络媒体、手机媒体、数字电视等。新媒体也是一个宽泛的概念,即利用数字技术、网络技术,通过互联网、宽带局域网、无线通信网、卫星等渠道,以及电脑、手机、数字电视机等终端,向用户提供信息和娱乐服务的传播形态。严格地说,新媒体应该被称为数字化新媒体。[①]

在互联网行业,对大数据的分析可以为商家制定更加精准有效的营销策略提供决策支持。互联网行业的主要特征之一是各种类型的信息和数据都呈现爆炸式增长,同时用户行为和网络中的社会群体变得更加多样化、复杂化。[②] 因此,新媒体的传播机制也随着大数据的不断发展而发生的根本性的变化。比如,新媒体可以根据社会公众的浏览习惯,依据大数据运算,有针对性地进行个性化的新闻推送,以达到增加用户黏度的目的。

(二)新媒体传播过程中的著作权争议

网络传播过程中特别是移动互联网的传播过程最常见的就是新闻转载问题。根据《著作权法》的规定,除了某些情况下,使用他人作品必须取得著作权人许可并支付报酬,并且不得侵犯著作权人的署名权、保护作品完整权等其他权利。但是对于通过报纸、期刊、广播电台、电视台、信息网络等媒体报道的单纯的事实消息等时事新闻不适用于《著作权法》保护。这就意味着对于此类单纯的时事新闻,可以不经著作权人许可,也不用支付报酬,只须尊重其署名权等人身权利,就可以进行转载。

但现实中纯粹的时事新闻比较少见,更多的是加入作者自己对此

---

① 百度百科:《新媒体》,载 http://baike. baidu. com/item/% E6% 96% B0% E5% AA% 92% E4% BD% 93/6206,2016 年 8 月 10 日访问。

② 韩耀强:《大数据引领产业变革》,载 http://www. thebigdata. cn/html/c3/3330. html,2016 年 8 月 10 日访问。

类事件的评论,这样对新闻进行加工之后就变成了一种新闻作品。如果新媒体在转载的时候没有对时事新闻和新闻作品进行区分,那么就会很容易引发著作权纠纷。

公开资料显示,自2013年年底起,“今日头条”等新媒体就屡屡陷入侵权风波,包括新京报网、搜狐网、享有《广州日报》网络传播权的广州市交互式信息网络有限公司、《长沙晚报》旗下的星辰在线等都和“今日头条”有过侵权纠纷。①

1. 新媒体传播过程中的深度链接

“今日头条”等一些新媒体其本身并不进行新闻的创作,而是利用大数据运算,对用户的浏览喜好进行大数据分析,然后对收集在网络中的不同来源的新闻进行筛选并排序,最后向每一个用户进行有针对性的推送。这种利用网络大数据进行的新闻推送精准度极高,这样就使得用户对此类新闻客户端的黏度很高,以互联网用户流量为王的时代,用户的高黏度直接带来了融资或者利润的可能性。在这个过程中,深度链接的问题就不可避免地产生了。

深度链接(Deep Linking),即绕过被链网站首页直接链接到分页的链接方式。② 这种链接方式是指设链网站所提供的链接服务使用户在未脱离设链网站页面的情况下,即可获得被链接网站上的内容,此时页面地址栏里显示的是设链网站的网址,而非被链接网站的网址。但该内容并非储存于设链网站,而是储存于被链接网站。③

深度链接的这些特点,使其在现实中有较大的争议,争议的焦点就在于对于信息网络传播权是否构成了一种侵犯行为。

2. 深度链接与信息网络传播权的冲突

信息网络传播权属于著作权的一种类型,我国《著作权法》第10条明确规定:“信息网络传播权,即以有线或者无线方式向公众提供作品,使公众可以在其个人选定的时间和地点获得作品的权利。”从这个规定

---

① 平影影:《今日头条为何屡陷侵权风波》,载 http://www.legalweekly.cn/index.php/Index/article/id/8321,2016年8月10日访问。

② 百度百科:《深度链接》,载 http://baike.baidu.com/view/4699139.htm,2016年8月10日访问。

③ 芮松艳:《深层链接行为直接侵权的认定——以用户标准为原则,以技术标准为例外》,载《中华商标》2009年第4期。

可以明确,对于信息网络传播权的侵权行为必须是一种作品的提供行为。那么,深度链接是一种“提供”行为吗?

2013年正式实施的最高人民法院《关于审理侵害信息网络传播权民事纠纷案件适用法律若干问题的规定》(以下简称《侵害网络传播权规定》)明确规定“通过上传到网络服务器、设置共享文件或者利用文件分享软件等方式,将作品、表演、录音录像制品置于信息网络中,使公众能够在个人选定的时间和地点以下载、浏览或者其他方式获得的,人民法院应当认定其实施了前款规定的提供行为”。根据《侵害网络传播权规定》,提供应当是一种“上传”、“设置共享”或者“利用文件分享软件”等方式把受保护的作品置于信息网络中,使公众可以浏览、下载等方式获得的,才可以认定为“提供”行为。

根据《侵害网络传播权规定》,我们可以分析深度链接可以看做为公众获得作品提供了某种便利条件。普通受众可以通过这处链接方便地接受某些信息,这些信息原本要通过浏览不同的网站才能获得,而深度链接通过大数据计算,将这些信息根据普通受众的浏览爱好进行分类精确推送,使用用户可以大大节约浏览各个网站的时间。然而,这种深度链接的行为并没有将受保护的作品置于信息网络中,因此,我们并不能认定深度链接是一种侵犯信息网络传播权的“提供”行为。至此,我们可以这样理解,深度链接就是一种并不改变网页内容,而只是以自己的方式提供给用户的传播形式,这处传播方式应当不构成对信息网络传播权的直接侵犯。

3.深度链接可能构成共同侵权

深度链接行为或许不构成对网络信息传播权的直接侵犯,但有可能因共同侵权行为构成间接侵权。根据最高人民法院《关于贯彻执行〈中华人民共和国民法通则〉若干问题的意见》规定,共同侵权主要分为教唆和帮助他人实施侵权的行为。根据此司法解释,深度链接行为完全有可能在实践中符合共同侵权的构成要件。例如,A公司设置深度链接到第三方网站,用户可以通过这些深度链接将第三方网站的一些内容下载到自己的电脑里,而这些第三方网站上的内容是一些并没有获得原权利主体的正式授权而非法上传的内容。在这种情形下,A公司的深度链接行为本身可能并不构成直接侵犯信息网络传播权的行为,但是其主观可能存在放任,事实上形成了帮助侵权行为,构成共同侵权。

(三)大数据背景下信息网络传播权的现实困境

近年来,随着大数据的不断发展,传统媒体与网络新媒体之间的侵权纠纷变得越来越频繁和普遍。比较著名的如"百度文库"、"今日头条"等著作权纠纷。特别是在大数据背景下,信息网络传播权由于特殊性遭遇到更加严重的现实困境。

1. 信息网络传播权涵盖范围的不足

在网络技术高度发展的今天,特别是在大数据的背景下,作品的传播方式相比传播媒体来讲也发生了很大的变化,最主要的不同就是由传播方式的单向性变成交互式。这种传播形式最大的优势就是普通受众可以由过去地被动接受变为主动地选择信息和获取信息。换言之,社会公众可以在信息获取的时间和地点有着较大的主动性,可以自己选择获取信息的时间和地点。

但在此过程中,由于现阶段我国法律对于信息网络传播权的规定并未包含版式设计权,因此,信息网络提供者设置深度链接只要不改变原网页的内容并不直接构成对信息网络传播的侵犯。网络提供者设置深度链接可以根据自己网站的特点来显示链接网页的内容,这样就会使社会公众认为网页所显示的内容就是设链网站自己的内容,并不会和原内容网页产生联系。这种情形应当是一种对于原版式设计的改变,但由于版式设计权并没有被纳入信息网络传播权的保护范围内,因此,对其进行保护只能是其他的间接方式。

另外,由于移动互联网的高速发展,为了适应手机屏幕浏览网页,转码技术也成为一项必需的手段,以适应 PC 端的网页在手机端可以正常阅读。这种转码是否也可以被看成一种对版式设计的改变也值得探讨。

2. 对于信息网络传播权的间接侵权行为规定较为模糊

我国法律中没有关于间接侵权的直接规定,在人民法院的审判实践中,认定行为人构成间接侵权并判决其承担侵权责任适用的法律依据为《民法通则》第 130 条"二人以上共同侵权造成他人损害的,应当承担连带责任",以及最高人民法院《关于贯彻执行〈中华人民共和国民法通则〉若干问题的意见(试行)》第148条"教唆、帮助他人实施侵权行为的人,为共同侵权人,应当承担连带民事责任"。在信息网络传播权的司法实践中也是按照共同侵权的规定适用于间接侵权行为。这种立法上对间接侵权模糊的规定,在司法实践中会形成较大的司法裁量权,以至于在不同地区、不同案件中对信息网络传播权适用间接侵权责任的时候可能造成责任认定的标准不统一,影响司法的一致性和权威性。

3. 管辖权争议

对于信息网络传播权案件的管辖权,法律规定一般由被告住所地、侵权设施所在地等法院拥有。但在现实的司法实践过程中,经常存在管辖权争议。争议主要分为两种情形:一是级别管辖的规定并不明确;二是地域管辖方面的混乱。在司法实践中,由于没有明确规定被告住所地、侵权设施所在地等各地法院的管辖优先权,因此,容易造成管辖权混乱,引起争议。

(四)大数据背景下信息网络传播权保护的解决思路

在大数据背景下,信息网络传播权保护在现阶段还存在难以确定的问题,这些问题在司法实践中往往会导致司法成本浪费等现象,因此,有必要从立法层面和司法层面对这些问题进行可行性思考。

1. 完善著作权许可机制

网络著作权许可机制在我国还存在许多不足的地方,实践中往往会导致很多问题。例如,网络服务提供商如果要想获得授权却面对着海量的作品,其作者往往也是分散存在的,而在网络环境下,特别是新闻类网络服务提供商又要保证新闻的即时性,这就会导致网络服务提供者在较为合理的时间范围内获得授权成为一种奢望。

在此种情形下,著作权集体管理制度也许可以是一种可以借鉴的途径,特别是针对新闻类的著作权管理应当是可以考虑的思路。在这种思路下,建立一种类似于中国音像著作权集体管理协会的新闻作品集体管理协会不失为一种方法,在这种框架下,广大新闻工作者可以将自己的新闻作品统一交由集体管理协会进行管理,这样,网络服务提供者就可以很方便地得到授权,而且这种授权也是符合时间成本和交易成本的,这样的成本要求也符合网络时代的数据发展要求。

2. 对网络服务提供者的间接侵权行为进行明确

如果说网络服务提供者在诸如深度链接等方面不承担信息网络传播权的直接侵权责任，那么在法律层面应当明确网络服务提供者可能承担的间接侵权责任。根据现有的法律规定，大致可以从以下几个方面的思路考虑：一是主观方面应当明知 + 放任的过错，即网络服务提供者明知可能会对信息网络传播权造成侵犯却存在放任的态度任凭损害结果的发生；二是客观方面符合间接侵权的构成要件，也即服务提供者有教唆或者帮助侵权的行为，比如提供直接侵权得以进行的设备和工具等。值得注意的是，间接侵权是以直接侵权为前提的，没有直接侵权行为的发生，也就没有间接侵权的存在基础。

3. 对网络服务提供者侵权损害赔偿标准进行明确

在网络时代，对于网络侵权损害的赔偿标准进行确定存在较大的难度。网络服务提供者一般并不直接从侵权行为当中直接获利。例如，普通用户进行新闻等作品浏览时一般都是免费的，网络服务提供者在这个过程中并没有直接获取利益，获得的只是点击量，而网络服务提供者则是通过点击量间接获取收益，此时，就造成了收益与侵权行为之间并没有一一对应，使侵权损害赔偿的数额难以确定。因此，对于网络服务提供者间接获取的广告费、会员费等收益有多少是通过侵权行为获取的在现实中难以计算。

因此，法定损害赔偿标准就是一个可以考虑的思路。例如，以许可使用费为计算标准就是一个很好的切入点。以实际侵权损害赔偿数额实在难以计算的时候，那么可以计算著作权人的实际损失，这个实际损失可以作品的许可费作为一种参考标准进行损害赔偿数额的确定。

4. 对管辖法院进行明确

在我国，知识产权案件由于其专业性及复杂性，其初审一般由中级人民法院进行管辖，随着知识产权法院的实践，相信越来越多的城市可能会设立专门的知识产权法院对知识产权案件进行管辖。因此，在现阶段，对于侵犯信息网络传播权的案件在没有设立知识产权法院的地方应当统一由中级人民法院进行管辖。

但是对于地域管辖而言，针对信息网络传播权侵权案件管辖法院的复杂性就无限增大。因为在网络空间无限性和知识产权的虚拟性相结合下的信息网络传播权侵权案件存在许多普通民事案件没有的特殊情形。如被告住所地、侵权行为发生地、网络服务器架设地等使更多的法院可以享有管辖权,确定此类案件初审法院的优先权的确是有一定难度,在司法实践中也容易引起管辖权争议。对此,可以考虑采取方便管辖原则确定管辖。比如以方便当事人参加诉讼、最优诉讼费用等为标准来进行管辖法院的确定。

二、信息网络传播权的立法回溯

我国2001年《著作权法》中明确规定了“信息网络传播权”,为著作权的进一步保护提供了法律依据。但由于立法的粗糙和法条的模糊性规定,实践中对于“信息网络传播权”的理解适用存在较大的分歧,各地对于“网络传播权”侵权案件的判定存在极大的差异。有鉴于此,对“信息网络传播权”作出规范性的统一解释和细化已经极为必要。随着《著作权法》第三次修改的开始,无论是学界还是实务界,对于“信息网络传播权”是否修改以及如何修改给予了较大关注。以此为背景,鉴于“信息网络传播权”在著作权权利体系中所具有的重要价值和意义,在这次《著作权法》修订之际,笔者拟结合本次“著作权法修改草案”不同版本,对我国“信息网络传播权”及其完善问题作出探讨。

客观地讲,“信息网络传播权”的出现源于网络技术的发展与社会的进步,这为“信息网络传播权”的形成提供了社会基础和前提,凸显了立法对网络技术时代的积极回应。实际上,在著作权法的历史上,每一次革命性的复制或传播技术发展,如广播、复印和近期的网络技术,都会导致著作权制度消亡的预期,然而每次它都能够经得住挑战,得以重生与发展。[①]

(一)信息网络传播权的立法渊源

在网络空间中,随着数字技术因素的介入、著作权新型载体的出现以及作品使用方式的扩展,导致侵犯著作权权利体系在行为要件方面发生了重大异化。在信息时代背景下,如何有效地保护著作权人及邻接权人的合法权益,已经成为各国立法及司法机关均无法回避的问题。

世界知识产权组织于1996年12月20日制定的《世界知识产权组

① 郑成思:《从“入世”及法学研究角度透视著作权法和商标法的修改》,载《人民法院报》2001年11月4日第3版。

织版权公约》(WIPO Copyright Treaty,WCT)和《世界知识产权组织表演与录音制品公约》(WIPO Performances and Phonograms Treaty,WPPT)中,分别对著作权人和表演者及录音制作者赋予了以网络交互式传输的权利。其中,WCT 第 8 条明确规定:“在不损害伯尔尼公约有关条款规定的情况下,文学和艺术作品的作者应享有专有权,以授权将其作品以有线或无线方式向公众传播,包括将其作品向公众提供,使公众可以在其个人选定的时间和地点获得作品。”但是目前国内关于“信息网络传播权”的理解并不是对上述条约规定的直译,条约中所谓的“信息网络传播权”可以解释为“向公众传播权”(right of communication to the public),其内容体现为“将其作品以有线或无线方式向公众传播,包括将其作品向公众提供,使公众中的成员在其个人选定的地点和时间……”此外,条约中使用的“access”一词,不仅带有“存取”(数据)的含义,同时也带有“访问、接近”之义。换言之,条约中所指的“access”,除了获取作品之外,还包括访问作品、观赏阅读作品等。[①] 因此,从某种程度上讲,我国目前所理解的信息网络传播权概念虽然来源于 WCT 的有关规定,但很大意义上属于对上述条约内容的“曲文解意”,其在内容上是片面的、不完整的,这进一步影响到立法的有关规定。

(二)我国《著作权法》中“信息网络传播权”的确立

我国的 2001 年修改《著作权法》时增加了相关规定,对于 WCT 及 WPPT 的有关规定进行了设置,对应于 WCT 第 8 条关于著作权人信息网络传播权的规定,我国《著作权法》第 10 条第 12 项规定,“信息网络传播权,即以有线或者无线方式向公众提供作品,使公众可以在其个人选定的时间和地点获得作品的权利”。[②] 此外,《著作权法》第 37 条第 6 项规定,“表演者对其表演享有许可他人通过信息网络向公众传播其表演,并获得报酬的权利;”第 41 条规定,“录音录像制作者对其制作的录音录像制品,享有许可他人复制、发行、出租、通过信息网络向公众传播并获得报酬的权利”。自此,我国《著作权法》明确了著作权人和表演者及录音制作者的“信息网络传播权”。

① 李艳新:《也谈著作权法修改:信息网络传播权与播放权之界定与范围》,载《2013 年中华全国专利代理人协会年会暨第四届知识产权论坛论文汇编》第四部分,2013 年 7 月 1 日。

② 胡康生:《中华人民共和国著作权法释义》,法律出版社 2002 年版,第 134 页。

客观地讲,我国《著作权法》对于信息网络传播权的确立,体现了立法对于时代变革和技术变革的及时回应与跟进。但是,诚如有学者所指出的,《著作权法》正像它的出台比任何一部知识产权法都要困难,都要付出更多的艰辛一样,它出台后再向前迈进每一步,也都会比任何一部知识产权法(甚至可以说比任何一部其他民商事领域的单行法)都要困难,都要付出更多的艰辛。[①] 因此,从某种程度上讲,信息网络传播权的确立只是立法对于信息时代背景下著作权利人合法权益的确认,而该项权利如何实现还有待实践的检验。

三、当前信息网络传播权的立法缺憾及其反思

客观地讲,信息网络传播权自确立之初就存在学者的各种诟病,在司法实践中也存在诸多的操作困境。客观地讲,我国《著作权法》关于"信息网络传播权"的规定存在诸多的问题,主要包括定义缺陷、概念混淆、技术脱节三个方面。

(一)定义缺陷:"时间地点"的限制使多数侵权行为游离于法律评价之外

2008 年 9 月,安乐影片有限公司(以下简称安乐影片公司)诉北京时越网络技术有限公司(以下简称时越网络公司)等侵犯著作权纠纷案中,原告安乐影片公司起诉称:原告享有影片《霍元甲》的著作权。二被告通过"悠视网"(域名为 uusee. com)和"UUSee 网络电视"软件向公众提供该影片的定时在线播放服务,侵犯了原告的著作权。北京市第二中级人民法院认为,被告时越网络公司作为涉案网站"悠视网"(域名为 uusee. com)的经营者,在该网站上向公众提供涉案影片《霍元甲》的定时在线播放服务和定时录制服务,使网络用户可以在该网站确定的时间和用户选定的计算机终端上观看和下载涉案影片《霍元甲》。被告时越网络公司的上述行为侵犯了原告安乐影片公司对该影片享有的著作权中的通过有线和无线方式按照事先安排之时间表向公众传播、提供作品的定时在线播放、下载、传播的权利。[②]

---

① 郑成思:《从"入世"及法学研究角度透视著作权法和商标法的修改》,载《人民法院报》2001 年 11 月 4 日第 3 版。

② 北京市第二中级人民法院(2008)二中民初字第 10396 号安乐影片有限公司诉北京时越网络技术有限公司等侵犯著作权纠纷案一审民事判决书。

对于上述判决,曾有学者总结了学界和实务界的不同看法,部分观点指出法院的判定不符合《著作权法》中对于信息网络传播权的法定概念。根据我国《著作权法》中有关信息网络传播权的核心规定第10条第12项:“信息网络传播权,即以有线或者无线方式向公众提供作品,使公众可以在其个人选定的时间和地点获得作品的权利。”不难发现问题的关键即在于,立法对于“信息网络传播权”的“时间和地点”限定过于严格,这就导致“信息网络传播权”的范围过于狭窄,将未经权利人许可擅自通过网络对他人作品进行播放的行为排除在侵犯“信息网络传播权”的行为之外。

本案中,网络用户只是在线观看了作品,并未获得作品或其复制件,而根据《著作权法》的规定,侵犯“信息网络传播权”应当是侵权人“向公众提供作品”,而公众可以“获得作品”。但问题还在于,根据一般的常理和法理,即使公众未获得相关作品,侵权人也未向公众提供特定作品,而只是在网站上予以定时播放,这种行为明显又有侵权之嫌。这就使得在当前著作权法关于著作权的权利保障体系下,对于此类侵权行为无论是否予以制裁均存在问题,如果予以制裁,于法无据,如果不予以制裁,又无法保障著作权人的合法权益。

(二)概念混淆:对于“传播”与“播放”、“发行”的普遍混淆

除了“信息网络传播权”,在我国现行《著作权法》关于著作权人的权利体系中,还设置了“广播权”,即“以无线方式公开广播或者传播作品,以有线传播或者转播的方式向公众传播广播的作品,以及通过扩音器或者其他传送符号、声音、图像的类似工具向公众传播广播的作品的权利”。从概念上来理解,这一权利在内容上包含三个层次:(1)通过无线方式播放作品,在我国主要是指电台和电视台;(2)播放广播的作品,但是仅指通过有线的方式;(3)直接向公众播放广播的作品,如录制广播电台、电视台的节目后通过音响或电视机直接播放。从本质上讲,广播权在某种程度上可以理解为一种播放权,其与“信息网络传播权”有着本质差异。立法尽管对广播权进行了规定,但对于二者之间的界限仍然存在或多或少界分不明的缺陷。

此外,伴随网络空间中不断新增的复制发行行为形式,在司法实践中也出现了网络传播与网络复制发行认定的混乱。根据《信息网络传

播权保护条例》规定，所谓信息网络传播，是指以有线或者无线方式向公众提供作品、表演或者录音录像制品，使公众可以在其个人选定的时间和地点获得作品、表演或者录音录像制品的行为。因此，需要明确的是，网络传播行为从技术层面上可以划分为作品数字化、上传、下载以及浏览等一系列操作程序，是作品数字化（永久复制）+上传（永久复制+传输）+浏览（临时复制[①]+传输）+下载（临时复制+永久复制+传输）等一系列行为的复合。[②] 因此，网络传播行为从本质上同时包括了作品的复制和发行，是复制行为和发行行为的统一。

而对于“发行”与“网络传播”之间的关系，欧盟2001年通过的《版权与相关权指令》曾进行了明确界分，并分别规定为“发行权”和“向公众提供权”（网络传播权），并明确指出网络传播权不适用于以有形载体为形式进行的发行行为。有学者对此认为，这种规定划定了发行与网络传播行为的界限，如果概括地将“网络传播”均认定为“发行”行为，则会导致“网络传播权”被司法架空，从而违背立法的初衷。[③] 当然，从结果上看，发行与网络传播均能够使他人获得作品，但是客观结果上的一致性并不能简单地将“通过信息网络向公众传播他人文字作品、音乐、电影、电视、录像作品、计算机软件及其他作品的行为”视为“发行”，两者仍存在质的差异。在司法实践中，已经有相关案例认为网络传播行为不构成发行，例如，在2004年“华夏电影发行公司诉华网汇通技术服务公司和湖南在线网络传播公司侵犯电影发行权案”中，华夏电影发行公司以独家在中国地区具有电影《终结者3》的发行权为由，起诉被告华网汇通技术服务公司与湖南在线网络传播公司未经许可，通过其开办的网站有偿许可他人下载电影侵犯了自己对电影作品的独家发行权。北京市朝阳区人民法院审理后认为：“华夏电影发行公司所主张的华网汇通技术服务公司和湖南在线网络传播公司未

---

① 临时复制简单来讲就是行为人将作品文件从网络服务器下载到计算机内存的行为，这种行为并没有产生复制品数量的增加，因而不属于刑法意义上的复制行为，而仅仅属于一种简单的计算机读取行为。

② 陈志刚：《论信息网络传播权的刑法保护》，载《湖南公安高等专科学校学报》2008年第3期。

③ 王迁：《论著作权法中“发行”行为的界定——兼评“全球首宗BT刑事犯罪案”》，载《华东政法学院学报》2006年第3期。

经许可，通过网络擅自上载并传播该影片的行为，并未落入其对该影片所享有的影院独家发行权范畴。”[①]法院据此驳回了华夏电影发行公司以独家发行权被侵犯为由所提出的所有诉讼请求。由此可以发现，以发行权受侵犯为由，起诉网络传播侵权的案件很难得到法院的认可和支持。

（三）技术脱节：立法规定未触及“信息网络”本质特征

网络技术的迅猛发展给传统的著作权违法行为提供了平台和技术支持，也给立法与司法实践带来诸多挑战与困惑，尤其网络传播行为的出现与“复制发行”行为的网络异化，更加大了认定著作权违法行为的难度和困惑。体现在立法上来讲，如前文所述，“信息网络传播权”的立法设置来源于WCT等国际公约的有关规定，在概念界定上尚属于片面性的“截取”和引入，在立法技术和术语表达上更是没有体现出这一网络时代背景下产生的权利的本质特征，即对于该权利通过“信息网络”这一途径传播或播放在技术上的根本特征，这在某种程度上出现了立法与技术的脱节。实际上，除了当前信息网络传播权的立法脱节之外，以往著作权法中还有部分权利因为脱节于时代而被实践废弃。例如，作者或录音制作者的出租权诞生于录音带、录像带、CD、VCD和DVD等有形载体时代，相应地，出租业也于20世纪八九十年代达到顶峰，之后随着互联网和数字传播技术的普及而迅速衰退，因为人们已经越来越习惯于利用互联网获得音乐或影视作品，而不再习惯于租用录像带或DVD，该项权利也随之“落伍”。[②] 另外，随着互联网技术的迅猛发展，不仅出租权某种程度上成为一种“荒废权利”，发行权在一定程度上也受到挑战。[③]

可以说，当前我国《著作权法》第三次修改引发了社会的广泛关注，也彰显了随着“数字传播时代”的到来，源自“机械传播时代”的著作权法理论和法律规定应及时跟进的必要性。对此，诚有学者所言，《著作

① 北京市朝阳区人民法院民事判决书（2004）朝民初字第1151号，载http://www.110.com/panli/panli_45428.html，2015年11月9日访问。

② 刘银良：《论著作权法中作者经济权利的重塑——以比较和实践为视角》，载《知识产权》2011年第8期。

③ WIPO, *WIPO Intellectual Property Handbook* (2nd Edition), WIPO Publication No. 489 (E), Geneva, 2004, pp. 271 – 272.

权法》应该在概念、逻辑、语言、作品界定、权属、权项设置、著作权限制与集体管理等方面，彰显出网络传播时代背景下的应有特色，推进对著作权在网络时代的有力保护。[①]

四、信息网络传播权修改的经验总结与完善方向

总结著作权立法的历程，不难发现，著作权的立法保护程度均决定于不同时代信息传播技术的发展水平，而信息传播技术的每一次历史性跨越，也相应对著作权保护立法带来巨大变革。因此，在网络时代背景下，传统著作权已经从"印刷型权利"转变为"数字化权利"，伴随著作权法益的网络扩张，新型著作权侵权行为也在日益猖獗，这就给著作权立法带来严峻挑战。以第三次《著作权法》的修改为契机，通过对"信息网络传播权"予以进一步完善，对于信息时代背景下侵犯"信息网络传播权"的行为予以重点防控。

（一）必要性：信息技术的迅猛发展要求立法及时跟进

伴随信息网络技术与数字传播技术的迅猛发展，著作的复制与传播在时间和成本上大大缩小，操作门槛逐渐降低。与之同时，权利人的权益范围也开始在网络空间中扩张。例如，随着网络书店的兴起，几乎所有作品都可以在网络书店自行销售，现实社会中的一本畅销书通过网络书店的销售，其销量就有可能在极短时间之内超越实体书店，甚至远远超过实体书店在很长时间内的销售量，短时间内就可以让作者达到天下闻名的地步。[②] 这在某种程度上表明，信息网络和数字传播技术的发展，对于作品的传播产生了革命性的影响。但是如同一个硬币的两面一样，技术的发展在促进著作权权利扩张的同时，网络著作权侵权行为也在不断异化和演变。随着信息网络技术的迅猛发展，著作权侵权成本日益下降和侵权行为更加快捷便利，违法犯罪门槛也在不断降低，给著作权的保护带来一系列新的困难。因此，基于保护权利人合法权益和规范网络著作权传播秩序的考量，对于信息网络传播权的完善

---

① 刘银良：《百尺竿头，何不更进一步？——评著作权法第三次修改》，载《知识产权》2013年第2期。

② 张莉：《〈著作权法〉第三次修订工作启动：网络版权侵权问题牵一发而动全身》，载《中国贸易报》2011年7月28日第6版。

研究显得尤为必要。①

因此,随着信息网络时代的来临,数字化对于信息的传播、知识的扩散产生了深刻的影响,尤其使知识产权的权能得以扩张,也导致了著作权使用方式与存在范围的扩大。在权利扩张的同时,人们在网络空间中的产权意识却并未及时跟进,尤其受网络虚拟性、开放性等因素的影响,更加诱发了网络著作权侵权行为的增加。在这种背景下,利用信息网络传播他人作品的行为呈现几何性倍增,因此,无论是立法还是司法,都应对当前愈演愈烈的侵害信息网络传播权的违法行为给予关注和观念更新。

(二)现有的努力:对"著作权法修改草案"的梳理性评析

网络传播权的行使是信息时代背景下实现著作权经济价值的重要保障,也是充分发挥作品的效应、实现著作权立法宗旨的关键。在我国大力推进网络文化产业,网络版权产业大发展、大繁荣的背景下,网络传播权行使的重要意义更加凸显。为进一步完善我国著作权法律制度,2011 年 7 月以来,我国《著作权法》第三次修改启动,并分别在 2012 年 3 月和 7 月发布了"修改草案"征求意见稿(以下分别称为"修改草案"第 1 稿、第 2 稿)。后来在 2012 年 10 月又发布了"修改草案"第 3 稿,但未予公布。同年 12 月 18 日,国家版权局向国务院提交了"修改草案"送审稿(以下简称送审稿)。② 2012 年 3 月,国家版权局公布的《著作权法》修改草案第 1 稿第 11 条第 8 项规定:"信息网络传播权,即在信息网络环境下,以无线或者有线方式向公众提供作品,包括直播、转播或者使公众可以在其个人选定的时间和地点获得作品的权利。"③从第 1 稿草案中可以出,其修改内容本质上仍然没有摆脱现有著作权法的范围,仍然存在着现有立法的缺陷,即仍然将"提供作品"和"获得作品"作为"信息传播权"的要件,依然混淆了"传播"与"播放"的界限。此外,草案中所出现的"直播"、"转播"等词汇从专业角度来讲,都不属于法律专有名词,从立法严整性和精确性方面考虑仍需要进一步予以

① 徐铭勋:《论数字环境下著作权行政保护与刑事保护的强化》,载《河北法学》2013 年第 1 期。

② 冯晓青:《我国著作权合同制度及其完善研究》,载《法学杂志》2013 年第 8 期。

③ 国家版权局网站:《关于〈中华人民共和国著作权法〉(修改草案)公开征求意见的通知》,载 http://www.ncac.gov.cn/chinacopyright/channels/483_2.html,2016 年 10 月 3 日访问。

完善。

2012年7月公布的第2稿与第1稿相比,"信息网络传播权"的概念出现了较大的变化,其中第8条第7项规定:"信息网络传播权,即以无线或者有线方式向公众提供作品,使公众可以在其个人选定的时间和地点获得作品,以及通过技术设备向公众传播以前述方式提供的作品的权利。"此外,新的草案还对"播放权"进一步进行了规定,较为严格地界分了信息网络传播权与播放权的差异,其中第6项规定:"播放权,即以无线或者有线方式公开播放作品或者转播该作品的播放,以及通过技术设备向公众传播该作品的播放的权利。"①

不难发现在修改草案第2稿中,对于"信息网络传播权"的概念界定仍然保留了现有著作权法的特色,即将广播权与信息网络传播权相并列,依然将信息网络传播权限制为选定的"时间和地点获取作品"。值得注意的是,修改案第2稿对"播放"与"传播"这两个概念进行了进一步的限定和明确,但仍然存在有待完善的地方。对此,诚如有学者所指出的:"立法者意图将可以使公众直接感知作品的内容,如声音、图像或文字的过程称为播放(如收听广播、收看电视等,对于文字作品这一过程称为'播放'是否适合可再商榷),公众通过此过程不能自动获得作品的复制件,除非公众使用了此过程以外的工具或设备(如使用录音机、录像机等录制或拍摄电台、电视台播放的歌曲、影视剧或不能通过网络下载的书籍等),不论这一过程是通过网络还是电台、电视台进行。"②

(三)完善方向:信息网络传播权与广播权的立法整合

在信息网络背景下,网络传播技术迅猛发展,正如笔者所一直强调的,"机械传播时代"正逐渐逝去,"数字传播时代"已经来临。有鉴于此,对于诞生于网络时代的信息网络传播权,也需要通过司法解释或者修正案等程序进行完善与更新,使其最大限度地应用于网络空间知识

① 国家版权局网站:《关于〈中华人民共和国著作权法〉(修改草案第二稿)公开征求意见的通知》,载 http://www.ncac.gov.cn/chinacopyright/channels/483_2.html,2016年10月3日访问。

② 李艳新:《也谈著作权法修改:信息网络传播权与播放权之界定与范围》,载《2013年中华全国专利代理人协会年会暨第四届知识产权论坛论文汇编》第四部分,2013年7月1日。

产权的保护。客观地讲,著作权修改稿草案对于“信息网络传播权”的完善努力值得肯定,但仍然存在有待推进的地方,对此有学者指出:“与现行著作权法的规定相比,修改草案显然有所进步,然而它跨出的步伐还不够大,还没有认识到现代传播技术(包括‘三网’融合、云技术等)已经发生翻天覆地的变化,网网融合与互联已经突破传统的广播、电视与互联网界限。”①

对于信息网络传播权的修改,曾有学者提出了两种方案:方法之一是将“广播权”改造为一项能够控制以各种非“交互式”手段向远端传播作品的专有权利。方法之二是规定一项广义的“无线或有线传播权”,用以控制使用任何技术手段向远端传播作品的行为。② 综合当前著作权法修改草案的既有成果,以及学界的理论研究积淀,笔者认为,对于“信息网络传播权”的进一步完善,应将信息网络传播权与广播权进行权利整合,使之成为更大意义上的“传播权”,即利用有线或无线广播、信息网络和其他传播设备向公众传播作品的权利。在著作权法的修改中应体现为将信息网络传播权与广播权整合规定,将信息网络传播权界定为信息网络传播权,即以无线或者有线的方式向公众提供作品,使公众可以通过任何无线或有线的方式接收作品的权利。至于对传播权和信息网络传播权的含义,可以在权利条文中单独加以规定,也可以在后续的司法解释或行政法规中加以解释。

五、虚假信息微传播的刑法规制

(一)全媒体时代下的虚假信息

“全媒体”是指媒介信息传播采用文字、声音、影像、动画、网页等多种媒体表现手段(多媒体),利用广播、电视、音像、电影、出版、报纸、杂志、网站等不同媒介形态(业务融合),通过融合的广电网络、电信网络以及互联网络进行传播(三网融合),最终实现用户以电视、电脑、手机等多种终端均可完成信息的融合接收(三屏合一),实现任何人、任何时

① 张今、郭斯伦:《著作财产权体系的反思与重构》,载《法商研究》2012 年第 4 期。

② 王迁:《我国〈著作权法〉对“广播权”和“信息网络传播权”的重构》,载《重庆工学院学报(社会科学)》2008 年第 9 期。

间、任何地点、以任何终端获得任何想要的信息(5W)。[①] 全媒体时代的媒体结构发生了重大变化。传统媒体时代主要是以纸媒(报纸)、音频媒体(广播)和视频媒体(电视)为信息传播媒介。伴随网络信息技术的不断发展、深化和推进,以网络为平台的微博、微信等新兴媒体形式异军突起、层出不穷,整个社会快速进入了全媒体时代。[②] 相对于传统媒体,全媒体时代网络虚假信息的传播机制及危害效应也发生了一定程度的演化。

1. 虚假信息传播机制的演化

网络信息流通的便捷性,使海量信息能够在同一时间同时释放,如果中间夹杂着虚假有害信息,对社会正常秩序的冲击将是非常剧烈的。[③] 在全媒体时代,虚假信息传播机制有着相当的演化。

(1)传播成本显著降低。在网络技术的高速发展时期,个人连接互联网的成本已经相当平民化,导致在网络空间人人都可以是自媒体。自媒体有别于由专业媒体机构主导的信息传播,它是由普通大众主导的信息传播活动,由传统的"点到面"的传播,转化为"点到点"的一种对等的传播概念。同时,它也是指为个体提供信息生产、积累、共享、传播内容兼具私密性和公开性的信息传播方式。在自媒体时代,各种不同的声音来自四面八方,"主流媒体"的声音逐渐变弱,人们不再接受被一个"统一的声音"告知对或错,每一个人都在从独立获得的资讯中,对事物作出判断。[④] 在自媒体时代,不再需要传播媒体的印刷成本、播出成本等投入,可以说是信息传播的"零成本"。

(2)传播速度大大提高。在传统媒体时代,信息的传播速度有一定的局限性。传统媒体上的信息在社会公众正式接触前一般都要经过严格的事前审查,一方面,产生虚假信息的可能性大大降低;另一方面,其传播的时效性就会受到影响,更别说还要经过制作、排版、出版、发行等

---

① 百度百科:《全媒体》,载 http://baike.baidu.com/view/1491255.htm,2015 年 5 月 20 日访问。

② 于志刚:《全媒体时代与编造、传播虚假信息的制裁思路》,载《法学论坛》2014 年第 2 期。

③ 于志刚:《网络犯罪与中国司法应对》,载《中国社会科学》2010 年第 3 期。

④ 百度百科:《自媒体》,载 http://baike.baidu.com/view/45353.htm,2015 年 5 月 20 日访问。

一系列过程,真正被社会公众接触到的时候,已经经过了较长时间。而在全媒体时代,特别是自媒体越来越发达的现今社会,信息的主要传播途径已经发生了翻天覆地的变化,那就是信息的传播方式主要是通过网络向外传播。这种传播方式特别是自媒体的传播就决定了信息在传播前基本不可能进行审查,也不会有出版、发行等烦琐的过程。于是乎,网络的即时性特点就被淋漓尽致地体现在信息的传播方式上。各种信息(包括虚假信息)几乎可以毫无延迟地传向全球,其传播速度相对于传统媒体来讲不可同日而语。

(3)传播范围无限扩大。在传统媒体时代,信息传播的范围会受到各种因素的影响,具有一定的限制,如报刊的传播范围受到其发行范围的限制,广播的传播范围受到其频率和波段的限制。在传统媒体传播范围以外的社会公众几乎不太可能及时地获取其传播的信息。而在全媒体时代,特别是自媒体时代,由于网络的无国界,同样的信息,其传播范围相对于传统媒体来讲可谓无限扩大。只要有网络和相应的接收终端(电脑、手机等),就可以不受限制地接收到相关的信息。

2. 虚假信息危害效应的放大

相对于传统媒体来讲,同样的虚假信息在全媒体时代的危害效应会明显放大。特别是自媒体时代,由于传播门槛和违法成本都相当低,以至于不论是虚假信息的数量还是危害性都呈几何倍数扩大,对社会公众以及社会公共利益造成巨大的危害。如2013年,陈永洲捏造事实对中联重科诬蔑诋毁,严重损害了企业的商业信誉并造成重大损失,中联重科深陷财务造假风波,股价跌幅超过10%,市值损失数十亿元。造成虚假信息传播危害效应放大的主要原因就是相对于传统媒体来讲,自媒体时代虚假信息的传播门槛较低,违法成本也不高。

(1)传播门槛降低。在传统媒体时代,信息的传播要通过报纸、刊物、广播、电视等途径进行传送,这种信息传播的门槛不是普通社会公众能够达到的,更不论其信息传播的资质问题。在自媒体时代,信息传播的门槛大幅降低,普通人只要拥有基本可以连接网络的设备就可以进行信息传播,这样的门槛可以说几乎降到最低。

(2)违法成本较低。根据司法实践的案例,一些影响较大的网络传播虚假信息的事件基本上都是处以行政拘留甚至只处以公开道歉,而对于大量微传播过程中的虚假信息传播行为几乎很少进入司法程序中进行制裁。较低的违法成本也助长了虚假信息传播者的嚣张气焰。

（二）微传播成为主流传播方式

微传播在当今社会已经成为一个公众快速获取信息和发布信息的重要途经。这种信息的制造、传播方式使得信息发布的门槛大大降低，不可避免地会产生大量的虚假信息充斥其中，严重影响到社会公众的正常生活，甚至引发人们的群体性恐慌。而普通百姓在面对纷繁复杂的信息时，缺乏判断能力，以及所表现出的恐慌、从众心理，也是造成虚假信息被快速复制和传播的重要原因。例如，温州"7·23"动车事故发生后，微博上流传"35 人死亡上限论"[①]广为传播，造成了极为恶劣的影响。尽管 2012 年《人民日报》刊登了题为《30 人以上死亡为特别重大安全事故》[②]的报道，对这类传闻进行了辟谣。但 2014 年 12 月 31 日晚，上海外滩陈毅广场发生拥挤踩踏事故后，上海市政府新闻办官方微博发布消息称，35 人死亡，42 人受伤，于是，"一次事故死亡人数超过 35 个人，市委书记将撤职"的说法再次在网络上流传开来。

2014 年，由中国社会科学院发布《新媒体蓝皮书：中国新媒体发展报告》（以下简称《蓝皮书》），认为中国新媒体发展进一步呈现移动化、融合化和社会化加速的态势。在这种态势下，中国新媒体出现了四个显著的变化，基于新媒体的微传播已经成为促进中国社会发展的新动力。其中第 1 条就强调，微传播成为主流传播方式。基于移动互联网的微博、微信、微视频、客户端大行其道，微传播急剧改变着中国的传播生态和舆论格局。[③]

---

① "35 人死亡上限论"称"超过 36 人市委书记将被撤职，所以一开始发生，就注定了死亡人数不会超过 35"。微博发图列举了从 1993 年到 2011 年国内重大事故中死亡的人数，"碰巧"正好都是 35 人。网络上也一度谣传，之所以如此，是因为死亡 35 人以上市委书记就要被撤职，所以为降低事故级别，官方在瞒报。经查证，2008 年 9 月，山西襄汾溃坝事故致 277 人死亡，2009 年 9 月，河南平顶山矿难至少 44 人遇难，与该微博中所列的均未超过 35 人的死亡人数相悖。新浪微博虚假消息辟谣官方账号"微博辟谣"25 日发表声明，经过网友查证，相关微博所列举的近年我国发生的事故或灾害死亡数字中，18 个数字与事实不符。发布此消息的 12 名用户已被新浪微博官方暂停发布和被关注功能一周。

② 鲍丹、肖潘潘、吕毅品、史鹏飞：《30 人以上死亡为特别重大安全事故》，载《人民日报》2012 年 8 月 27 日版。

③ 《中国新媒体发展报告 No. 5（2014）》，社会科学文献出版社 2014 年版，第 3 页。

当前,微博、微信、微视频等基于移动互联网的微应用大行其道,已经成为主流的传播方式,并正在迅速向政务等领域延展。

1. 微信已经成为微传播格局中的主要媒体

微信(WeChat)是腾讯公司于2011年1月21日推出的一个为智能终端提供即时通讯服务的免费应用程序,微信支持跨通信运营商、跨操作系统平台通过网络快速发送免费(须消耗少量网络流量)语音短信、视频、图片和文字。微信最大的特点是点对点传播,所以可以凭借大众的力量,让信息接收者同时成为信息的发布者和转发者,利用大众的力量,以人际圈席卷的模式携带信息迅速蔓延的传播方式。① 微信不仅通过友好的界面、良好的互动为用户在信息沟通方面提供很好的体验,更将"语聊"、"图聊"、"涂鸦"等多种方式纳入,花样翻新,无所不尽其极。② 微信正在对我国社会舆论产生重大影响。一方面,随着社交化媒体影响力的扩大,微信和微博等新媒体一起构成公民新闻的重要来源,不断挑战专业媒体的话语权;另一方面,通过自身特点和功能,微信对舆论格局产生明显的杠杆效应,对舆论的监督和引导提出新的考验。③

2. 微博依然是微传播格局中的强媒体

2015年2月3日,中国互联网络信息中心(CNNIC)发布第35次《中国互联网络发展状况统计报告》(以下简称《统计报告》)。据《统计报告》显示,截至2014年12月,我国网民规模达6.49亿。手机网民规模达5.57亿。使用手机上网人群占比达85.8%。据统计,微博用户规模为2.49亿,较2013年年底减少3194万,其中,手机微博用户数为1.71亿,相比2013年年底下降2562万。④ 有学者指出,微博已经逐渐衰落。⑤ 我们从统计数据的基础上可以看出,微博仍处于平稳发展期。《统计报告》指出,当前中国是新浪微博一家独大的状况,而且媒体微博和政务微博仍保持高速增长,微博的媒体属性和社会化功能进一步得到增强。从整体特征来看,微博已经拥有了较为稳固的用户,成为相对

---

① 刘文勇:《新时代传播的宠儿——病毒式传播》,载《东南传播》2007年第9期。

② 慕名:《微信们要革谁的命?》,载《通讯企业管理》2011年第8期。

③ 匡文波:《微信PK微博:谁更"凶猛"?》,载《人民论坛》2013年第22期。

④ 《第35次中国互联网发展状况统计报告》2015年版。

⑤ 小谦:《新浪微博是怎么走向衰败的》,载 http://tech.163.com/14/0813/17/A3HU00H8000948V8.html,2015年5月20日访问。

成熟的应用。

同时,博客媒体功能逐步凸显,2014 年上半年的马航事件和 2014 年下半年的"冰桶挑战"凸显了微博作为社交媒体的快速的传播速度、深远的传播范围和积极的社会影响力。通过东莞"扫黄事件"和昆明"火车站暴恐事件",微博的优势再次得以体现,其对现场信息的报道,在速度和丰富程度上都领先于传统媒体,不少记者都盯着新浪微博寻找线索。作为一个公开互动的信息平台,微博具有独特的传播优势,在重大事件中往往能成为网络舆论的集散中心。由此可见,微博仍然是微传播格局中的强媒体,而认为微博已衰落的观点目前还为时尚早。①

3. 微视频将成为微传播格局中的新兴媒体

微视频是指短则 30 秒,长则不超过 20 分钟,内容广泛,视频形态多样,涵盖小电影、纪录短片、DV 短片、视频剪辑、广告片段等,可通过 PC、手机、摄像头、DV、DC、MP4 等多种视频终端摄录或播放的视频短片的统称。"短、快、精"、大众参与性、随时随地随意性是微视频的最大特点。② 微视频的"短、快、精、随时随地随意性"正好迎合着时代的发展。瞬息万变社会中的高频率、快节奏使得散居者往往不再寻求精英文化,他们希望时间上简短、意义上精练,而微视频正是在这种快餐文化诉求中发展壮大的。视频媒介可以进行单向、双向甚至多向的互动交流。观看者的回复也为该节目起到了造势的作用,比如有较高争议率的节目的点击率往往都是直线飙升的。专家预测,网络视频将成为中国未来几年的热点。随着国家网速互联网战略的逐步实施,网速问题不再是影响微视频发展的"瓶颈"。例如,播客(Podcast),起初它是数字广播技术的一种,出现初期借助一个叫"iPodder"的软件与一些便携播放器相结合而实现。Podcasting 录制的是网络广播或类似的网络声讯节目,网友可将网上的广播节目下载到自己的 iPod、MP3 播放器或其他便携式数码声讯播放器中随身收听,不必端坐电脑前,也不必实时收听,享受随时随地的自由。更有意义的是,你还可以自己制作节目,并将其上传到网上与广大网友分享。就像博客颠覆了被动接受文字信

① 《中国新媒体发展报告 No. 5(2014)》,社会科学文献出版社 2014 年版,第 5 页。

② 百度百科:《微视频》,载 http://baike.baidu.com/view/566540.htm,2015 年 5 月 20 日访问。

息的方式一样，播客颠覆了被动收看视频的方式，使听众成为主动参与者。有人说，播客可能会像博客一样，带来大众传媒的又一场革命。

(三)虚假信息微传播的传统刑法制裁体系

在全媒体时代，虚假信息的传播更多地指向自媒体，因此更需要对刑事制裁体系中的虚假信息的范围进行厘清，这样才能分析出目前刑法中对于虚假信息犯罪制裁体系的问题和缺陷。

1. 微传播格局中的虚假信息犯罪的范围

最高人民法院、最高人民检察院于2013年联合发布《最高人民法院、最高人民检察院关于办理利用信息网络实施诽谤等刑事案件适用法律若干问题的解释》(以下简称《诽谤解释》)第5条规定，编造虚假信息，或者明知是编造的虚假信息，在信息网络上散布，或者组织、指使人员在信息网络上散布，起哄闹事，造成公共秩序严重混乱的，以寻衅滋事罪定罪处罚。从《诽谤解释》中我们可以看出，寻衅滋事罪中的"虚假信息"主要是依据造成"公共秩序严重混乱"的标准，而综观整体传统刑法体系，其中关于虚假信息相关的罪名就不下10种，可以通过网络微传播的罪名主要有：(1)编造并传播证券、期货交易虚假信息罪；(2)损害商业信誉、商品声誉罪；(3)虚假广告罪；(4)诈骗罪；(5)诽谤罪；(6)寻衅滋事罪；(7)编造、故意传播虚假恐怖信息罪，以及战时的战时造谣惑众罪和战时造谣扰乱军心罪。从这些罪名中我们可以感觉到我国现有的刑事制裁体系中关于虚假信息的范围存在明显的不足。

(1)虚假信息的范围有所差别。传统刑事制裁体系中通过网络微传播的虚假信息罪名之间关于"虚假信息"的范围界定有很大的差别。例如，编造并传播证券、期货交易虚假信息罪中将"虚假信息"界定为"可能影响证券价格或影响投资者作出投资判断的虚假信息"，这类虚假信息主要是对社会经济秩序和公共秩序的扰乱；损害商业信誉、商品声誉罪中的"虚假信息"主要指恶意攻击、诋毁他人商业信誉、商品信誉的虚假信息；诽谤罪中的"虚假信息"指的是恶意攻击、诋毁他人人格、名誉的虚假信息；编造、故意传播虚假恐怖信息罪中的"虚假信息"是指虚假的爆炸威胁、生化威胁、放射威胁等恐怖信息，以及与突发传染病疫情等灾害有关的或不利于灾区稳定，严重影抗震救灾和灾后重建等虚假恐怖信息等。

（2）虚假信息的界定存在重叠。传统刑事制裁体系中通过网络微传播的虚假信息罪名之间关于“虚假信息”的范围界定有很大的差别的同时，还存在一定程度上的重叠现象。特别是很多虚假信息主要对社会公共秩序造成严重的影响，那么这类虚假信息可能就会导致罪名上的竞合。例如，编造、故意传播虚假恐怖信息罪中的“虚假信息”主要指“可能影响证券价格或影响投资者作出投资判断的虚假信息”，这类虚假信息如果是爆炸威胁等虚假恐怖信息，那么就会与编造、故意传播虚假恐怖信息罪产生竞合。

2. 虚假信息犯罪制裁体系的缺陷

现阶段我国对于虚假信息犯罪的刑事制裁体系还有一些问题和缺陷，最主要的缺陷就是寻衅滋事罪的适用越来越趋于口袋化，主要原因就在于对于虚假信息犯罪还缺少一个专门的罪名，因此，司法实践中不可避免地导致了口袋罪的产生。

（1）寻衅滋事罪的口袋化。传统的刑法中关于虚假信息的罪名基本上都是针对特定的主体，而《诽谤解释》中的“寻衅滋事罪”所指的虚假信息则是针对不特定的主体。由于以往传统的刑事制裁体系中关于虚假信息犯罪基本没有针对不特定的主体的罪名，以至于《诽谤解释》出台以后，大量的网络传播虚假信息的行为被套用到“寻衅滋事罪”上，使“寻衅滋事罪”有深化为口袋罪的趋势。特别是自媒体传播虚假信息案件的大量增多使得“寻衅滋事罪”更趋于口袋化。主要原因是传统媒体由于出版过程受到了较为严格的事前审查，所以，传播虚假信息的情况微乎其微，而微信、微博等自媒体传播各类信息在现阶段基本不可能实施事前审查，所以，自媒体传播虚假信息的可能性就变得大的多。如果自媒体编造、传播虚假信息针对的是特定的主体，那么有许多针对性强的罪名可以适用，如“损害商业信誉罪”、“诽谤罪”等，但是，自媒体传播虚假信息中有相当数量都是针对不特定主体的，所以“寻衅滋事罪”就当然地被广泛适用。

（2）缺乏关于虚假信息犯罪的专门罪名。由于现阶段我国刑事制裁体系中关于传播虚假信息犯罪的罪名都是针对示不特定的主体，所以网络微传播过程中的传播虚假信息的行为如果都用“寻衅滋事罪”的罪名来处理，则明显不甚协调。对于针对不特定主体的具有严重社会危害性的传播虚假信息的行为则缺乏一个专门的罪名来进行规制。

(四)刑法的调整方向——传播虚假信息罪

通过对我国刑法关于传播虚假信息犯罪的分析,我们可以发现,此类犯罪特别是微传播中的传播虚假信息犯罪在司法适用过程中存在一些缺陷,如果能在立法过程中加以改进,则对推动我国法律建设有着深远的意义。

1.增设传播虚假信息罪

我国目前的刑事制裁体系中对于虚假信息犯罪的条文可谓零散而不协调,最大的不足就是缺少一个专门的传播虚假信息罪。因此,有必要在刑事制裁体系中增加传播虚假信息罪,以完善我国针对虚假信息的刑事制裁体系。

(1)传播虚假信息行为的入罪

2014年10月27日,第十二届全国人大常委会第十一次会议审议了《刑法修正案(九)(草案)》(以下简称《刑法草案》)。《刑法草案》第29条规定,在《刑法》第291条之一中增加一款作为第2款:“编造虚假的险情、疫情、警情、灾情,在信息网络或者其他媒体上传播,或者明知是上述虚假信息,故意在信息网络或者其他媒体上传播,严重扰乱社会秩序的,处三年以下有期徒刑、拘役或者管制;造成严重后果的,处三年以上七年以下有期徒刑”。这是针对在信息网络或者其他媒体上恶意编造、传播虚假信息,严重扰乱社会秩序的情况,增加规定编造、传播虚假信息的犯罪。

《刑法草案》中拟增加编造、传播虚假信息罪在全媒体时代特别是自媒体越来越发达的当今社会有积极的意义,但对虚假信息入罪的方式可能值得商榷。对于编造、传播虚假恐怖信息罪来讲,其编造行为和传播行为都可入罪,因为此罪名涉及虚假的爆炸威胁、生化威胁、放射威胁等恐怖信息,严重影响社会稳定,因此,不论是编造行为还是传播行为皆可入罪。其他的虚假信息如果只有编造行为而没有进行传播的话,那么通常不具有社会危害性,因此,《刑法草案》中拟增加的虚假信息犯罪的罪名应当是传播虚假信息罪而不是编造、传播虚假信息罪。

(2)传播虚假信息罪与其他虚假信息犯罪的协调

如果传播虚假信息罪成为一个新的罪名,那么就涉及与刑法制裁体系中其他虚假信息犯罪的协调问题。如果其他罪名仅仅涉及传播虚假信息的行为,那应当按照法条竞合的原则,应当择一重罪进行处罚。如果其他罪名只涉及编造虚假的行为,那么就不存在法条竞合的问题。但我们如果从刑法制裁体系的协调性去考虑的话,应当把传播虚假信息罪与其他虚假信息犯罪结合起来进行处理,那就是除了编造、传播虚假恐怖信息罪以及战时的造谣惑众罪和战时造谣扰乱军心罪等严重威胁社会安定的犯罪,可以在其他虚假信息犯罪的罪名体系中统一把编造行为排除在外,不予以入罪。仅仅以传播虚假信息行为入罪既是刑事制裁体系的协调,也是司法实践的需要。实践中也很难察觉和处理只有编造没有传播虚假信息的行为。对此,相当多的国家立法实践也说明了这一点。例如,对虚假信息做了明确规定的《匈牙利刑法典》、《葡萄牙刑法典》和《希腊刑法典》等都只规定了传播(散布)行为,而没有规定编造(捏造)行为。[①]

2. 传播虚假信息罪的量刑配置中增设罚金刑

在传播虚假信息罪中增加罚金刑既体现了刑罚宽严相济的制裁理念,也是对整个刑事制裁体系的协调的保证。

(1)增加罚金刑

《刑法草案》中对传播虚假信息罪的量刑采用自由刑,并没有涉及罚金刑。可能是《刑法草案》认为传播虚假信息罪基本上是以网络传播的方式,主要是针对自媒体。实践当中的案例也证明了这一点,司法实践基本上都将自媒体以及网络公关公司等适用以寻衅滋事罪处罚的司法规则。如果《刑法草案》正式实施,那么可以想象到的是,这一类型案件将都会以传播虚假信息罪来定罪量刑。传统刑事制裁体系中相当比例的涉及虚假信息的犯罪都规定了罚金刑。例如,《刑法》对编造并传播证券、期货交易虚假信息罪处以1万元以上10万元以下的罚金。那么《刑法草案》应当对传播虚假信息罪设置罚金刑,对单位犯罪判处罚金,对自然人犯罪判处有期徒刑、拘役或者管制,单处或并处罚金,这样也可以体现宽严相济的刑事制裁理念。

---

① 袁彬:《全媒体时代虚假信息犯罪的刑法治理》,载《内蒙古社会科学》(汉文版)2014年第2期。

(2)罚金刑的协调

传统刑事制裁体系中对虚假信息犯罪的罚金刑本身就不甚协调，有的规定1万元以下10万元以上，有的规定2万元以上10万元以下。除此之外，这些罚金刑的规定也与其他部门法的规定也不协调，比如《证券法》规定传播证券、期货交易虚假信息行为的行政处罚为3万元以上10万元以下罚款，明显与刑法中规定不同。如果《刑法草案》正式实施并且增设罚金刑的话，应当在罚金刑的设置上与其他涉及虚假信息犯罪的罚金刑设置保持协调。

CHAPTER 02 >>

第二章

侵犯著作权罪中“复制发行”的网络异化及对策思考

在网络空间中，随着数字技术因素的介入、著作权新型载体的出现以及作品使用方式的扩展，导致侵犯著作权犯罪在客观行为要件方面发生了重大异化。但面对日益涌现出的新型著作权犯罪行为，刑事立法与司法却存在严重滞后，尤其对于“复制发行”行为的司法界定、与网络传播权的关系解读，呈现出严重的认识混乱与偏差，误导了刑事司法对相关案件的准确定性。因此，本章拟以一系列相关案件为视角，探讨网络时代背景下著作权犯罪中“复制发行”的界定与刑事司法应对。

一、网络背景下“复制发行”的异化形式解读

应当指出的是，近年来，不断涌现出网络非法复制发行他人作品的违法或刑事案件，已经引发了广泛的社会关注。审视此类违法犯罪案件，可以发现网络空间的“复制发行”行为突破了现实社会的限制，颠覆了传统“复制发行”的认定模式，尤其是上传、下载与网络传播行为界分的复杂关系更导致网络复制发行行为日益凸显出冒用形式复杂化、法律规制真空化的趋势。

(一)网络空间中“复制发行”的表现形式及其认定

受网络开放性、多样性及便捷性的影响，发生在网络空间中的非法复制发行正逐渐呈爆发态势。客

观的讲,网络空间中的作品复制发行行为与传统意义上的复制发行行为并无本质差异,但在形式上却具备了一系列的异化特征,具体表现为将图书做成电子书文件,将电影、电视剧做成BT种子上传供他人下载,将公开发行的电视剧碟片转化为电脑可读格式后复制到电脑中,将音乐制品做成音频、视频文件放在网站上提供有偿或无偿下载。[①] 从整体上讲,网络空间中的“复制发行”行为主要存在以下几种方式。

1. BT下载:以香港BT刑事案为例

BT下载技术的产生使得传统“复制发行”行为发生了根本性变革,使其从本质上转变为一个信息“交换”的过程,也引发了一系列的新型著作权违法犯罪行为。2005年10月24日,香港屯门地区法院根据香港《版权条例》第118条第1款f项[②]的规定,宣判香港公民陈乃明(网名为“古惑天皇”)因利用BT软件将《夜魔侠》(*DareDevil*)、《宇宙深慌》(*Red Planet*)及《选美俏卧底》(*Miss Congeniality*)三部影片的非法复制品以BT种子的形式上传至互联网供他人下载,对电影版权人造成严重侵害,对其判处3个月监禁。[③] 陈乃明作为全球因BT下载行为被判有罪的第一人,此案一经公布,即得到了广泛关注。

2. 作品的数字化转换:王蒙等六作家诉“北京在线”著作权侵权案

一般认为,作品的数字化是指通过多媒体技术将特定作品在网络载体上进行上传使用的行为,随之产生的疑问在于,将作品数字化的行为是否构成复制?例如,在王蒙等六作家诉“北京在线”著作权侵权案中,“北京在线”未经著作权人许可,将《坚硬的稀粥》、《预约死亡》等原告作品搭载于其开办的网站——北京在线(网址为http://www.bol.com.cn)上传播。法院审理认为“一部作品经数字化转换,以数字化方式使用,只是作品载体形式和使用手段的变化,并没有产生新的作品,

① 于志刚:《侵犯著作权罪中“以营利为目的”的网络异化——以珊瑚虫QQ案为视角》,载《昆明理工大学学报·社科(法学)版》2008年第7期。

② 香港《版权条例》第528章第118条第(1)(f)项规定,如果“并非为任何贸易或业务的目的,亦并非在任何贸易或业务的过程中,亦并非在与任何贸易或业务有关联的情况下而传播该复制品,达到损害版权的拥有人的权利的程度,亦属犯罪”。

③ 陈宜飚:《香港:全球首例BT用户侵权量刑调查》,载《21世纪经济报道》2005年11月1日版。

作品的著作权人对其创作的作品仍享有著作权,故而构成侵权"。[①]

笔者认为,将作品数字化的行为从行为方式上看,与传统刑法上的复制行为并没有本质性差异,只是复制的载体发生了变化。详言之,传统意义上的复制行为,往往通过有形载体进行,如我们狭义上理解的纸质作品的复印与盗版行为即属于此类行为。与之同理,作品的数字化行为,在完全保留作品原有内容的基础上,仅仅对作品载体进行了转换,尽管这种复制跨越了不同的载体,但其本质仍属于刑法层面上的复制行为。

3. 网络盗贴:云霄阁案

与以上相对比较典型的复制发行行为不同,云霄阁网络盗贴案作为我国第一起对网络小说盗贴行为以侵犯著作权罪定罪处刑的案件,在客观形式上具备了新的特征。2008 年 10 月 30 日,福建省莆田市涵江区人民法院判决全国首例网络文学侵权案,判定云霄阁网站两负责人在未经著作权人许可的情况下,擅自复制传播起点中文网拥有版权的 1339 部网络文学原创作品,构成侵犯著作权罪,一审判处两被告有期徒刑一年半,各处罚金 10 万元。法院审理查明,被告人在互联网开办云霄阁网站后,采用软件从起点中文网等网站下载电子书籍,粘贴到云霄阁网站上供互联网用户在线浏览,并通过网站链接广告从中获利达 8 万元。[②]

4. 非法链接:百度公司"版权门"事件

2005 年 9 月 16 日,北京市海淀区人民法院对上海步升音乐文化传播有限公司诉北京百度网讯科技有限公司录音制作者权侵权纠纷一案中,判决被告百度公司停止在其网站上提供原告享有录音制作者权的涉案歌曲的 MP3 文件下载服务;同时,在判决生效之日起 10 日内,被告赔偿原告经济损失 68,000 元(按每首歌 2000 元计算)。[③] 通过百度 MP3 案可以发现,通过对音乐网站中存储的音乐设置链接,为网民提供

---

① 杜芳:《论网络信息著作权的刑法保护》,载《中国人民公安大学学报(自然科学版)》2010 年第 1 期。

② 孟昭丽:《全国首例网络文学侵权案宣判　云霄阁网站侵权成立》,载 http://news.xinhuanet.com/zgjx/2008-11/01/content_10289725.htm,2015 年 11 月 8 日访问。

③ 佚名:《步升案败诉　百度 MP3 侵权官司缠身不可收拾》,载 http://tech.sina.com.cn/i/2005-09-16/1630722582.shtml,2015 年 11 月 8 日访问。

免费的MP3下载的行为在某种程度上也体现了侵犯著作权罪中“发行”行为的应有内涵。

(二)网络环境下“复制发行”的异化特征

透过上述案例可以发现,在网络数字化时代背景下,所有的作品几乎都可以在网络中实现数字化,并通过上传、下载程序被大量地复制和传播。从某种程度上讲,这种网络复制与传播的便捷性在某种程度上加速了知识的普及和交流,但同时也给著作权的保护带来严峻挑战。在网络空间中,复制、下载著作权人的作品可以在瞬间之内完成,这种复制摆脱了现实的地域限制,真正实现了作品复制发行的瞬间全球化。

1. 主观目的的多样性

随着信息传播的网络化、商务的电子化,网络空间中作品的复制发行行为已经不再单纯地出于“以营利为目的”目的,而是混乱地表现为提高网站点击率、赚取积分、提高网络账户等级等。可以说,网络空间中日益泛滥的上传、下载行为所体现的犯罪目的已趋于无限的多样化。

2. 客观行为的便捷性

网络的便捷性使得著作权的复制发行更为便捷,也极大地降低了著作权犯罪行为的犯罪门槛,可以说,正是网络的开放性和便捷性催生了日益增加的网络复制发行著作权的犯罪行为。同时,这些新型行为的出现,也使得著作权侵权与犯罪之间的分界线变得日益模糊。

3. 社会危害后果的不特定性

从社会危害性上看,由于网络信息存储量的巨大和传播速度的倍增,使作品的复制发行被无限放大,这也就导致侵犯著作权的违法犯罪行为所具备的社会危害性日益严重,对著作权的冲击也远远超过了传统的犯罪行为。诚如有学者指出:“数字技术的发展使得版权产品的生产复制方式发生了根本的改变,一些数字产品的复制几乎不会有额外的花费,可以接近‘零成本’的方式进行网络上的生产等,而生产方式的变化无疑要求改变与之相应的法律制度,使之适应实际的生产发展要求。”①

① 刘祥国、李正生:《数字化时代中国版权制度的现状及挑战》,载《社会科学家》2010年第10期。

二、网络空间中“复制发行”的刑法解读

客观地讲,对于网络空间中频发的侵犯著作权违法案件的司法定性,需要明确上传、下载、链接等行为是否属于“复制发行”行为,以及是否具有“营利目的”。其中,“复制发行”的准确定性是认定侵犯著作权犯罪是否成立的首要前提条件,也成为司法实践中认定相关案件首先需要解决的问题。

(一)词义考察:“复制”、“发行”的语义阐释

从广义上讲,复制是指通过一定的方法使特定作品得以再现,并将其所再现的作品固定为特定载体的行为过程。“复制”在著作权层面上有着丰富的概念,在“印刷版权”时代,复制主要是指平面到平面的复制,①而到了“数字版权”时代,复制行为转变为将特定数字化作品文件从网络服务器下载到计算机硬盘的形式。受网络因素的影响,发生在网络空间中的文件下载和文件复制行为在形式上产生了诸多异化,但需要明确的是,无论是传统意义上的复制行为,还是网络空间中的复制行为,其本质特征均在于特定作品的重复再现,这也是它与创作行为的根本差异所在。

发行是指基于特定的需求,将一定数量的作品复制件以一定的方式向社会公众提供的行为,其本质特征在于作品复制件载体的转移。对于发行的概念,我国 1991 年公布并施行的《著作权法实施条例》第 5 条第 5 项规定:“发行,指为满足公众的合理需求,通过出售、出租等方式向公众提供一定数量的作品复制件。”《著作权法》对于发行权的规定则为:以出售或者赠与方式向公众提供作品的原件或者复制件的权利。由此可见,《著作权法》明确了发行的方式,将其明确限定为出售和赠与,取消了出租这一方式。

在网络时代背景下,发行获得了诸多新的途径,复制与发行往往同步进行。以 BT 下载为例,根据 BT 下载的工作原理,行为人可以将著作、电影等作品做成存储单位较小的 BT 种子(如 2G 的电影文件即可以被转化为数十 KB 的 BT 种子),并将其通过网络服务器供他人下载,上传 BT 种子文件的电脑即被称为“种子电脑”;同时,基于 BT 技术的

---

① 本书所要研究的复制仅限于平面到平面的复制,此外在表面形式上还包括从立体到平面、从平面到立体、从立体到立体等方面的复制。

双向性，下载BT种子文件的电脑在下载的过程中，也会成为新的“种子电脑”为其他人提供下载。可以说，网络技术的介入对于发行行为的认定带来了更多的困惑，尤其理论研究与司法实践中“网络发行”一词的广泛使用更使“发行”行为的法律认定愈加模糊。

（二）规范性解读：网络“复制发行”行为的刑法剖析

一般认为，我国《刑法》第217条中所规定的“复制发行”来源于1990年《著作权法》第46条中“复制发行其作品的……”的规定。由于1990年《著作权法》也没用对复制发行作出具体的规定，因此自1997年《刑法》实施以来，围绕“复制发行”究竟是属于“复制+发行”的符合行为，还是属于“复制或者发行”的并列行为，学界与司法实践中存在不同的意见。1998年最高人民法院《关于审理非法出版物刑事案件具体应用法律若干问题的解释》第3条规定：“刑法第二百一十七条第（一）项中规定的‘复制发行’，是指行为人以营利为目的，未经著作权人许可而实施的复制、发行或者既复制又发行其文字作品、音乐、电影、电视、录像作品、计算机软件及其他作品的行为。”

但是，网络发行的行为则具备了诸多新特征，最为突出的则在于通过网络提供作品根本不会导致作品复制件的占有转移，[①]而只是通过上传、下载的方式将特定作品再现到行为人计算机硬盘之中。可以说，网络空间中的复制发行行为已经成为一个紧密联系的复合行为，诚如有学者指出：“作品在网络传输的过程中发行与复制同时存在，传输是发行，发行是被传输的复制。”[②]

（三）值得注意的问题：网络“发行”与网络传播的关系解读

伴随网络空间中不断新增的复制发行行为形式，在司法实践中也出现了网络传播与网络复制发行认定的混乱。根据《信息网络传播权保护条例》规定，所谓信息网络传播，是指以有线或者无线方式向公众提供作品、表演或者录音录像制品，使公众可以在其个人选定的时间和地点获得作品、表演或者录音录像制品的行为。

因此，需要明确的是，网络传播行为从技术层面上可以划分为作品数字化、上传、下载以及浏览等一系列操作程序，是作品数字化（永久复

---

① 王迁：《论网络环境中发行权的适用》，载《知识产权》2001年第4期。

② 薛虹：《网络时代的知识产权法》，法律出版社2000年版，第14页。

制)+上传(永久复制+传输)+浏览(临时复制[①]+传输)+下载(临时复制+永久复制+传输)等一系列行为的复合。[②] 因此,网络传播行为从本质上同时包括了作品的复制和发行,是复制行为和发行行为的统一。

而对于"发行"与"网络传播"之间的关系,欧盟2001年通过的《版权与相关权指令》曾进行了明确界分,并分别规定为"发行权"和"向公众提供权"(即网络传播权),并明确指出,网络传播权不适用于以有形载体为形式进行的发行行为。有学者对此认为,这种规定划定了发行与网络传播行为的界限,如果概括地将"网络传播"均认定为"发行"行为,则会导致"网络传播权"被司法架空,从而违背立法的初衷。[③]

当然,从结果上看,发行与网络传播均能够使他人获得作品,但是客观结果上的一致性并不能简单地将"通过信息网络向公众传播他人文字作品、音乐、电影、电视、录像作品、计算机软件及其他作品的行为"视为"发行",两者仍存在质的差异。

三、网络空间中"复制发行"行为评价的司法困境

网络技术的迅猛发展给传统的著作权犯罪提供了平台和技术支持,也给刑事立法与司法实践带来诸多挑战与困惑,尤其网络传播行为的出现与"复制发行"行为的网络异化,更加大了认定著作权犯罪客观行为时的难度和困惑。

(一)困境之一:现有刑法框架下对网络"复制发行"的有限评价

诚如有学者指出,当前的网络空间,属于"技术的现代社会"和"法律的原始社会",法律的滞后性极为明显。[④] 我国《刑法》第217条规定:"以营利为目的,有下列侵犯著作权情形之一,违法所得数额较大或者有其他严重情节的,处三年以下有期徒刑或者拘役,并处或者单处罚

---

① 临时复制简单来讲就是行为人将作品文件从网络服务器下载到计算机内存的行为,这种行为并没有产生复制品数量的增加,因而不属于刑法意义上的复制行为,而仅仅属于一种简单的计算机读取行为。

② 陈志刚:《论信息网络传播权的刑法保护》,载《湖南公安高等专科学校学报》2008年第3期。

③ 王迁:《论著作权法中"发行"行为的界定——兼评"全球首宗BT刑事犯罪案"》,载《华东政法学院学报》2006年第3期。

④ 于志刚:《信息社会与刑事法律的时代转型》,载《检察日报》2011年3月31日第3版。

金:(一)未经著作权人许可,复制发行其文字作品、音乐、电影、电视、录像作品、计算机软件及其他作品的……”不难发现,现行《刑法》关于侵犯著作权犯罪的构成要件设置了以营利为目的,并且将数额较大或者情节严重作为犯罪成立的构成要件之一,这就给网络空间中的复制发行行为是否具备营利目的以及数额、情节的认定带来了难题,导致部分已具备严重危害性的复制发行行为无法得到刑法的有效评价。

1.“复制发行”目的要件的立法束缚

“以营利为目的”作为侵犯著作权犯罪的主观要件,是认定复制发行行为是否构成犯罪的重要因素之一。对于在网络空间中实施的侵犯著作权行为,“以营利为目的”应如何认定,需要结合具体行为的表现形式予以扩张性理解。例如,前面所列举的百度 MP3 下载案、网络盗贴案中,侵权行为人为了提高本网站的知名度和点击率,以提供免费下载他人作品文件的方式吸引网民。在此类情况下,如何认定复制发行行为是以营利为目的便成为一个问题,笔者认为,尽管上述复制发行行为并没有通过复制发行侵权作品复制件进行直接牟利,但以此来提高网站知名度来吸引广告业务,仍然属于以营利为目的。鉴于此,2011 年 1 月 10 日,最高人民法院、最高人民检察院、公安部、司法部联合发布《关于办理侵犯知识产权刑事案件适用法律若干问题的意见》(以下简称《知识产权刑事案件意见》)第 10 条对“以营利为目的”进一步予以具体化,规定除销售外,具有下列情形之一的,可以认定为“以营利为目的”:(1)以在他人作品中刊登收费广告、捆绑第三方作品等方式直接或者间接收取费用的;(2)通过信息网络传播他人作品,或者利用他人上传的侵权作品,在网站或者网页上提供刊登收费广告服务,直接或者间接收取费用的;(3)以会员制方式通过信息网络传播他人作品,收取会员注册费或者其他费用的;(4)其他利用他人作品牟利的情形。

可以发现,《知识产权刑事案件意见》对“以营利为目的”进行了扩张解释,将广告费、会员制收费等方式纳入刑法规制体系之内,顺应了网络时代背景下的刑事司法需求。但值得注意的是,许多网民在某些情况下往往出于恶作剧的目的将他人作品进行恶意篡改后上传至网站供他人下载,此外还有部分行为人将合法取得的作品上传至网络供网友免费下载,这种免费发行几乎毫无成本可言,行为人也不以营利为目的,但由于网络的开放性却使得此类行为的危害性被远远的放大。由于不具备“以营利目的”的法定条件,此类行为却无法进入刑法的打击半径。

2.“复制发行”危害后果的评价困境

根据现行《刑法》规定,违法所得数额较大或者有其他严重情节的才能构成侵犯著作权罪。但已如前述,网络空间中的发行行为无须转移作品复制件的有形载体就可以为他人所获得,这一异化的发行与传统侵犯著作权罪中的发行的最大不同在于,其不会导致作品有形载体在物理上的转移。① 这就给犯罪涉案数额的认定带来司法难题。有鉴于此,最高人民法院、最高人民检察院、公安部、司法部 2011 年发布的《知识产权刑事案件意见》第 13 条对网络著作权犯罪中的“其他严重情节”进行了具体细化,将“非法经营额”、“作品数量”、“被点击数”、“注册会员数”等因素给予了考量。客观地讲,这一司法解释丰富了网络复制发行行为的内涵,解决了从复制发行角度解读一系列新型著作权犯罪行为的司法难题。

(二)困境之二:“复制发行”帮助行为的刑法评价真空

如果说对于直接在网络空间中进行上传、下载他人作品文件的行为,可以通过扩张解释的方式进行变通处理,而对于其他的非法复制发行行为,尤其是网络复制发行、传播的帮助行为,目前刑法仍然难以评价。

刑法理论认为,共同犯罪要求主观上具有共同的犯意,客观上具有共同的犯罪行为。但对于网络复制发行的帮助行为而言,它与侵害著作权的实行行为之间的联系往往并不紧密,而且自身有着较大的独立性,大部分情况下难以认定网络空间中复制发行行为及其帮助行为之间具有共同的犯罪故意,如行为人通过网络服务器上传盗版软件、侵权作品复制文件,网络运营商或者网站管理者将其挂载在网络页面,其目的在于吸引网民流量、增强网站的点击率,从而增加网站的广告收入,对于上传、下载作品文件的行为根本无从知晓,而且无意知晓,此类情况下很难根据刑法理论将网站经营者视为侵犯著作权罪的共犯处理。

---

① 崔立红、秦野:《网络时代知识产权犯罪问题研究及其对策》,载《犯罪研究》2001 年第 1 期。

(三)困境之三:“复制发行”与网络传播的普遍混淆

在网络因素广泛介入传统侵犯著作权犯罪的同时,理论研究以及司法实践中普遍存在对于对网络传播行为与复制发行行为关系的混淆,这一认识偏差典型地体现在有关网络侵犯著作权罪的司法解释之中。

2004年12月8日,最高人民法院、最高人民检察院公布了《关于办理侵犯知识产权刑事案件具体应用法律若干问题的解释》,其中第11条明确规定通过信息网络向公众传播他人文字作品、音乐、电影、电视、录像作品、计算机软件及其他作品的行为,应当视为《刑法》第217条规定的“复制发行”。这一规定将以营利为目的进行的网络传播行为纳入刑法的打击半径,但已如前文所述,网络传播行为与发行行为有着本质的差异,将“网络传播”视为发行行为难免给人以类推之嫌。但值得肯定的是,考虑到刑事立法的滞后性,在短期内通过司法解释的方式将已经具备严重社会危害性的网络传播行为纳入刑法规制体系之内,仍具有极为重要的意义,为司法实践中关于网络传播行为的定性量刑提供了规范性标准和依据。

四、对网络背景下“复制发行”行为认定的理论回应

总结著作权刑事立法保护的历程,不难发现著作权的立法保护程度均决定于不同时代信息传播技术的发展水平,而信息传播技术的每一次历史性跨越,也相应对著作权保护立法带来巨大变革。因此,在网络时代背景下,传统著作权已经从“印刷型权利”转变为“数字化权利”。伴随著作权法益的网络扩张,新型著作权犯罪行为也在日益猖獗,这就给刑事立法与刑事司法带来严峻挑战。以此为背景,刑事立法与刑事司法今后打击的重点,应是对新型“复制发行”行为予以重点防控。

(一)认识的跟进:对于网络“复制发行”行为认定的观念更新

随着信息网络时代的来临,数字化对信息的传播、知识的扩散产生了深刻的影响,尤其使知识产权的权能得以扩张,也导致了著作权使用方式与存在范围的扩大。在权利扩张的同时,人们在网络空间中的产权意识却并未及时跟进,尤其受网络虚拟性、开放性等因素的影响,更加诱发了网络著作权违法犯罪的增加。在这种背景下,作为侵犯著作权犯罪客观行为要件的“复制发行”也发生显著异化。

因此,面对网络空间中"复制发行"犯罪行为的网络异化及其引发的社会危害性的倍增,刑事司法作为保护著作权的最后手段,也应当紧跟新型网络违法犯罪行为的变化而不断更新观念。尤其是在相关刑事立法无法在短时间内改变的情况下,应从司法理念上明确网络空间中的产权意识,明确新型网络复制发行行为的法律本质及其严重危害性,将具有严重危害性的网络复制发行行为纳入刑法打击的视野之内。

(二)网络传播行为与网络"复制发行"行为的差异化处理

通过网络进行的上传行为,客观上使公众获得相关作品的复制件,这一行为构成网络传播不存在争议,但是否属于刑法层面上的"发行行为",则存在不同观点。有学者指出:"通过网络向公众传播作品的行为尽管也能使公众获得作品的复制件,但并不构成'发行'行为,只能受'网络传播权'而非'发行权'的控制。"①

在司法实践中,已经有相关案例认为网络传播行为不构成发行,例如,在2004年"华夏电影发行公司诉华网汇通技术服务公司和湖南在线网络传播公司侵犯电影发行权案"中,华夏电影发行公司以独家在中国地区具有电影《终结者3》的发行权为由,起诉被告华网汇通技术服务公司与湖南在线网络传播公司未经许可,通过其开办的网站有偿许可他人下载电影侵犯了自己对电影作品的独家发行权。北京市朝阳区人民法院审理后认为:"华夏电影发行公司所主张的华网汇通技术服务公司和湖南在线网络传播公司未经许可,通过网络擅自上载并传播该影片的行为,并未落入其对该影片所享有的影院独家发行权范畴。"②法院据此驳回了华夏电影发行公司以独家发行权被侵犯为由所提出的所有诉讼请求。由此可以发现,以发行权受侵犯为由,起诉网络传播侵权的案件很难得到法院的认可和支持,尽管这一案件仅仅属于民事侵权案件,但仍为判定发行与网络传播的关系提供了实践依据和经验借鉴。

笔者认为,在网络改变作品传播方式的同时,也使得作品复制件的"发行"不再需要承载载体的形式转移就可以为他人所获得,而这仅仅

---

① 王迁:《论著作权法中"发行"行为的界定——兼评"全球首宗BT刑事犯罪案"》,载《华东政法学院学报》2006年第3期。

② 京市朝阳区人民法院民事判决书(2004)朝民初字第1151号,载http://www.110.com/panli/panli_45428.html,2015年11月9日访问。

需要网络服务商或者网络用户，将特定作品以数字化的形式上传至网络服务器，即可以为网民提供下载服务。这一过程与传统刑法中“发行”行为的根本区别在于，它并不会导致复制件载体的转移，这也就导致网络空间中作品的发行不再是传统物理载体的转移和变更，而是在计算机载体中形成了新的复制件，这种脱离现实有形载体束缚的网络传播最终导致了复制件数量的无限增加。因此，考虑到网络空间中的部分“发行”行为已经超越了传统概念的外延，在今后的司法实践中，应当对“发行”行为与“网络传播”行为作出准确的认定，避免刑法评价的片面性。

（三）以“营利为目的”的适度剥离：大量上传作品行为的入罪化

在信息传播日益迅速的网络时代背景下，上传并提供无偿下载他人作品文件的行为已经成爆发之势。在一些情况下，不排除一般人的上传和下载可能只是纯粹为了个人学习，如 ipv6、校园 BT 联盟等网站中大部分人的下载目的仅仅是个人欣赏。但值得注意的是，对于某些为了获得特定网站 VIP 特权或者赚取账户积分而故意大量上传他人作品文件的，此类行为就发生了质的变化：从满足个人学习或欣赏转变为单纯为他人提供下载服务的侵权行为。此时，尽管行为人的上传下载行为并没有获得经济利益，但由于上传文件数量的巨大，加之网络的开放性与信息传播的高速化，大量上传他人作品文件的行为则可能给著作权人的合法权益带来严重危害。

当然，为了将普通用户的上传下载行为与此类行为相区分，可以对其设置特殊的条件限制，即主观上基于营利以外的目的（如提升账户等级、获得用户特权、获得积分等），客观上达到了一定数量，对此可以借鉴 2007 年《关于办理侵害知识产权刑事案件具体应用法律若干问题的解释》中的规定，将复制品数量合计在 500 张（份）定为属于《刑法》第 217 条规定的“有其他严重情节”，将复制品数量在 2500 张（份）以上的，认定为属于《刑法》第 217 条规定的“有其他特别严重情节”，而不再强调行为主观上是否具备营利目的。

（四）共犯的正犯化解释：网络服务商帮助“发行”行为的入罪化

通过上文的论证，笔者认为，对于网络服务商、网站经营者帮助上传、下载侵权作品文件的行为难以套用帮助犯理论去追究其刑事责任。

但在司法实践中已经形成了一系列具有借鉴意义的尝试性探索，对于全面评价网络复制发行以及网络传播的帮助行为提供了经验积累。例如，最高人民法院、最高人民检察院、公安部2011年出台的《知识产权刑事案件意见》第15条规定，明知他人实施侵犯知识产权犯罪，而为其提供互联网接入、服务器托管、网络存储空间、通信传输通道、代收费、费用结算等服务的，以侵犯知识产权犯罪的共犯论处。这一司法解释首次明确了网络服务商在侵犯著作权犯罪中可以成为共同犯罪的主体，对于司法实践具有重要的指导价值。

但需要明确的是，对于网络复制发行行为的帮助行为，在通过司法解释进行共犯化处理的模式之外，实现网络空间中"共犯行为的正犯化"，也是一个立法转型和司法解释转型的趋势之一。具体到网络复制发行行为的帮助行为，则是帮助犯的"正犯化"解释，即对于明知他人实施侵犯知识产权犯罪，而为其提供互联网接入、服务器托管、网络存储空间、通信传输通道服务的网络运营商，直接以侵犯知识产权罪定罪处罚。

CHAPTER 03 >>

第三章

网络盗版上传的刑法规制

网络盗版上传，是普通用户实施的一种网络盗版行为，可能正是由于这种行为的普遍性和大众性，其违法性往往为人们所忽视。但正是这种司空见惯的个体盗版行为，在网络盗版的众多环节中往往起着基础性的触发作用，其一旦被赋予了网络的特性，就对著作权保护造成了巨大威胁。

一、网络盗版上传的行为分析

网络盗版上传，首先是网络上传行为。而不同的网络上传行为，又会产生不同类型的网络盗版上传行为。

（一）网络上传概述

计算机和网络在我国的发展与普及，可以用日新月异来形容，巨大的网络用户群体已经形成并处在不断壮大之中。“截至2009年年底，中国网民人数达到3.84亿，比1997年增长了618倍，年均增长3195万人，互联网普及率达到28.9%，超过世界平均水平。”“中国使用宽带上网的网民达到3.46亿人，使用手机上网的网民达到2.33亿人。”[①]而网络发展的过程，就是普通网络用户参与网络活动不断深化的过程，这种深化就主要体现在参与形式正由被动接受网络服务

① 中华人民共和国国务院新闻办公室：《中国互联网状况》，载《人民日报》2010年6月9日第14版。

为主向主动实施网络行为为主转变,网络用户的网络上传行为就是这种转变的典型代表。

当前,网络用户的上传已经成为一种普遍的网络行为,这一方面是不断发展的网络运营模式催生的结果,另一方面也与由来已久的网络共享文化密不可分。"实际上,互联网从一开始就有信息免费共享的文化现象。有的人甚至把它作为一种打破信息垄断、实现人与人之间信息权利平等的社会理想,因此在互联网上发布各种免费信息,成了助人为乐的时尚。""互联网是所有人平等参与的媒介,它是交互式的,信息传递是双向的,不区分发布者和受众,因此所有上网者都可以发布信息。"①共享文化激发着网络上传行为,同时又巩固于网络上传行为之中。

根据信息流向不同,网络用户上传可以分为"WEB 上传"和"P2P 上传":"WEB 上传"是指在传统的 WEB 方式下,网络用户将文件上传至某个特定的网站;"P2P 上传"是指在 P2P 技术支持下,打破中央网络服务器的束缚,网络用户彼此直接交换传输各自电脑硬盘中的文件。②根据上传的目的不同,网络用户上传可以分为"传播上传"和"存储上传":"传播上传"是指以传播为目的的网络上传行为,如向新浪共享资料网上传资料和 QQ 用户之间的直接传输;"存储上传"是指以个人信息存储为目的的网络上传行为,如为了存储资料,使用 126 电子邮箱进行电子邮件的自我发送或者直接将资料上传至 126 电子邮箱的网盘。在"传播上传"中,根据传播对象不同,又可以分为"指定上传"和"共享上传":"指定上传"是指只供所指定的网络用户观看和下载的上传,如发送电子邮件时的附件上传;"共享上传"是指供任意网络用户观看和下载的上传,如向新浪共享资料网上传资料和 BT 上传。

单个网络上传行为似乎并不那么引人注意,相信几乎所有的网络用户都曾经有意或者无意地实施过网络上传,但就整个网络世界来说,在数以亿计的巨大网络群体的共同作用下,网络上传已经在极大地实现着网络资源的丰富化、多样化、集成化。当前网络中形成的海量的应有尽有的文字、图片、视频、软件等资源,可以说主要都是普通网络用户

---

① 张塞加:《互联网特性与出版探讨》,载《科技与出版》2007 年第 12 期。

② 吕志峰:《P2P 技术的应用和思考》,载《甘肃科技纵横》2003 年第 5 期。

上传的“杰作”。但是,如果网络用户所上传的文件并无自有著作权或者未经权利人许可,那么就是一种侵犯著作权的网络盗版行为。

(二)网络盗版上传的行为类型

在网络上传的类型中,“存储上传”的目的是用于个人信息存储,网络用户即使不是所上传作品的著作权人或者经著作权人许可,那也是一种合理使用行为,并不涉及盗版和侵犯他人著作权,因此,网络盗版上传仅仅限于“传播上传”。具体来说,网络盗版上传包括以下几种类型。

1. 盗版上传至共享网站

共享网站或者分享网站,是当前较为普遍的一类网站,如新浪资料共享网站、优酷网站等,网络用户可以将各种资料上传至网站,同时网络用户又可以便捷地搜索并下载自己需要的资料。另外,大部分论坛网站也具有资料共享的功能,网络用户可以上传小型文件,供大家彼此分享下载。如果所上传的资料属于著作权法保护的作品和录音录像制品,并且网络用户并非权利人或者未经权利人许可,那么这种上传就是一种盗版上传行为,侵犯了他人的著作权,具体来说,就是侵犯了他人的信息网络传播权。当然,这种盗版上传也可能会侵犯他人的发表权、署名权等权利,但在本书中主要探讨对他人信息网络传播权的侵犯,下文遇到同样情况,就不再赘述。

2. 盗版上传至网站指定观看下载

网络用户将盗版文件上传至网站服务器,并非都用于网民之间的任意共享,有时是特定用户之间信息和资源的传递,上传时同时指定了特定的观看者和下载者,只不过这种传递以网站服务器作为“中转站”,比较典型的就是利用电子邮件发送盗版文件、QQ 离线传输盗版文件。另外,许多交友网站提供了特定用户群内部的资料共享,所上传的资料只允许特定范围内的用户进行观看和下载,如 QQ 群共享、QQ 空间共享、人人网指定好友范围的分享,这种指定特定用户群观看下载的上传,当然也可以发生盗版上传,不过,如果所指定的分享用户范围过大,就会演变成“盗版上传至共享网站”这种网络盗版上传类型。

3. 盗版 P2P 共享传输

当前,在 P2P 模式下的盗版上传越发地引起社会的关注,有学者明确指出,“P2P 软件的用户未经著作权人许可,将文件上传或放于 P2P 软件设定的共享目录中供其他网民下载的行为,构成直接侵权,应承担停止侵权、赔偿损失、消除影响、赔礼道歉等民事责任。由于 P2P 软件的技术特性,大部分用户下载同时也自动成为上传者,在不知不觉中实施了侵权”。[①] 这种 P2P 共享模式下的盗版上传,可以称为“盗版 P2P 共享传输”。

具体来说,这种盗版上传可以分为两种:第一种是 P2P 网站框架下的主动盗版上传,如在 BT 网站发布种子并上传盗版文件;第二种是 P2P 网站框架下的被动盗版上传,如在 BT 网站下载盗版文件的同时进行上传,或者在视频网站在线观看盗版电影的同时进行上传。

4. 盗版 P2P 指定传输

P2P 技术不仅仅支持共享传输,还支持指定下载用户的一对一指定传输,如果传输的是盗版文件,那么称为“盗版 P2P 指定传输”。这种盗版传输具体来说也可以分为两种:第一种是网站框架下的盗版传输,如 QQ 用户之间直接传输盗版文件,这种传输需要腾讯网站服务器提供支持;第二种是软件框架下的盗版传输,如网络用户利用飞鸽传书软件在局域网相互传输盗版文件,这种传输不需要网站服务器的支持,但需要特定 P2P 软件来提供传输协议的支持。

二、刑法打击网络盗版上传的必要性思考

在网络盗版上传风行的时代,许多人似乎对打击网络盗版上传仍旧不以为然,在这种情况下谈论动用刑法来规制的问题可能会被认为是遥不可及的,但是在严肃地正视和剖析网络盗版上传之后,我们会发现,将其纳入刑法的打击范围势在必行。

(一)网络盗版上传的严重危害性

对于网络盗版上传的严重危害性,似乎人们并没有察觉,不少人对其还经常大加吹捧,如在《哥哥,谁带你回家》这部影片被全片盗版上传之后,有导演不仅对盗版行径没有“感觉”,而且还提出要感谢网络和热心的盗版者,因为盗版者在不获利的情况下选择了一部好的影片并拿

---

① 佚名:《P2P 共享纷争终身判决:〈七剑〉告赢 POCO》,载 http://ent.sina.com.cn/c/2008-11-04/12512235694.shtml,2015 年 12 月 23 日访问。

出时间去上传。[①] 但正如有些学者所说的，这只不过是在网络环境下公众对社会危害性发生了认知的异化。[②] 在浩瀚的网络世界里，网络盗版上传的破坏力是极其巨大的。

网络盗版上传的严重危害性一方面体现在网络盗版上传涉及的作品和制品极广。实际上，网络用户所上传的海量资料，只有一部分是自拍图片、自创视频、原创小说等自创作品和著作权法不予保护的资料。"据土豆网一位资深人士介绍，目前，在用户上传的视频内容中，影视作品至少占50%左右，而这其中绝大部分都是盗版。"[③]另外，2010 年 10 月，盛大文学 CEO 侯小强指出，盛大文学旗下网站的知名小说，有 95% 以上出现在百度文库中，而这主要依靠网络用户的盗版上传。[④]

网络盗版上传的严重危害性另一方面体现在单个盗版上传行为的危害极大。"在网络环境下，由于电子信息的传播是以电磁波的速度（光速）进行，互联网络覆盖全球各地，因此，信息通过计算机网络传播的范围极广，速度更迅速。正因如此，在网络环境下侵犯著作权的行为所耗费的成本就很低，行为人只要几分钟、几角钱就可将受保护的作品登录到公共网页上，顷刻间世界上成千上万的人就可以将其下载。"[⑤]在香港地区一起因上传盗版电影遭拘捕的案件中，涉案男子在上传档案的同时竟然会有约一万名用户在参与下载。[⑥]

当然，在网络盗版上传的各种行为类型中，危害性是参差不齐的。P2P 网站框架下的被动盗版上传，虽然对盗版文件的传播起到推波助澜的作用，但因为是被动行为，而且也是推广网络技术和服务社会被迫作

---

① 赵邈：《〈哥哥，谁带你回家〉被上传了》，载 http://blog. sina. com. cn/s/blog_542a3b0d0100nduy. html，2015 年 12 月 23 日访问。

② 于志刚、李怀胜：《网络犯罪危害性的公众认知异化及其反思》，载《贵州民族学院学报》2008 年第 5 期。

③ 赵文侠等：《限传令戳到视频网站痛处，能杜绝用户上传盗版吗?》，载 http://tv. sohu. com/20100122/n269766600. shtml，2015 年 12 月 23 日访问。

④ 佚名：《滥用"网友上传模式"或让百度深陷反盗版泥潭》，载 http://tech. ifeng. com/internet/detail_2011_04/06/5580531_0. shtml，2015 年 12 月 23 日访问。

⑤ 朱铁军、王静：《论网络环境下侵犯著作权罪的几个问题》，载《网络安全技术与应用》2001 年第 7 期。

⑥ 康殷：《上传盗版电影香港男子被捕》，载 http://epaper. oeeee. com/H/html/2009-04/29/content_775076. htm，2015 年 12 月 23 日访问。

出的牺牲,这类盗版上传行为的危害性不大。利用发送电子邮件、QQ直接传输、飞鸽传书等“指定上传”盗版文件,一般情况下传播范围极其有限,对权利人造成的损失显然较小,对著作权造成的侵犯显然不大,但是如果利用任意群发或者在盈利驱动下进行大规模传播,也会造成严重侵权,形成较为严重的社会危害性。而网络用户主动实施并面向网络公众的盗版上传行为,尤其是针对某件作品或者录音录像制品的首次盗版上传,其对著作权的侵犯一般就相当严重了,社会危害性比较大,这具体包括盗版上传至共享网站和盗版 P2P 主动共享传输两类行为(下文对网络盗版上传的探讨中,如果未明确指出,主要针对的就是这两类行为)。

犯罪的本质就是具有严重社会危害性,因此,对于网络盗版上传,具体来说对于具有严重社会危害性的网络盗版上传行为类型,就有必要动用刑法手段来进行严厉打击。

(二)非刑法规制的现实反思

针对网络盗版上传行为,当前已经存在相关的规制和抵制措施,具体包括技术措施、民事诉讼、行政打击等,但是不得不承认,这些措施对网络盗版上传行为的打压成效并不显著,这一方面是因为打击盗版上传尚未形成统一的舆论,所以削减了打压的成效,但更重要的方面是,这些非刑法规制都有其难以逾越的“瓶颈”。

1. 技术措施的“瓶颈”

在技术方面,就像有的学者认为的,“在互联网上提供的信息,既可以是完整的著作,也可以是零散的、片断的信息和知识;通过搜索引擎,信息提供者和查询者相互交流,产生一对一的信息服务,这些非常个体化的、多种多样的信息传播方式具有无限的可能性,对此加以限制在技术上非常困难”。[①] 目前国内大多数网站的反盗版技术主要采取的是关键词屏蔽,但这一做法的缺陷也显而易见,网络用户只要更换上传文件的名称就可以逃避屏蔽。[②] 优酷网 CEO 古永锵认为,优酷网研发的版

---

① 张塞加:《互联网特性与出版探讨》,载《科技与出版》2007 年第 12 期。

② 刘阳:《新媒体:让我欣喜让我忧》,载《人民日报》2009 年 9 月 14 日第 15 版。

权合作系统可以让网站和版权方一起管理,可以杜绝上传盗版,[①]但是这种版权合作系统只不过是一种发现并删除盗版资料的合作机制,面对数以万亿的网络用户和浩瀚的网络世界,仍然是力不从心的。况且,采取技术措施的主体是网络运营商,他们在根本上也缺乏积极开发和应用反盗版技术的动力。

2.民事诉讼的"瓶颈"

在民事诉讼方面,民事赔偿是以赔偿损失为原则,惩罚性较弱,威慑力不够,更重要的是,"互联网技术的发展极大地降低了侵权成本,任何个人都能轻易地完成作品的复制和上传,但权利人的维权成本却居高不下,甚至很难找到直接侵权人,即便找到了直接侵权人,对方也可能不具备承担责任的经济能力"。[②] 在证据和赔偿能力的双重"瓶颈"下,当前我国尚无起诉普通网络用户的案例,这就使众多网络盗版上传者形成了"聚众哄抢"的心理效应,有恃无恐,民事赔偿对网络盗版上传几乎丧失威慑力。

3.行政打击的"瓶颈"

至于对网络盗版上传的行政打击,虽然国家著作权主管机关曾在"打击网络侵权盗版专项行动"中表示,对非法上传者定性为侵权,给予严处。[③] 但是这样的整治活动很难保证不会"野火烧不尽,春风吹又生"。[④] 另外,首先需要指出的是,国务院于2008年8月2日发布的《著作权实施条例》和国家版权局、信息产业部于2005年4月29日联合发布的《互联网著作权行政保护办法》都未将普通用户的侵权行为纳入行政处罚的范围,而国务院于2006年5月10日发布的《信息网络传播权保护条例》在规定行政处罚时也并未明确规定针对普通网络用户。

只有深圳市以地方法规的形式规定,明知为司法机关或者主管部门认定的侵权软件,任何单位或者个人不得上传到互联网上,违者处以

① 赵文侠等:《限传令戳到视频网站痛处,能杜绝用户上传盗版吗?》,载 http://tv.sohu.com/20100122/n269766600.shtml,2015年12月23日访问。

② 李芹、赵立辉:《网吧播放影片,当心侵权》,载《人民法院报》2015年5月23日第3版。

③ 佚名:《10月31日话题:随意上传电影音乐将受罚》,载 http://news.qq.com/a/20061031/002148.htm,2015年12月23日访问。

④ 都广宇:《非法上传将受罚,MP4电影下载何去何从》,载 http://www.pcpop.com/doc/0/161/161779.shtml,2015年12月23日访问。

3万元罚款。[①] 但由于行政机关执法权限的制约,行政机关对实施网络盗版上传的普通网络用户几乎无法进行有力的行政打击,这主要体现在有限的调查取证权和较轻的行政处罚两个方面。在调查取证方面,《信息网络传播权保护条例》第25条规定,“网络服务提供者无正当理由拒绝提供或者拖延提供涉嫌侵权的服务对象的姓名(名称)、联系方式、网络地址等资料的,由著作权行政管理部门予以警告;情节严重的,没收主要用于提供网络服务的计算机等设备”。由此看来,行政机关对网络盗版上传者的调查基本依靠网络服务提供者提供,但是,一则网络服务提供者并无提供信息的动力,二则在虚拟的网络世界里,普通网络用户的姓名等信息几乎可以断定是不真实的,行政机关对网络盗版上传的查处和取证缺乏有力的手段和强制措施。在行政处罚方面,行政处罚仅仅限于罚款、没收违法所得、没收非法财物,与入刑之前的醉酒驾驶一样,相比自我放纵的满足感和逃避打击的侥幸心理,这种行政打击的力度是不够的。

面对其他手段打击网络盗版上传的无奈,作为最后打击手段的刑法理应作出回应,将严重的网络盗版上传行为纳入刑法打击范围,通过刑事追诉的有效性和刑事制裁的严厉性,对泛滥成灾的网络盗版上传产生有力的震慑。

(三)发展网络和打击网络盗版的权衡

当今社会已经是网络的时代,网络带来了信息的集成共享和快速交流,极大地推动了人们生活的便利化和经济社会的快速发展。但与网络相伴共生的网络盗版,因其对著作权的巨大破坏力,一直成为网络挥之不去的阴影。基于发展网络和打击网络盗版的双重迫切需要,有必要将刑法打击指向无处不在的网络盗版上传行为。

1.刑法调控对象的抉择

对于网络集成共享和快速交流,网络共享服务起着基础性的支撑作用,为了大力发展网络共享技术和网络共享服务,我们需要在法律规制方面为其设置一定的合理空间。为此,《信息网络传播权保护条例》针对网络服务提供者规定了免责条款,其第22条规定:“网络服务提供

① 佚名:《深圳地方法规:上传盗版软件罚3万,“破解”正版软件罚5万》,载 http://www.zhiyiwang.com/news/show_4455.html,2015年12月23日访问。

者为服务对象提供信息存储空间,供服务对象通过信息网络向公众提供作品、表演、录音录像制品,并具备下列条件的,不承担赔偿责任:(一)明确标示该信息存储空间是为服务对象所提供,并公开网络服务提供者的名称、联系人、网络地址;(二)未改变服务对象所提供的作品、表演、录音录像制品;(三)不知道也没有合理的理由应当知道服务对象提供的作品、表演、录音录像制品侵权;(四)未从服务对象提供作品、表演、录音录像制品中直接获得经济利益;(五)在接到权利人的通知书后,根据本条例规定删除权利人认为侵权的作品、表演、录音录像制品。"这就人们所称的"避风港原则"之一。只要网络共享服务商符合这项"避风港原则",就能免予民事责任,当然也就能免予行政责任和刑事责任。

这项"避风港原则"给予了网络共享服务商发展和盈利的空间,但是著作权人却承受了巨大的损失,毫无拘束的网络盗版上传致使众多共享网站盗版横行。"有人验证,在百度文库,随手嵌入任一个中国作家的名字,他们的绝大多数作品都会一一呈现,王蒙、王朔、刘震云、严歌苓、海岩等,他们的作品被整整齐齐地排版,以多种格式提供给网民下载,但没有一位作家通过这种下载渠道得到过一分钱版税,甚至连一纸授权协议也没有。而百度称,这些作品的来源是'网友自主上传'。"①

推动了网络的发展,却造成了网络盗版的横行,这需要我们对刑法等法律规制进行深刻的反思,把刑法等法律规制的对象进一步转向网络盗版上传行为,转向"无拘无束"的网络盗版上传者,这不仅不会葬送网络发展的前景,同时也有力地打击了网络盗版。

2. 弥补司法漏洞的要求

"避风港原则"已经为网络共享服务商提供了很大的便利,但是还是有不少网络共享服务商利用欺骗手段,诈用"网络用户上传"来谋取不正当利益。搜狐CEO张朝阳曾举例说,有一个"搜搜影视剧"的"网友",在优酷网上传了35,000个视频,如果他不吃不喝的话,上传这些视频需要5年的时间,但整个优酷网的存在时间才3年,看来这属于是

① 佚名:《评论:网友自主上传不能成为盗版接口》,载 http://tech.sina.com.cn/i/2010-11-13/17334862598.shtml,2015年12月23日访问。

网友上传还是有组织的上传,就值得怀疑了。[①] 另外,“据一位业界资深人士透露,很多盗版影视剧,其实是那些视频分享网站员工们上传的”。[②]

虽然个别的网络共享服务商因为“监守自盗”受到了行政制裁,如河北省版权局在接到IFPI(国际唱片协会)中国区首席代表郭彪的行政投诉后,将“自己上传盗版音乐,自己搜索自己”的北京中搜在线软件有限公司查处,并作出了“责令其停止侵权行为,没收用于侵权的服务器,罚款10万元”的行政处罚,但是在这一具有涉外因素并且由省级著作权主管部门进行执法的行动中,并且在行政投诉人提供线索的前提下,还要经过长达几个小时的艰难交涉才得以进行取证,[③]可以相信,其他诈用“网络用户上传”的大量网络共享服务商借此必定逃过了法律的追究。

网络共享服务商诈用“网络用户上传”来逃避责任的现象,在法律上就是一种司法漏洞。针对这种司法漏洞,我们需要将网络盗版上传行为纳入刑法规制的视野,以此来进一步规范网络共享服务商的行为,打压网络盗版公然存在的空间。就像有人在谈论“有组织上传”时所说的,“谁在组织地批量上传盗版视频,只有公安机关能给我们一个准确的说法”。[④]

三、现行刑法规制网络盗版上传的考察

面临刑法规制网络盗版上传的迫切需要,在司法解释的努力下,本无相关依据的现行刑法典在一定程度上将网络盗版上传纳入了打击半径,但是这种刑法规制在司法实践中正在遭遇重重障碍。

(一)当前网络盗版上传的刑法规制

单从刑法条文来看,现行刑法并未把包括网络盗版上传在内的任

---

① 佚名:《“购买”与“偷盗”并存的网络江湖》,载 http://phtv.ifeng.com/program/shnjd/200911/1120_1612_1444548_3.shtml,2015年12月23日访问。

② 佚名:《“盗版影视剧”号称是“网络”上传,优酷收入过亿竟不买盗版?》,载 http://www.599cn.com/dispbbs.asp?boardid=13&Id=32415&star=1,2015年12月23日访问。

③ 查皮博客:《中搜主动上传盗版MP3遭查:IFPI意在敲山震百度》,载 http://www.20ju.com/content/V28209.htm,2015年12月23日访问。

④ 佚名:《“购买”与“偷盗”并存的网络江湖》,载 http://phtv.ifeng.com/program/shnjd/200911/1120_1612_1444548_3.shtml,2015年12月23日访问。

何网络盗版行为规定为犯罪行为，但后来的司法解释在一定程度上解决了这个问题。最高人民法院、最高人民检察院于2004年12月8日联合发布的《关于办理侵犯知识产权刑事案件具体应用法律若干问题的解释》第11条第2款规定，“通过信息网络向公众传播他人文字作品、音乐、电影、电视、录像作品、计算机软件及其他作品的行为，应当视为刑法第二百一十七条规定的‘复制发行’”。随后，最高人民法院、最高人民检察院于2005年10月13日联合发布的《关于办理侵犯著作权刑事案件中涉及录音录像制品有关问题的批复》又规定，“未经录音录像制作者许可，通过信息网络传播其制作的录音录像制品的行为，应当视为刑法第二百一十七条第(三)项规定的‘复制发行’”。

而《刑法》第217条规定：“以营利为目的，有下列侵犯著作权情形之一，违法所得数额较大或者有其他严重情节的，处三年以下有期徒刑或者拘役，并处或者单处罚金；违法所得数额巨大或者有其他特别严重情节的，处三年以上七年以下有期徒刑，并处罚金：(一)未经著作权人许可，复制发行其文字作品、音乐、电影、电视、录像作品、计算机软件及其他作品的；(二)出版他人享有专有出版权的图书的；(三)未经录音录像制作者许可，复制发行其制作的录音录像的；(四)制作、出售假冒他人署名的美术作品的。”

由此可见，网络盗版上传如果符合上述情形，就会构成侵犯著作权罪。具体来说，如果网络上传是以营利为目的，未经著作权人或者录音录像制作者许可，通过信息网络(向公众)传播他人文字作品、音乐、电影、电视、录像作品、计算机软件及其他作品或者录音录像制品，并且违法所得数额较大或者有其他严重情节的，就构成《刑法》第217条规定的侵犯著作权罪。

(二)当前网络盗版上传的刑法规制障碍

通过最高司法机关的两个司法解释，似乎已经将网络盗版上传纳入刑法的打击半径，但是实际上并非如此，面对泛滥成灾的网络盗版上传行为，司法机关在刑事追诉方面几乎无能为力，这具体体现在以下方面。

1. 作为单独犯罪的障碍

如果认为网络盗版上传本身就是一种通过信息网络(向公众)传播

盗版作品或者录音录像制品的侵权行为，那么网络盗版上传在符合《刑法》第217条的情况下就可以作为单独犯罪来进行刑事打击。但是一个关键问题就产生了，在普通网络用户的上传行为中，只有个别共享网络存在上传付费的问题，如"淘宝旗下刚成立一个月的数字内容交易平台淘花网发起'上传有礼'活动，在活动期间用户每上传一份文档就可获得0.1~0.2元的奖励，高质量文档奖金还能翻倍"。[①] 而绝大多数都是一种以彼此分享为目的的无偿行为，那么网络盗版上传就几乎不能构成"以营利为目的"。有学者在谈论BT下载的犯罪问题时就指出："仅仅使用BT发布源文件的个人用户，虽然实施了侵犯著作权的行为，但是一般很难证明其具有营利目的，因此在现行刑法体系下很难追究刑事责任。"[②]

由此可见，如果作为单独犯罪来打击，网络盗版上传基本上都不符合"以营利为目的"的条件，在实体上不能认定为侵犯著作权罪。

2. 作为共同犯罪的障碍

如果认为网络上传并非一种单独行为，而是与共享网站提供服务和传播的行为一道属于构成信息网络传播行为的有机组成部分，那么网络盗版上传者就只可能在共同犯罪的层面，与共享网站共同构成《刑法》第217条规定的侵犯著作权罪，其中网络盗版上传应该是一种帮助行为，在共同犯罪中属于帮助犯。但如果作为一种帮助犯来进行刑事打击的话，可能会面临更多的规制障碍。

障碍之一是"以营利为目的"的实体阻却。当前，绝大多数的共享网站都属于商业运作，营利是网站生存的基本前提，如夸克电影网通过在影片播放前后和播放过程中插播广告来获得收入，[③]华夏影视网通过付费观看或者下载的形式来营利。[④]《关于办理侵犯知识产权刑事案件具体应用法律若干问题的解释》第11条第1款还规定，"以刊登收费广告等方式直接或者间接收取费用的情形，属于刑法第二百一十七条规

---

① 佚名：《当原创文学遭遇"免费盗版"》，载《彭城晚报》2010年11月29日第C06版。

② 鞠佳佳：《BT下载的刑法思考》，载《中国检察官》2010年第9期。

③ 文莉莎：《边破边立　网络电影探索盈利之道》，载《第一财经日报》2008年2月14日第C05版。

④ 徐馨：《网络影视作品侵权法律该从何处"开刀"？》，载《人民日报》2006年2月21日第11版。

定的'以营利为目的'"。但仍然有一部分共享网站并未进行商业营利，如众多高校的BT下载网络。如果是在无营利运作的共享网站模式下，网络盗版上传仍然无法被认定为侵犯著作权罪。

障碍之二是共同犯罪的实体阻却。如前所述，《信息网络传播权保护条例》规定了共享网站的"避风港原则"，如果共享网站的运作符合"避风港原则"的条件，那么即使普通用户上传的是盗版文件，共享网站也会免去民事责任、行政责任和刑事责任，缺乏共同犯罪成立的条件，这时网络盗版上传就失去构成犯罪的可能性。

障碍之三是共同犯罪的程序阻却。在追诉共同犯罪时，需要对涉案的关键主体展开刑事侦查和刑事取证，但在追诉网络盗版上传时却往往会面临重重困难。一方面，各个国家的互联网是互联互通的，境外大量存在的共享网站同样可以供境内网络用户上传、观看和下载，如果网络用户把盗版文件上传至境外的共享网站，那么在进行相关刑事取证时就会面临巨大困难。另一方面，我国《刑事诉讼法》把认定犯罪的标准规定为"案件事实清楚，证据确实、充分"，在民事诉讼中，法官可以依靠自由心证这样分析，"在法院受理的案件中，涉案作品基本为正式发行的影视剧，且大部分在热播期间，上传内容则完整规范、编号统一，大量内容均由一个网友在同一地址上传。对此类情形，如果网站仍以不知道侵权为由进行抗辩，没有依据，也不符合免责条件"。① 但在刑事诉讼中，则必须进行严格的证据证明，如需要找到在同一地址上传的那个网友。由此可见，通过共同犯罪对网络盗版上传进行刑事追诉是要面临很大困难的。

四、刑法规制网络盗版上传的路径探究

既然现行《刑法》在规制网络盗版上传时因重重障碍而几乎不能发挥应有的作用，那么就需要重新探究有效的规制路径。

（一）刑法规制网络盗版上传的立法路径

在社会发展的过程中，如果出现了严重侵害法益的全新行为，从而需要动用刑法来对其进行有效的打击，但通过司法解释无论如何也不能将其认定为犯罪行为，那么进行必要的刑法修正就显得非常必要。

① 陈瑜：《热播影视作品为何频遭网络侵权?》，载《科技日报》2009年4月29日第3版。

快速发展和广泛普及的互联网已经全方位地改变了我国社会,网络用户的上传行为已经不再是传统意义上狭小空间内的个人行为,一个看似渺小的网络盗版上传行为很可能就会对著作权的权利人造成难以估量的损失。但在这个已经脱胎换骨的网络时代,似乎刑法的反应太过于"冷静",关于侵犯著作权的刑事立法,自从1997年《刑法》甚至1994年全国人民代表大会常务委员会《关于惩治侵犯著作权的犯罪的决定》至今,尚未进行任何修正,而也恰恰就是在这十余年里,我国的计算机和网络已经实现了跨越式的发展,刑法典的严重滞后性不容我们忽视。为了将网络盗版上传真正纳入刑法的打击半径,必须对现行《刑法》进行必要的修正。

如前所述,现行《刑法》对网络盗版上传的规制障碍主要体现在"以营利为目的"和共同犯罪两个方面,那么在进行《刑法》修正时就应当着重在这两个方面进行必要的立法突破,去除"以营利为目的"这一定罪要素,并且将网络盗版上传作为一种单独犯罪来进行打击。

其实,去除"以营利为目的"这一定罪要素,不仅不存在法律障碍,而且也具有较强的现实适应性。在2001年10月27日发布的全国人民代表大会常务委员会《关于修改〈中华人民共和国著作权法〉的决定》中删除了著作权法中"以营利为目的"的限制条件,如果在现行刑法中也删除该条件,已经不会存在任何法律障碍。而法律设置"以营利为目的"的初衷是将打击对象限制为危害较大的侵权行为,但是在共享文化主导下的网络世界,"以营利为目的"已经不能体现盗版行为的社会危害性了。另外,我国香港特区的《版权条例》就网络盗版上传的刑事打击就没有"营利"条件的限制,"根据《版权条例》,任何人士在没有有关版权拥有人的特许下,分发该作品的侵犯版权复制品,达到损害版权拥有人的权利的程度,即属违法,最高刑罚为监禁4年及每件侵权物品罚款5万元"。[①] 据此规定,"2005年10月,香港屯门法院宣判,网名为'古惑天皇'的38岁香港公民陈乃明违反香港《版权条例》,侵犯了《夜魔侠》、《宇宙深慌》、《选美俏卧底》3部电影的版权,并利用BT软件将这3部电影的非法复制品上传到互联网进行传播,对电影版权所有者

① 康殷:《上传盗版电影香港男子被捕》,载 http://epaper.oeeee.com/H/html/2009-04/29/content_775076.htm,2015年12月23日访问。

造成了侵害,从而构成刑事犯罪”。[①] 这也为我们大陆的刑事立法提供了参考。

至于要将网络盗版上传作为单独犯罪来打击,需要我们在立法技术上进行合理的设计,从而给予刑事司法机关以明确的指示。当前网络盗版的行为模式多种多样,需要动用刑法来打击的显然并不限于网络盗版上传行为,因此,在立法技术上适合采用按照行为类型列举的方式。如前所述,一般情况下需要刑法进行规制的网络盗版上传主要体现为盗版上传至共享网站和盗版 P2P 主动共享传输这两种行为,而“指定上传”只是在特殊情况下才需要刑法的打击,因此,应当将前两种行为归纳为一种犯罪行为,而后者只需要将其归入“兜底”条款即可。

综上所述,可以这样进行刑事立法修正:在《刑法》第 217 条之后增加一条作为第 217 条之一,具体条文为,“有下列侵犯信息网络传播权情形之一,情节严重的,处三年以下有期徒刑或者拘役,并处或者单处罚金;情节特别严重的,处三年以上七年以下有期徒刑,并处罚金:(一)未经著作权人许可,主动上传其文字作品、音乐、电影、电视、录像作品、计算机软件及其他作品向公众传播的;(二)未经录音录像制作者许可,主动上传其制作的录音录像向公众传播的;(三)其他侵犯他人信息网络传播权的”。另外,如果其他网络盗版行为也需要刑法来打击,那么只需要增加相关的行为类型即可。当然,这里的“情节严重”和“情节特别严重”已经不同于侵犯著作权的传统犯罪,应当对其进行网络化的解释和适用,这在下面会提及,这里先不做展开。

(二)刑法规制网络盗版上传的司法路径

新的犯罪行为的增设和《刑法》条文的修正,往往都要经过大量的实践积累和学理论证才会“千呼万唤始出来”,这是刑法稳定性和刑事立法审慎性的要求,也是刑事立法滞后性的体现,因此,要想通过刑法修正来规制包括网络盗版上传在内的网络盗版行为,可能尚需时日。但在网络盗版上传等网络盗版泛滥成灾的情况下,如果刑事打击仍旧无动于衷,我国的创意产业就会长期萎靡不振,那么精神创作和自主知识产权的打造也将最终丧失一个发展的黄金时代。

---

① 邓社民:《共享 P2P 网络对著作权的挑战和法律回应》,载《网络法治月月谈 · 争鸣》2008 年第 1 期。

就像有的学者所论述的一样,“面对技术普及与技术扩张日益增多的技术扭曲使用,传统的罪名确实存在滞后感,毕竟罪名的设置多数情况是个案经验积累与总结的结果。因此,重视对于既有的传统罪名的学理解释,拓展传统罪名的适用范围,可能是面对网络空间中新型犯罪行为的一种方式,也是防制‘无法’空间过大的方式之一。虽然临时的学理扩张解释可能有所不妥,但是,只要避免陷入类推的范畴,学理解释及其引发的有效司法解释,对于暂时滞后的刑事立法,往往是有帮助的,至少会避免刑法真空的出现或者扩大”。[①] 当前,采用刑事司法解释的方式将网络盗版上传尽可能地纳入刑法的打击半径,已经成为必要和迫切的权宜之计。具体来说,主要通过以下三个方面来实现:

司法路径之一是共犯行为的正犯化解释。由于最高人民法院、最高人民检察院联合发布的《关于办理侵犯知识产权刑事案件具体应用法律若干问题的解释》和《关于办理侵犯著作权刑事案件中涉及录音录像制品有关问题的批复》只简单规定了“通过信息网络(向公众)传播”这一行为类型,网络盗版上传完全可以被司法机关理解为一种帮助行为,从而将其作为共犯来打击,果真如此的话,共同犯罪的一系列障碍问题就会纷至沓来,刑法对网络盗版上传的规制也终将难以实现。其实,当前在传统犯罪网络异化的大趋势下,共犯行为的正犯化解释具有客观必要性,这是网络犯罪所具有的网络特性所决定的。[②] 最高司法机关在进行司法解释时也已经开始大量地进行共犯行为的正犯化解释,如2010年初,最高人民法院、最高人民检察院《关于办理利用互联网、移动通讯终端、声讯台制作、复制、出版、贩卖、传播淫秽电子信息刑事案件具体应用法律若干问题的解释(二)》的规定。[③] 仿照该司法解释的解释方法,对于网络盗版上传可以做这样的司法解释:“……未经著作权人许可,主动上传其文字作品、音乐、电影、电视、录像作品、计算机软件及其他作品向公众传播,情节严重的,依照刑法第二百一十七条第一款的规定,以侵犯著作权罪定罪处罚……未经录音录像制作者许可,主动上传其制作的录音录像向公众传播,情节严重的,依照刑法第二百

① 于志刚:《论传统刑法与虚拟空间的冲突和衔接》,载《浙江社会科学》2004年第1期。
② 于志刚:《传统犯罪的网络异化研究》,中国检察出版社2010年版,第367~368页。
③ 于志刚:《传统犯罪的网络异化研究》,中国检察出版社2010年版,第368~369页。

一十七条第一款的规定，以侵犯著作权罪定罪处罚……”

司法路径之二是“以营利为目的”的扩大解释。网络用户在实施盗版上传时，除了个别情况，几乎都并非为了自身营利，而既然要将网络盗版行为解释为正犯，使之与共享网站脱离共同犯罪的关系，那么就需要将“以营利为目的”也进行必要的扩大解释，否则很可能就会缺乏“以营利为目的”这一构罪要素。可以将“以营利为目的”做这样的解释：“以营利为目的；知道或者应当知道共享网站以营利为目的。”

司法路径之三是“有其他严重情节”的网络化解释。以往的司法解释对《刑法》第217条中“有其他严重情节”的解释都是针对侵犯著作权的传统犯罪而言，如《关于办理侵犯知识产权刑事案件具体应用法律若干问题的解释》第5条第1款规定：“具有下列情形之一的，属于‘有其他严重情节’，应当以侵犯著作权罪判处三年以下有期徒刑或者拘役，并处或者单处罚金：(一)非法经营数额在五万元以上的；(二)未经著作权人许可，复制发行其文字作品、音乐、电影、电视、录像作品、计算机软件及其他作品，复制品数量合计在一千张(份)以上的；(三)其他严重情节的情形。”显然，这种解释对于网络盗版上传来说并不适用，当然在司法实践中也难以对其进行有效规制。作为一种网络盗版行为，网络盗版上传的危害性表征具有较强的网络特性，因此也当然需要对“有其他严重情节”进行科学的网络化解释，具体来说，主要体现在所上传盗版作品和制品的时效性、逼真性、数量、被点击次数、被再次传播的状况等。

CHAPTER 04 >>

第四章

信息时代侵权作品传播行为的定罪处罚标准

2011 年，最高人民法院、最高人民检察院、公安部出台《关于办理侵犯知识产权刑事案件适用法律若干问题的意见》，其中专门规定了“关于通过信息网络传播侵权作品行为的定罪处罚标准问题”，提出了非法经营数额、作品数量、实际被点击数、注册会员数等定量标准，在较大程度上反映了信息时代传播侵权作品行为的定罪处罚实践的现实和需求。但伴随着信息时代传播侵权作品的罪情不断变化，现行定量标准仍有难以适应司法实践之处，未来的司法实践仍需要更为明确和有效的定罪处罚标准。

信息时代传播侵权作品行为呈现传统传播与网络传播并存、网络传播不断变异和挑战既有定罪处罚实践的局面。传播侵权作品行为大致分为两个不同的阶段，分别对应不同的定罪处罚标准体系。

一、侵权作品传播行为传统阶段的数额标准适用分析

传统传播侵权作品行为阶段就是不断复制、发行他人文字作品、音乐、电影、电视、录像作品、计算机软件及其他作品，犯罪危害性大小直接与犯罪数额大小和复制品数量多少相关。此时，主要的定罪处罚标准即为违法所得数额、非法经营数额、复制品数量，这已经为司法文件所确认。例如，2008 年最高人民检察院、公安部《关于公安机关管辖的刑事案件立案追诉

标准的规定(一)》和2004年最高人民法院、最高人民检察院《关于办理侵犯知识产权刑事案件具体应用法律若干问题的解释》、2007年的《关于办理侵犯知识产权刑事案件具体应用法律若干问题的解释(二)》、1998年最高人民法院《关于审理非法出版物刑事案件具体应用法律若干问题的解释》都处于这一阶段。

犯罪数额标准作为传统犯罪定量标准体系的重心,有其丰富的内涵,我们首先应当仔细分析其三重含义,方可明确其在信息时代传播侵权作品行为定罪处罚标准体系中的适用范围。

(一)传统损失数额、违法所得标准在传统传播行为中的适用

在传统犯罪中,数额标准从犯罪行为的末端来看,首先是指现实损失的数额大小。在传统犯罪中,数额不仅仅包括在现实中造成的损失数额的大小,而且可以用行为人违法所得的数额大小来表现。从实体意义上说,损失数额的大小直接体现了法益侵害的程度,自然应当作为定罪量刑的标准;违法所得的数额大小也间接地在很大程度上体现了对法益侵害的程度大小,也可作为定量因素。在侵害具体的个人法益时,一般而言行为人违法所得的数额大小与受害人损失数额的大小是一致的,采用哪一个数额标准区别不大,如诈骗的受害人经济损失和行为人违法所得的数额是一致的。但在侵害抽象的社会法益时经济损失数额标准就可能难以适用。如虚假广告行为难以认定经济损失数额,但却可以认定违法所得数额。对《刑法》第217条规定的侵犯著作权罪要求"违法所得数额较大或者有其他严重情节"的入罪标准的认定,应当认为其他严重情节包括经济损失数额,因为知识产权犯罪重要的内容就是侵犯权利人的财产权益,所以,侵犯知识产权犯罪案件在能确定被害人经济损失的情况下,也应当予以确认,如可得利益的损失。但一般情况下难以认定具体数额,因为本罪位于《刑法》第三章扰乱市场秩序罪,被害人的损失不一定能直观表现出来。所以,从实体意义上说,违法所得数额可以作为定罪量刑的标准;就程序角度而言,损失数额是从行为末端的视角来观察一犯罪行为的法益侵害程度的大小,违法所得数额大小也是从行为末端的视角来进行观察,只不过视角稍微提前而已。如诈骗罪既遂的基本构造是:行为人实施诈骗行为——对方产生或者维持错误认识——对方基于错误认识处分财产——行为人或者

第三者取得财产——被害人遭受财产损害。[1] 但是有时损失数额难以查证,所以,可以从行为链条中截取违法所得这一节点来确定行为对法益的侵害程度,由此作为定罪量刑标准。如最高人民法院、最高人民检察院 2013 年《关于办理盗窃刑事案件适用法律若干问题的解释》第 4 条第 5 项规定:"盗接他人通信线路、复制他人电信码号出售的,按照销赃数额认定盗窃数额。"这里的销赃数额即为实然的行为人违法所得数额,而"本解释计算的盗窃数额"则为应然的经济损失数额。

(二)非法经营数额标准在侵权作品传统传播行为中的适用

由于损失数额、违法所得标准的局限性,人们采用非法经营数额标准,可称为数额的经营化。从行为过程的视角来看,经济损失数额、违法所得数额标准都是从行为末端出发的定罪量刑标准。这些标准的局限性体现在经济损失数额或者违法所得数额难以查证或者根本不存在。因为行为末端的损失数额、违法所得数额难以应用,所以,可以考虑在行为的流程中往上截取适当的节点,作为确定法益侵害性大小的标准。损失数额和违法所得数额的上游是经营数额,行为人因为经营行为而获利并对他人造成损失。

非法经营数额的实质是通过计算静态的物品的价值来作为定罪量刑的标准,而非通过计算动态的流转过程的次数或者产生的收益、造成的损失来作为定罪量刑的标准。非法经营数额与违法所得数额的区分正如生产、销售伪劣产品中的货值金额与销售金额的区分。最高人民检察院、公安部《关于公安机关管辖的刑事案件立案追诉标准的规定(一)》第 43 条规定:"以营利为目的,聚众赌博,涉嫌下列情形之一的,应予立案追诉:(一)组织三人以上赌博,抽头渔利数额累计五千元以上的;(二)组织三人以上赌博,赌资数额累计五万元以上……"这里是聚众性违法犯罪,没有被害人的经济损失数额,但有聚赌者的违法犯罪所得抽头渔利数额,以及聚赌者的非法经营数额即赌资数额。这也体现了犯罪数额标准的三重含义及其内部关系。

2008 年,最高人民检察院、公安部《关于公安机关管辖的刑事案件立案追诉标准的规定(一)》第 26 条规定,"非法经营数额"是指行为人

---

[1] 张明楷:《刑法学》,法律出版社 2011 年版,第 889 页。

在实施侵犯知识产权行为过程中,制造、储存、运输、销售侵权产品的价值。已销售的侵权产品的价值,按照实际销售的价格计算。制造、储存、运输和未销售的侵权产品的价值,按照标价或者已经查清的侵权产品的实际销售平均价格计算。侵权产品没有标价或者无法查清其实际销售价格的,按照被侵权产品的市场中间价格计算”。在此,行为人通过制造、储存、运输、销售的非法经营行为获利,并对知识产权行为人造成损失。但是此时难以确定权利人具体的经济损失数额,也难以确定行为人具体的违法所得数额,所以,用简单明了的非法经营数额来进行定量分析。

二、侵权作品传播行为新阶段的犯罪数额标准适用评判

随着信息传播技术的不断变化发展,侵权作品的传播方式也升级换代,在信息社会的典型传播方式就是利用信息网络进行传播。信息网络根据最高人民法院、最高人民检察院《关于办理利用信息网络实施诽谤等刑事案件适用法律若干问题的解释》,包括以计算机、电视机、固定电话机、移动电话机等电子设备为终端的计算机互联网、广播电视网、固定通信网、移动通信网等信息网络,以及向公众开放的局域网络。不同利益主体在以不同方式参与到侵权作品网络传播利益链条的过程中,犯罪数额标准的使用也面临着挑战和扩张的趋势。

(一)违法所得数额标准在侵权作品传播行为新阶段的扩张适用

在信息时代,违法所得数额标准体现了视角的提前,仍然值得借鉴。理由有两个:一是因为网络犯罪中受害人分散、损失一时难以确定,导致损失数额往往难以查证;二是因为上述关于网络犯罪的规定大都是针对侵害抽象的社会法益的犯罪而规定定罪量刑标准,所以有的案件中根本就没有损失数额这一标准适用的前提。例如网络赌博,这是群体性违法行为,无所谓被害人;再如淫秽电子信息犯罪中,虽然信息接收者因为并不受法律处罚不能认定其与传播者构成群体性违法,但也不能称其为受害者,也就无所谓将其损失的数额大小作为定罪量刑的标准了。相比之下,网络犯罪在侵害社会法益或者他人法益的过程中,在很大程度上是为了逐利,其违法所得大小基本上反映了其对法益的侵害程度,且在程序上较容易查证,因为获利人数相比总体违法行为人数而言相对较少,容易集中取证。《关于办理利用互联网、移动通

讯终端、声讯台制作、复制、出版、贩卖、传播淫秽电子信息刑事案件具体应用法律若干问题的解释》、《关于办理利用互联网、移动通讯终端、声讯台制作、复制、出版、贩卖、传播淫秽电子信息刑事案件具体应用法律若干问题的解释(二)》、《关于办理网络赌博犯罪案件适用法律若干问题的意见》、《关于办理危害计算机信息系统安全刑事案件应用法律若干问题的解释》《关于办理利用信息网络实施诽谤等刑事案件适用法律若干问题的解释》这五个针对网络犯罪的专门规定都规定了违法所得数额的标准。同时,可以发现此处五个规定中除了危害系统安全的解释中同时规定了损失数额标准和违法所得标准,其他四个网络犯罪的规定中都只有违法所得的标准。这几个规定充分体现了网络犯罪在现阶段的逐利趋势和司法解释对其定罪处罚规律的把握。

违法所得数额标准在信息时代发展为不同的具体形式。其一,通过传播违法犯罪信息而收取广告费、会员注册费等费用。一些侵权作品传播网站就是通过广告业务和会员业务等非法途径进行营利。其二,通过为违法犯罪活动提供电信业务、互联网信息等服务,收取服务费。上述《关于办理侵犯知识产权刑事案件具体应用法律若干问题的解释(二)》与2010年最高人民法院、最高人民检察院、公安部《关于办理网络赌博犯罪案件适用法律若干问题的意见》,2011年最高人民法院、最高人民检察院《关于办理危害计算机信息系统安全刑事案件应用法律若干问题的解释》都规定了信息时代提供技术帮助和服务的违法所得标准。这是针对网络犯罪形成利益链条,第三方通过帮助正犯行为而加入犯罪的现实罪情,对这种帮助犯直接规定了其违法所得的标准,通过独立的定量机制对其进行定罪量刑。所以,信息时代的违法所得数额标准可以扩容为收取服务费数额标准:明知是利用信息网络传播侵权作品的违法犯罪而提供互联网接入、服务器托管、网络存储空间、通讯传输通道、在自己所有、管理或者使用的网站或者网页上提供链接、投放广告、发展会员、软件开发、技术培训、程序、工具、技术支持、资金支付结算等服务,收取服务费数额较大的,应当认定为“情节严重”,予以定罪量刑。其三,通过提供违法犯罪平台而从他人违法犯罪活动所得中获取自身的违法所得。例如网络赌博意见中规定了抽头渔利数额,这是在网络赌博背景下针对行为人违法所得行为方式的变异而对违法所得数额标准作出的具体规定。这种模式不同于行为人直接进行的网络传播，也不同于第二种情形规定的网络共犯，而是针对利用网络技术、提供网络犯罪平台和空间的独立行为，如利用 P2P 网站传播侵权作品而收取费用。这既是传统传播行为在网络空间中的异化，也是营利目的的异化表现。

（二）非法经营数额标准在侵权作品网络传播行为中的适用分析

在信息时代，非法经营数额标准面对侵权作品的网络传播时，既有不适应的一面，也有扩张适用的一面。

1. 网络传播侵权作品行为中非法经营数额标准的不适用

以营利为目的，未经著作权人许可，通过信息网络向公众传播他人文字作品、音乐、电影、电视、美术、摄影、录像作品、录音录像制品、计算机软件及其他作品的，如果要从行为末端出发，则应当查证被侵权人经济损失数额、侵权人违法所得数额。但是要计算损失数额则要计算被侵权人因为侵权行为而丧失的销量。但这是难以确证的。有观点提出采用“增一减一”的计算方式，认为查获一张盗版，证明减少了一张正版的销量，在网络环境下按照实际下载作品的数量和网站实际可供在线播放的侵权作品数量计算。[①] 但是，“增一减一”的思路本身是不科学的。因为限于正版价格昂贵，以及欣赏正版所需的时间成本和其他花费更高，并不是通过网络盗版欣赏作品的观众都可以划归本来应当而且可以购买正版的范围。而侵权人违法所得也是难以确定的。因为网络盗版是在虚拟空间中进行的犯罪，行为人不可能留下真实详尽的财务资料。而且网络侵权行为日益复杂，大部分并非直接向观众收取费用，而是通过广告获取利益。而广告收益即使查获，也难以确证绝对是网络著作权犯罪所得，因为侵权作品和非侵权作品共网并存。

在网络著作权犯罪中，也不可以通过转化基点来计算非法经营数额。前述通过下载数量和网站实有侵权作品的数量计算损失数额的思路似乎有借鉴的地方：下载数量标准是以动态的流转、传播行为的节点进行定量，而网站实有可供播放的作品数量才是静态的节点，是流转、播放的前提，所以似乎可以用网站实有可供播放、下载的作品数量为基

---

① 林竹静：《数字化作品著作权犯罪定量标准重构——兼谈关于刑法第 217 条、第 218 条的修正意见》，载《犯罪研究》2012 年第 3 期。

点，乘以该正版在现实空间中每件的市场价格确定非法经营数额。但因为网络上的一件作品其实是指一种作品，现实空间中的一件作品是指同一种作品的多数复制品中的一件，所以，此处的非法经营数额虽然在理论上应当比传统复制品犯罪中的非法经营数额更低，但具体低至何等程度则难以确定。

2. 非法经营数额这一定罪量刑标准仍有时代意义

非法经营数额这一定罪量刑标准在信息时代的网络传播行为中仍有其意义：利益链中的扩张适用。如在网络赌博中以赌资数额确定是否“情节严重”，这里的赌资数额可以认为是开设赌场这一非法经营活动的数额。而在将为赌博网站提供资金支付结算服务的帮助行为予以正犯化的处理以后，又将该非法行为的经营数额作为其本身的定罪量刑标准，规定帮助收取赌资 20 万元以上的，依照《刑法》第 303 条第 2 款的规定处罚。此外，其他司法文件也规定了经营数额标准，表现为帮助网络违法犯罪活动资金融通的数额。① 其中，委托推广软件、投放广告不管是直接委托、投放，还是代理商进行委托、投放，本质上都是一种逐利的经营行为，所以，可将这一违法经营行为独立看待后以该违法行为的数额为标准进行定罪量刑。

由此可见，信息时代提供资金数额、帮助收取资金数额标准运用广泛。通观这一系列司法规定，可以总结出非法经营数额标准在信息时代的应用规律：其一，明知他人进行网络违法犯罪而以委托推广软件、投放广告等方式向其直接或者间接提供资金，数额较大的，依照相应的网络犯罪进行处罚。例如，明知是侵权作品传播网站而以委托推广软件、投放广告等方式向其直接或者间接提供资金，数额较大的，依照相应的侵权犯罪进行处罚。其二，为网络违法犯罪活动提供资金支付结

---

① 2011 年，最高人民法院、最高人民检察院《关于办理危害计算机信息系统安全刑事案件应用法律若干问题的解释》第 9 条规定，明知他人实施《刑法》第 285、286 条规定的行为，通过委托推广软件、投放广告等方式向其提供资金 5000 元以上的，依照《刑法》第 285、286 条的规定处罚；2010 年最高人民法院、最高人民检察院《关于办理利用互联网、移动通讯终端、声讯台制作、复制、出版、贩卖、传播淫秽电子信息刑事案件具体应用法律若干问题的解释（二）》第 7 条规定，明知是淫秽网站，以牟利为目的，通过投放广告等方式向其直接或者间接提供资金，数额在 5 万元以上的，对直接负责的主管人员和其他直接责任人员，依照《刑法》第 363 条第 1 款的规定处罚。

算服务，帮助收取的资金数额较大的，依照相应的网络犯罪进行处罚。例如，为传播侵权作品的网站提供资金支付结算服务，帮助收取的资金数额较大的，依照相应的侵权犯罪进行处罚。

三、侵权作品网络传播行为阶段的定罪处罚新标准研讨

网络传播侵权作品行为属于网络犯罪的一种。网络犯罪在现阶段呈现出逐利的倾向与特点，所以，犯罪数额标准仍然是网络犯罪的重要定量标准。但是，犯罪数额标准难以直接认定，数额鉴定程序不规范统一，直接影响着犯罪数额标准的适用效果；同时，营利目的以及营利方式在网络时代不断变异，而犯罪情节的多样化呼唤着定罪处罚标准多样化与体系化，这要求网络传播侵权作品定罪处罚新标准的探索和论证。

（一）网络传播中作品数量标准的适用分析

传统空间中著作权犯罪，制作、传播淫秽物品犯罪的定罪量刑标准之一就是作品的数量，也即制作行为的成品的数量，以及作为传播行为基础的数量。这些著作权犯罪、淫秽物品犯罪在信息时代发展到网络空间中后，原有的作品数量标准还能否使用、如何适用，又成了一个新的问题。

1. 司法实践对作品数量标准在网络传播行为中适用问题的回应

司法机关将信息时代新出现的作品形式等同于以前的作品，适用原有的作品数量标准。如2004年最高人民法院、最高人民检察院《关于办理侵犯知识产权刑事案件具体应用法律若干问题的解释》第5条规定，以营利为目的，未经著作权人许可，复制发行其文字作品、音乐、电影、电视、录像作品、计算机软件及其他作品，复制品数量合计在5000张（份）以上的，属于“有其他严重情节”，应当以侵犯著作权罪判处3年以下有期徒刑或者拘役，并处或者单处罚金。这里，计算机软件复制品数量等同于其他作品复制品数量。此外，2011年最高人民法院、最高人民检察院、公安部、司法部《关于办理侵犯知识产权刑事案件适用法律若干问题的意见》规定，以营利为目的，未经著作权人许可，通过信息网络向公众传播他人文字作品、音乐、电影、电视、美术、摄影、录像作品、录音录像制品、计算机软件及其他作品，传播他人作品的数量合计在500件（部）以上的，属于《刑法》第217条规定的“其他严重情节”。在

这里,通过信息网络传播他人作品数量的标准沿用现行司法解释规定的500件以上的标准。

但考虑到互联网具有传播速度快、传播范围广、内容存储容量大的特点,司法机关也不可能完全将原有的作品数量标准照搬到信息时代的犯罪。例如,在制作、传播淫秽电子物品犯罪中,现在的司法机关不再适用原有作品的数量标准,而是根据电子文件的不同类型要求不同的文件数量。“淫秽电子信息犯罪不同于传统的以实物为载体的淫秽物品犯罪,其行为方式和造成的社会危害都更为严重,因此,不宜适用原有关于淫秽物品犯罪的标准追究刑事责任,而应该适用符合淫秽电子信息犯罪特点的标准来追究刑事责任。”①所以,2004年最高人民法院、最高人民检察院《关于办理利用互联网、移动通讯终端、声讯台制作、复制、出版、贩卖、传播淫秽电子信息刑事案件具体应用法律若干问题的解释》第1条规定,以牟利为目的,利用互联网、移动通讯终端制作、复制、出版、贩卖、传播淫秽电子信息,具有下列情形之一的,依照《刑法》第363条第1款的规定,以制作、复制、出版、贩卖、传播淫秽物品牟利罪定罪处罚:(1)制作、复制、出版、贩卖、传播淫秽电影、表演、动画等视频文件20个以上的;(2)制作、复制、出版、贩卖、传播淫秽音频文件100个以上的;(3)制作、复制、出版、贩卖、传播淫秽电子刊物、图片、文章、短信息等200件以上的。这三种类型的电子信息危害各不相同,所以规定了不同的文件数量要求。例如,被告人为谋取非法利益,利诱多名10岁至15岁的男孩,在上海市闵行区的宾馆、酒店房间内拍摄淫秽片,并通过网络以数十元至上百元的价格销售给他人。当场查获574张淫秽照片、78个淫秽视频。② 本案中两种文件数量比较后取其高者为标准确定量刑幅度,余者为量刑情节在此幅度内进行调节。

2. 网络传播行为适用作品种数标准的评判

比较计算机软件复制品数量、传播作品数量、淫秽电子文件数量,可以发现,三者的标准指向并不相同。计算机软件复制品数量标准是指一种以上软件的复制品达到1000张(份);传播作品数量是指通过信

---

① 张军主编:《刑事法律文件解读》(总第80辑),人民法院出版社2012年版,第72页。

② 张军、熊选国主编:《刑事法律文件解读》(总第67辑),人民法院出版社2011年版,第97页。

息网络传播的作品达到500种以上,500件(部)的表述以及网络传播的可复制性表明这里指的不是复制品的数量,而是作品的种类要达到500件(部)以上;淫秽电子文件的数量标准从表述上看,20个、100个、200件的表述既可以指不同网站、网页不同文件的总和,也可以指同一种类的文件,例如,同一视频文件放置在不同网站、网页也可算作不同的文件数量,但结合电子信息网络传播的特点,似乎应仅指文件的种类数量,而不包括同一文件在不同网站、网页的数量。所以,现有司法解释的问题是应当明确具体标准的含义,否则不利于表明具体的刑事政策导向,也不利于在不同的具体案件中准确适用定罪量刑标准达到罪刑相当、刑罚平等。

如果将人次标准理解为在单位时间内的某项活动中包括重复出现的人在内的总人数,作品数量和作品种数的区别正如人次标准与人数标准的区别:每一件(部、个)作品正如一个人,可能重复出现,但可重复计入作品数量中。

这里还揭示出的问题是如果只包括文件、作品种类的数量,那么对于在不同网站、不同网页传播未达到该数量标准的文件、作品的行为就无法进行刑法规制,该法律漏洞就被犯罪分子利用了。例如,行为人在不同的网站、网页传播不到500件(部)的作品,那么行为人就可能逃避刑法的视野,但其对该不到500件(部)的作品权利人的侵害以及对市场秩序的扰乱的程度并不亚于对500件(部)以上作品权利人的侵害以及对市场秩序的扰乱的程度。再如,在不同网站、网页传播不到20种的淫秽视频文件,如果20个以上的视频文件标准指的仅仅是视频文件的种类数量标准,而不包括同一视频文件在不同网站、网页传播的数量,行为人也可以在刑法打击半径之外“漫步”。

所以,鉴于信息技术导致的作品无限复制的可能性、低成本性、常态性,应当将同一作品重复出现的数量计入作品数量,而不能采取作品种数的标准,否则容易造成刑法规制的漏洞。件、部、个的作品数量单位应当改为件(部、个)次,以表明信息时代的作品数量标准包括同一种作品的复制品数量。此时就对作品数量标准进行了限缩,不包括作品种数的内容。

(二)侵权作品传播的时间长度标准

时间长度标准不能单独使用,该标准必然要依附于危害行为、结果等因素，为危害行为、结果的定量分析提供尺度。信息时代时长标准的应用可分为妨碍有用、合法信息流通、传播和传播有害、侵权信息两种情形进行研讨。(1)妨碍信息流通、传播行为中的时长标准。此时时长标准针对妨碍合法信息传播的行为，主要是以小时为单位计算其危害的大小，作为对其定罪量刑的基准。其一，妨害电信信息传播。其二，妨碍广播电视信息传播。(2)有害、侵权信息传播中的时长标准。信息时代的时间长度标准应用广泛，在利用信息技术促进违法信息传播的情形中时间长度标准可以一展身手。其一，传播本质上有害的违法信息。其二，传播侵权违法的信息。此时时长标准对于信息时代的著作权侵权行为也是重要的定量因素，因为在涉案网站上提供播放、下载侵权作品的时间长短也反映了侵害的程度。[①] 所以，即使是一件作品被发布在网上，并且点击量、下载量难以确认，也可因为时间长而认定为情节严重。总之，时长标准在侵犯著作权等犯罪中可以和其他定量标准一并全面、准确地反映行为的危害性程度。

(三)侵权作品的文件大小、下载数量标准

前述文件数量标准的实质是将每一个文件看作完全平等的个体而累积其数量，但文件如同人一样，不可能绝对地平等，正如全国人大代表不能完全将各省级单位视为平等的个体而分配等额的代表数，而是还要看其自身的人口大小。这就启示我们对于文件的定量不能仅仅依赖于文件数量，而应兼顾文件大小的因素。类似地，文件大小意味着在线传播以及下载后线下传播的时间长短、流量大小，而全国省级单位的划分及其人口多少也与其覆盖范围大小密切相关，所以流量大小、信息传播范围也是重要的定量因素。它们都是信息时代的新“物”，其大小也是数量标准的发展。

不管是合法电子信息还是违法电子信息，其下载数量还是作品数量都与文件大小相关，可以考虑采用文件大小的定量标准。即使不能确认作品大小与作品权利受到侵害的程度直接呈正相关的关系，也可以取得其作品大小与传播时间直接相关，也就与广告收入、流量费用直接相关。再如，P2P 网站因为用户侵权所承担的责任就涉及用户共享的

① 蔡海宁主编：《信息网络与高新技术法律前沿 2009》，法律出版社 2009 年版，第 240 页。

每一个文件的容量,包括文件的数量、所有文件的总量。[①] 又如,搜索引擎提供空白搜索框服务侵权纠纷中,对于赔偿数额,法院考虑侵权歌词的数量、篇幅等因素予以确定。[②] 这里的篇幅就体现了文件大小或者说文件的容量对于定量的意义。此外,文件大小以及在线传输信息流的时间长短与流量有直接关系,所以,流量大小也可以是定量标准,这正如实际被点击数和下载量直接相关。

还须注意的是,作为作品数量的复制品数量在信息时代也可变异为下载数量。例如,在江苏省苏州市虎丘区人民检察院诉成都共软网络科技有限公司、孙显忠、张天平、洪磊、梁焯勇侵犯著作权案中,法院认为,最高人民法院、最高人民检察院《关于办理侵犯知识产权刑事案件具体应用法律若干问题的解释(二)》第1条规定:“以营利为目的,未经著作权人许可,复制发行其文字作品、音乐、电影、电视、录像作品、计算机软件及其他作品,复制品数量合计在五百张(份)以上的,属于刑法第二百一十七条规定的‘有其他严重情节’;复制品数量在二千五百张(份)以上的,属于刑法第二百一十七条规定的‘有其他特别严重情节’。”根据苏州市公安局信息网络安全监察处对“番茄花园”网站和“热度”网站进行远程勘验的结果,洪磊负责制作的“番茄花园”安装版和免激活版等侵权软件累计下载71,583次,梁焯勇负责制作的“番茄花园”美化版等侵权软件累计下载8018次。据此,可以认定涉案复制品数量在2500张(份)以上,被告单位及各被告人实施涉案侵犯著作权犯罪行为具有《刑法》第217条规定的“其他特别严重情节”。所以,软件下载量已经成为软件侵权案件中的一个重要的定量标准。总之,下载数量标准在著作权侵权行为实施的案件中是一个可操作的定量因素,是信息时代人次标准的技术表现,可以与实际被点击数标准并行。下载的前提是实际实际点击,但点击不一定导致下载,因为电子信息有的需要在线传播,有的需要下载传播,有的两者皆可,所以下载数量标准可以与实际被点击数并行为人次标准。

(四)侵权作品传播行为本身作为入罪标准

在众多规制侵犯知识产权犯罪的司法文件当中,提出的定罪处罚

---

① 罗胜华编著:《网络法案例评析》,对外经济贸易大学出版社2012年版,第263页。

② 罗胜华编著:《网络法案例评析》,对外经济贸易大学出版社2012年版,第270页。

标准不仅有犯罪数额标准与犯罪数量标准,还对侵权作品传播行为本身的适用进行了一定的探索。1998 年,最高人民法院《关于审理非法出版物刑事案件具体应用法律若干问题的解释》第 2 条规定,因侵犯著作权曾经两次以上被追究行政责任或者民事责任,两年内又实施《刑法》第 217 条所列侵犯著作权行为之一的属于"有其他严重情节"。这里规定的入罪标准在广义上可以归为多次犯的范畴,只不过与一般的多次犯中的多次都未经过法律处理不同的是,本次行为之前的行为已经经过了相应的法律处理。这种入罪模式在立案追诉与定罪量刑的实践中广为采纳,在信息时代的网络犯罪中也可广为应用。在利用信息网络传播侵权作品的犯罪中,这种多次犯也是可以使用的,这有利于严密利用信息网络进行作品侵权犯罪的法网和定量评价机制。

但这里需要提出的问题是,传统的侵权作品传播行为中固然难以适用一次行为的入罪标准,但网络传播中是否有可能适用行为犯的模式?笔者认为对使用技术强制手段进行侵权作品网络传播的,可以考虑一次行为的入罪标准。强制手段的实质是用足以压制他人反抗的手段来侵犯他人的财产权利甚至人身权利,其客观危害和主观恶性尤为严重。强制手段历来为刑法所重点打击。例如,侵犯财产罪中最为重要的抢劫罪和盗窃罪。抢劫罪因为使用了强制手段而只要求行为便可入罪,而不要求其他的入罪标准,并且其第一量刑幅度是盗窃罪的第二量刑幅度;而盗窃罪由于不要求强制手段就不能仅仅因为行为而入罪,而是要求其他的定量因素,并且其量刑幅度也远远低于抢劫罪。再如,抢夺罪和敲诈勒索罪虽然都可使用强制手段,但因为其强制程度不要求达到足以压制他人反抗的程度,[①]所以其入罪标准和量刑幅度都不似抢劫罪严格而似盗窃罪。

在信息时代,强制行为依然是刑法重点打击的对象。2004 年,最高人民法院、最高人民检察院《关于办理利用互联网、移动通讯终端、声讯台制作、复制、出版、贩卖、传播淫秽电子信息刑事案件具体应用法律若干问题的解释》第 6 条规定,实施本解释前五条规定的犯罪,通过使用破坏性程序、恶意代码修改用户计算机设置等方法,强制用户访问、下

---

① 张明楷:《刑法学》,法律出版社 2011 年版,第 865、872 页。

载淫秽电子信息的，依照《刑法》第363条第1款、第364条第1款的规定从重处罚。

虽然现有司法解释只是将技术强制行为作为已然入罪后的从重处罚情节，但这并不妨碍其成为独立的入罪标准、法定刑升格标准。首先，从司法解释正确性、适宜性的大维度出发，司法解释不一定都是正确的，在社会不断发展变化的现代更不是一直适宜的。“我国的司法解释具有相当的稳定性，甚至比刑法本身还稳定，于是刑法的含义完全被司法解释固定，甚至导致刑法的修改在适用上无效。”①“刑法条文的真实含义是在生活事实中发现的，而不是单纯从文字中发现的。”②在信息技术飞速发展的信息时代，死守以前的定罪量刑标准是不现实的，人们应当对信息技术对现实罪情发展的冲击有足够的认识，在法律上作出足够的应对。其次，就强制手段成为具体的定罪量刑标准的具体角度而言，将入罪以后的从重处罚情节发挥其他效用的司法先例也是有的。例如，同是在上述司法解释第6条规定的“制作、复制、出版、贩卖、传播具体描绘不满十八周岁未成年人性行为的淫秽电子信息”的从重处罚情节在2010年最高人民法院、最高人民检察院《关于办理利用互联网、移动通讯终端、声讯台制作、复制、出版、贩卖、传播淫秽电子信息刑事案件具体应用法律若干问题的解释(二)》中成为入罪标准减半的情节。其第1条规定，以牟利为目的，利用互联网、移动通讯终端制作、复制、出版、贩卖、传播内容含有不满14周岁未成年人的淫秽电子信息具有下列情形之一的，依照《刑法》第363条第1款的规定，以制作、复制、出版、贩卖、传播淫秽物品牟利罪定罪处罚。在这里，司法解释将“具体描绘不满十八周岁未成年人性行为的淫秽电子信息”从严扩大为“内容含有不满十四周岁未成年人的淫秽电子信息”，不仅仅导致符合第二种概念淫秽电子信息犯罪在符合一般淫秽电子信息犯罪的入罪条件下依然可以根据符合第一种概念的情节从重处罚，而且导致行为在未达到一般犯罪的罪量要求下仍然可能因为其罪量要求减半而入罪。这里就体现了司法解释将以前的依然构成犯罪后的从重处罚情节又作为扩大犯罪圈的手段的思路。其实，这里本不是犯罪的扩大，而是随着现实罪情

---

① 张明楷:《刑法分则的解释原理》(上)，中国人民大学出版社2011年版，第14页。

② 张明楷:《刑法分则的解释原理》(上)，中国人民大学出版社2011年版，第15页。

的发展导致的应有犯罪圈的还原。这与其说是犯罪圈的扩张，倒不如说是还原、回归了其本来应有的打击半径。①

本章研究的是定罪量刑标准，某一标准既可以作为定罪标准，也可以作为量刑标准适用，只不过罪量上的要求随着量刑幅度等因素相应提高，如数额标准、实际被点击数标准。而且某一标准即使因为刑事政策等因素的考虑而不作为入罪标准，以控制打击面，但仍可以作为法定刑升格的标准。由此可见，某一定量标准可以同时有不同作用：其一，确定量刑幅度，即作为入罪标准、作为加重情节帮助司法者确定立案追诉、管辖级别以及在相应的法定刑幅度内确定量刑起点；其二，在量刑幅度内进行调节，指引司法者在量刑起点的基础上增加刑罚量确定基准刑。这些用途可以有不同的组合，并不是互相排斥的。例如，即使技术强制手段同时做了入罪标准和加重标准，或者仅仅作为加重量刑标准，仍然不排除在行为本身符合其他定罪、加重标准之后再以其为从重处罚的情节。

所以，我们可以总结出信息技术强制行为标准的一般应用规则：利用强制下载、访问等信息技术进行信息传播、获取等违法行为的，应当认定为情节严重，根据具体犯罪情况作为入罪、从重或者加重情节予以适用。例如，利用技术手段强制传播侵权作品，达到排除一般人的反抗的程度的，应当认定为传播侵权作品，情节严重，予以定罪处罚，或者司法解释将此种情形规定为在符合其他入罪标准的情形下的从重，甚至法定刑升格的标准。

四、信息时代传播侵权作品行为定罪处罚标准的体系化

在信息时代，信息传播的电子化成为普遍现象，这给公民个人、社会、国家带来了巨大的经济和文化效应。但是，在巨大的利益驱动面前，犯罪的触手也无所不用其极，飞速发展的信息技术同时成为犯罪的手段，网络空间成为犯罪空间，对经济利益造成巨大危害，对社会秩序产生极大冲击。对此，传统犯罪的网络化，不仅需要进行罪状的扩张解释，还需要定罪处罚标准体系的构建。

在信息时代，侵权作品的网络化传播逐渐成为主要方式。对信息

---

① 于志刚主编：《涉药犯罪的立法缺陷与完善》，中国医药科技出版社2013年版，第70页。

时代侵权作品传播行为的定罪处罚标准问题，要坚持从传播行为的不同阶段特点出发，对既定的传统标准充分理解其合理性，要对其进行批判发展，予以体系化构建，适应不断变化发展的网络传播行为的定罪处罚的实践要求。结合既有司法文件的定罪处罚标准规定，面对侵权作品网络传播的新特点，可以总结出以下信息时代侵权作品传播行为定罪处罚标准的体系，如下表所示。

信息时代侵权作品传播行为的定罪处罚标准体系表

<table>
<tr><th>定量标准</th><th>传统传播阶段</th><th>网络传播阶段</th></tr>
<tr><td rowspan="3">数额</td><td colspan="2">经济损失数额</td></tr>
<tr><td>违法所得数额</td><td>广告费、会员费、服务费</td></tr>
<tr><td>非法经营数额</td><td>资助数额、支付结算数额</td></tr>
<tr><td>物数</td><td>复制品数量</td><td>电子文件大小、作品件（部、个）次</td></tr>
<tr><td>人数</td><td></td><td>注册会员</td></tr>
<tr><td>次数</td><td>多次犯</td><td>利用信息技术强制传播行为</td></tr>
<tr><td>人次</td><td></td><td>实际被点击数、下载数量</td></tr>
</table>

CHAPTER 05 >>

第五章

网络空间中著作权犯罪定罪标准的反思

现代科技一手开创的数字时代正在深深影响着人类生活。由“0”与“1”这两个数字代码缔造的虚拟世界改变的不只是个人的生活、娱乐方式,还有传统法律的基础架构。新兴的网络空间与传统的智慧创造成果的结合,预示着知识产权的数字化时代的到来。基于网络空间的无限延展性、无限可复制性与无限传播性,知识产权在网络空间中获得了最大的传播与利用,其中尤以著作权为甚。但与此同时却激化了著作权使用者与著作权所有者的矛盾,更给既存的著作权保护的刑法规范内容带来了深刻的危机。传统的刑法规范如何适应网络时代知识产权犯罪的新情况是值得深入思索的重大课题。本章即着眼于对网络背景下著作权犯罪的定罪标准的反思。

一、网络著作权犯罪的表现与特征

互联网的大规模普及和运用标志着信息化时代的到来。网络发展到今天,已经由信息检索和发布工具转变为基础的生活、工作平台,并以其迅捷的发展态势渗透入社会生活的方方面面。在此过程中,出现了“网络社会化”与“社会网络化”两个并行不悖而又相互勾连的现象,网络社会化是指发生在网络空间中的行为越来越具有现实的社会意义,社会网络化是指网络成为新的社会关系的纽带,借助 FACEBOOK 等网络社交工具,素昧平生的人找到了新的沟通与交流途径。当然,网络的运用给人们带来的并非只是便利和快乐,网络犯罪与网络的发展如影相随,网络著作权犯罪可能未必是最吸引人眼球的犯罪类型,但肯定是传统刑法最感到棘手的犯罪类型之一。

(一)网络背景下著作权犯罪内涵的扩展

网络著作权犯罪并不是一类独立罪名,而是以计算机信息网络为手段实施的网络犯罪和侵犯知识产权犯罪的一种交叉犯罪行为。它是利用互联网实施的侵犯著作权且情节严重的行为,既包括以互联网为工具实施的侵害他人知识产权的行为,也包括以承载著作权的网络为攻击目标的犯罪活动。[①] 著作权是一种私权,本质上是特定主体依法专有的无形财产权,其客体是人类在科学、技术、文化等知识形态领域所创造的精神产品。保护著作权的目的,是鼓励人们公开发明创造的成果,从而推动整个社会的知识传播与科技进步。与其他知识产权一样,著作权的价值在于传播与使用,没有传播与使用价值的著作权也就没有保护的价值。网络的出现,极大地便利了知识的传播,自然给著作权法律保护带来了挑战。

网络首先是信息交流和沟通媒介,其次才是生活和工作平台。现代互联网的前身是美国军方在“冷战”时期开发的军用网络,以信息流动便捷为原则,从而确定了网络的底色。网络的开放性(任何人利用计算机终端都可以进入网络)、超时空性(不受物理空间与时间局限)、无限延展性(没有边际与尽头)、信息的自由流通、充分的参与机会等获得了极大展示,这些都给传统著作的网络传播提供了广阔的空间。也正因如此,网络空间中的著作权犯罪无论其内容还是形式都比传统著作权犯罪丰富得多。

网络著作权犯罪这个概念是网络犯罪的下位概念,根据刑法学界的一般观点,网络犯罪包括两种类型:第一种类型是纯正网络犯罪,即以网络及计算机信息系统本身为攻击目标的犯罪类型,如破坏计算机信息系统罪、侵入计算机信息系统罪。这些犯罪之所以被称为纯正的网络犯罪,在于它是网络诞生后的产物,独属于网络空间,在传统社会找不到对应的犯罪类型;第二种类型是不纯正网络犯罪,是指仅仅将网

---

① 阴建峰、张勇:《挑战与应对:网络知识产权犯罪对传统刑法的影响》,载《法学杂志》2009年第7期。

络作为犯罪场所的犯罪,如利用网络实施盗窃、诈骗,利用网络开设赌场。此类犯罪实际上只是传统犯罪之于网络空间的扩展,是将网络作为犯罪的新的媒介,其本质属性与传统犯罪无异,因此一般可以直接适用既有的传统刑法规则。以此为理论背景,著作权犯罪也应当属于非纯正的网络犯罪,但是事实上情况并非如此简单。网络的出现对著作权的影响,不仅仅在于传统著作权载体和内容的数字化与网络化,还在于它催生了许多新的著作权形式,如域名、数据库、计算机软件、多媒体、数字化作品、电子版权等。网络环境下的著作权概念的外延已经扩大了很多。我们在网络上经常接触的电子邮件公共利益,在电子布告栏和新闻论坛上看到的信件,网上新闻资料库,资料传输站上的电脑软件、照片、图片、音乐、动画等,都可能作为作品受到著作权的保护。相应地,奠基于传统著作权法律体系的刑法规则就可能无法完全适应网络著作权的保护需要。

(二)网络背景下著作权犯罪的特征

网络著作权犯罪的主要表现形式为通过网络获取具有著作权的相关作品,未经著作权人允许,通过电子设备对其进行篡改,并将篡改后的作品通过网络传播获利或未经著作权人允许,通过上传方式侵犯权利人网络传播权或通过下载方式侵犯权利人复制权,或将他人具有著作权的须支付一定费用方可使用或浏览的作品,通过网络提供免费作品的方式,诱使他人点击或使用,从中获利,带给权利人较大经济损失的行为。[①]

网络时代的著作权犯罪主要有以下几个方面的特征:

首先,犯罪行为具有较高的技术性。网络著作权犯罪的发生场域是网络,而网络自身就是一个由技术构筑起来的空间,网络犯罪普遍带有较高的技术性特征,网络著作权犯罪也不例外。犯罪主体通常受过一定的专业培训、掌握一定的计算机知识,对法律有一定的了解。[②] 随着网络的普及,以数字化形式体现的著作权越来越多,相应地也带来了

---

① 杜国强、廖梅、王明星:《侵犯知识产权犯罪比较研究》,中国人民公安大学出版社 2005 年版,第 24 页。

② 任燕:《利用网络侵犯著作权犯罪及其刑事立法完善探析》,载《公民与法》(法学版)2009 年第 7 期。

侵犯著作权犯罪技术含量的提升。除了上传、通过网络进行传播、下载等传统的网络侵犯著作权形式外，还有的行为人利用技术手段对著作权作品进行修改、删除和添加。如在腾讯珊瑚虫侵犯著作权一案中，被告人陈某系北京理工大学的一名教师，他在腾讯公司的主打产品QQ聊天软件的基础上对软件作出一些修改，主要是屏蔽软件的部分功能，并加上第三方插件，借此向第三方插件方收取费用牟利。法院查明，陈某除安装了珊瑚虫版腾讯QQ外，用户电脑中同时还默认安装了360安全卫士、Zcom娱乐、珊瑚虫手机铃声下载、珊瑚虫在线查询IP数据等程序或者网页。用户IE主页面默认为珊瑚虫上网导航（www. shc. 265. com），IE窗口安装了珊瑚虫搜索工具栏。[①] 这是典型的技术型犯罪，没有一定的技术知识难以实现侵犯著作权的犯罪意图。

其次，犯罪门槛低下。与网络著作权犯罪具有较高的技术性相对，网络著作权犯罪的门槛却是低下的。在传统的侵犯著作权犯罪中，其犯罪行为涉及复制、出版、发行、二次销售等多个环节，不但要求犯罪分子具有一定的技术条件、机器设备、资金实力，还要求具有充足的人员才能完成如此复杂的犯罪环节。这无形之中提高了犯罪的准入门槛。因此，传统著作权犯罪多是集团犯罪、单位犯罪，这也保证了传统著作权犯罪营利的可能。但在网络空间中，数字化时代带给人们的便捷，不仅仅体现在生活和娱乐方面，也体现在犯罪方面。在网络著作权犯罪中，行为人只要将他人的著作权上传到网络中，网网相连的后果，可以让世界上任何一个角落的人通过与网络连接的计算机轻易获得侵权的复制品。传播容量的无限性和信息的不可控制性使他人的非法复制或盗用活动易如反掌。[②] 网络空间中侵犯著作权的复制、发行环节都以数字化的方式进行，大大简化了流程，也极大地刺激了犯罪的繁盛。故而与传统著作权犯罪相比，网络著作权犯罪虽然也有单位犯罪和共同犯罪的存在，但自然人单独犯罪是其主流。

最后，犯罪后果倍增效应明显。著作权犯罪后果的倍增效应与网络的特点直接相关。网络空间是一个无限延展的世界，任何一个计算

① 北京市海淀区人民法院民事判决书（2006）海民初字第25301号。

② 栗爱民：《网络著作权侵权行为研究》，载《江苏经贸职业技术学院学报》2008年第3期。

机终端都通过网络连接在一起，网络的辐射范围与影响力突破了传统地域、空间的限制。犯罪后果的倍增效应体现在两个方面：第一，犯罪分子难以控制危害后果。“在网络中，同一条信息可能在极短时间内无限制复制、无限制传播，并被无限人分享，一个微不足道的举动可能瞬时间内释放意想不到的能量。例如上传一个商业软件的破产程序，可能使商业公司损害惨重，发布一个某个系统漏洞，则可能使某个系统遭受海量的攻击。”①侵权的著作权产品一旦被放到网上，借助网络的虚拟性，其影响范围将变得非常广大，其侵权复制品可以瞬间达到全球每一个网络终端，这种过程连犯罪分子本人也是无法控制和预测的。第二，网络侵权著作权的痕迹不易消除，用户可以很方便地通过计算机对侵权作品进行保存，非常容易发生二次侵害以及造成永久侵害，给权利人造成难以估量的损失。网络的无国界性也使犯罪行为的追究变得困难重重。

二、网络著作权犯罪对定罪标准的冲击与回应

网络背景下的著作权犯罪无论是在行为方式还是在主观目的方面都给传统刑法的适用造成了困难与挑战，尤其是在定罪方面最为明显。

（一）网络著作权犯罪对原定罪标准的冲击

网络著作权犯罪对侵犯著作权罪定罪方面的冲击体现在行为方式与入刑标准两个方面。

1. 网络著作权犯罪行为不是侵犯著作权罪的法定形式

与网络著作权犯罪相关联的刑法罪名分别是《刑法》第 217 条的侵犯著作权罪和《刑法》第 218 条的销售侵权复制品罪。需要注意的是，侵犯著作权罪中的“发行”与《著作权法》中的“发行”含义是不相同的，《著作权法》“发行”中的销售行为不限于首次销售，而侵犯著作权罪的销售式“发行”仅指侵权品的首次销售。以此为出发点，《刑法》第 218 条销售侵权复制品罪的“销售”是侵权复制品的二次销售或多次销售行为。侵犯著作权罪与销售侵权复制品罪有各自互不交叉且前后衔接的

① 李怀胜：《技术过失行为的法理省思——基于网络背景的刑事法考察》，载《刑法论丛》2010 年第 3 卷。

调整范围，由此可知《刑法》第218条是第217条的下游犯罪。[①]

网络著作权犯罪的主要形式是上传侵权的著作权作品并有偿提供给他人下载或阅读，这在性质上属于信息网络传播权。我国《著作权法》规定了著作权人具有17项著作人身权和财产权，其中第12项为信息网络传播权，即以有线或者无线方式向公众提供作品，使公众可以在其个人选定的时间和地点获得作品的权利。根据《著作权法》的规定，信息网络传播权是独立于复制权和发行权的著作权能。复制权和发行权是著作权的基本权能，是2001年《著作权法》修订后的产物，而信息网络传播权则是互联网时代的产物，适应了网络技术发展给著作权法律关系带来的挑战，弥补了原《著作权法》缺乏专门调整网络著作权法律关系的空白。[②] 然而1997年《刑法》规定的侵犯著作权罪的行为方式只有"复制"与"发行"两种，网络信息传播行为不属于复制与发行权，也就意味着侵犯著作权罪无法适用于网络空间。

2. 侵犯著作权罪的数额入刑标准难以评价网络侵权行为

根据《刑法》第217条规定，侵犯著作权罪采取了双入罪标准，即数额标准+情节标准，其中数额标准具体为违法所得数额较大。同理，销售侵权复制品罪的入刑标准为违法所得数额巨大。根据2004年最高人民法院、最高人民检察院《关于办理侵犯知识产权刑事案件具体应用法律若干问题的解释》（以下简称《侵犯知识产权刑事案件解释》）第5条规定，违法所得在3万元以上的，属于"违法所得数额较大"，非法经营数额在5万元以上的，属于"有其他严重情节"。2007年4月5日，最高人民法院、最高人民检察院《关于办理侵犯知识产权刑事案件具体应用法律若干问题的解释（二）》（以下简称《侵犯知识产权刑事案件解释（二）》）规定，侵权复制品数量合计在500张（份）以上的，属于"有其他严重情节"。

在网络空间中，著作权是以电子信息的方式传播的，并不具有物质

---

① 李怀胜：《论著作权犯罪中"发行"与"销售"的区别——兼论刑法第217条与第218条的关系》，载《吉林公安高等专科学校学报》2008年第6期。

② 据统计，仅1998年和1999年两年，我国发生的与网络传播有关的著作权纠纷案提交法院审理的就有几十起，由于缺乏相关规定，某些法院是通过扩张解释现行法律有关规定进行判决的。参见薛虹：《数字技术的知识产权保护》，知识产权出版社2002年版，第94~98页。

载体,侵犯著作权犯罪以侵权复制品的数量作为情节严重的认定标准并不合适。同时,基于网络侵犯著作权行为的便捷性,往往会出现行为后果极其严重,侵权作品在网络上大面积传播和扩散,而行为人却获得较少收益的情况,刑法却因为行为未达到相应的违法所得标准而无法处罚。再者,目前网络上大量存在的网络文学网站采用设置链接的方式供人点击阅读并收取费用,而自己的网站上则可能没有一部作品,表面上看行为人没有复制和传播任何作品,但其行为却具有明显的社会危害性。这种行为如何解决,需要传统刑法理论拿出应对之策。

(二)传统刑法对网络侵犯著作权犯罪定罪难题的回应

面对网络著作权犯罪在行为方式与入刑标准上的困境,传统刑法理论依照扩张解释的思路予以了回应。传统刑法的若干努力,有的适应了网络时代惩处著作权犯罪的需要,有的则存在一些问题。

1.将信息网络传播认定为复制、发行权

根据《著作权法》的规定,以有线或者无线的方式向公众提供作品的权利是信息网络传播权,这是独立于复制与发行权的新的权能。而侵犯著作权罪和销售侵权复制品罪的法定行为方式是复制和发行(销售行为可以视为二次发行),依照《著作权法》的规定,网络侵权行为显然无法依照刑法处罚。[①] 为了解决这一矛盾,司法机关不得不采取扩张解释的方式,将信息网络传播权纳入刑法的复制、发行权中。

---

① 迄今为止,只有1995年美国"信息基础设施专门工作组"下属的"知识产权工作组"在其向国会提交的《知识产权和国家信息基础设施》的报告(又称《白皮书》)虽然承认"发行权在传统上是指转移作品的有形复制占有利益的权利",但却认为"没有理由对于通过(网络)传输向散发作品和通过其他传统方式散发作品加以区别对待",因为"无论通过哪一种手段,消费者都会获得作品的有形复制件"。《白皮书》因此建议"修改版权法,明确承认作品的复制件可以通过(网络)传输向社会公众发行,而且该(网络)传输行为是受版权人专有发行权控制的",并认为这一立场"无论从法律还是实践角度看,都是符合发行权立法目的的"。据此,《白皮书》建议对美国《版权法》第106条第3款"发行权"做如下修改:"版权人享有通过出售或所有权转移的其他方式,或者通过出租,或出借,或通过传输向公众发行作品的复制件或录音制品的专有权利"(删除线和斜体字均为原文所有,斜体字为《白皮书》建议增加的文字)。显然,《白皮书》建议扩大"发行权"的控制范围,通过网络向公众传播作品也视为版权法意义上的"发行"行为。虽然《白皮书》因其他方面的缺陷被国会否决,美国《版权法》中规定"发行权"的条款在文字上并未发生变化,但美国法院和学术界普遍接受了通过网络公开传播作品构成"发行"的观点。参见王迁:《论著作权法中"发行"行为的界定——兼评"全球首宗BT刑事犯罪案》,载《华东政法学院学报》2006年第3期。

2004年,最高人民法院、最高人民检察院《关于办理侵犯知识产权刑事案件具体应用法律若干问题的解释》第11条规定,通过信息网络向公众传播他人文字作品、音乐、电影、电视、录像作品、计算机软件及其他作品的行为,应当视为《刑法》第217条规定的“复制发行”。此后,2011年最高人民法院、最高人民检察院、公安部《知识产权刑事案件意见》第12条规定,“发行”,包括总发行、批发、零售、通过信息网络传播以及出租、展销等活动,第13条进一步规定,以营利为目的,未经著作权人许可,通过信息网络向公众传播他人文字作品、音乐、电影、电视、美术、摄影、录像作品、录音录像制品、计算机软件及其他作品构成犯罪的,依照侵犯著作权罪处罚。由此可见,为了实现刑法与网络犯罪现实的对接,有关司法解释不得不舍弃与《著作权法》的衔接,转而将信息网络传播权纳入复制、发行权的概念框架中,这是在难以立即对刑法作出修改的情况下不得不作出的司法变通措施。

2. 在入刑标准中引入点击量和会员数量标准

为了应对网络空间中以点击量和会员制为主要侵权手段的犯罪行为,有关司法解释在网络侵犯著作权犯罪中引入了点击量和会员数量这个具有网络特色的入刑标准。

《知识产权刑事案件意见》第13条“关于通过信息网络传播侵权作品行为的定罪处罚标准问题”“以营利为目的,未经著作权人许可,通过信息网络向公众传播他人文字作品、音乐、电影、电视、美术、摄影、录像作品、录音录像制品、计算机及其他作品,具有下列情形之一,属于刑法第二百一十七条规定的‘其他严重’情节:(一)非法经营数额在五万元以上的;(二)传播他人作品的数量合计在五百件(部)以上的;(三)传播他人作品的实际被点击数达到五万次以上;(四)以会员制方式传播他人作品,注册会员达到一千人以上的;(五)数额或者数量虽未达到第(一)项至第(四)项规定标准,但分别达到其中两项以上标准一半以上的;(六)其他严重情节的情形……”

根据《网络知识产权刑事案件适用意见》,行为人即使违法所得数额没有达到3万元,但是传播他人作品的实际被点击数达到5万次或者以会员制方式传播他人作品,注册会员达到1000人以上的,构成侵犯著作权罪。这可以看做司法机关为了应对网络背景下侵犯著作权罪的认定标准而采取的创新之举。以点击量作为入刑标准也被司法机关用在了其他的网络犯罪案件中。如2004年9月6日最高人民法院、最高人民检察院联合公布的《关于办理利用互联网、移动通讯终端、声讯台制作、复制、出版、贩卖、传播淫秽电子信息刑事案件具体应用法律若干问题的解释》中规定,"以牟利为目的,利用互联网、移动通讯终端制作、复制、出版、贩卖、传播淫秽电子信息,具有下列情形之一的,依照刑法第三百六十三条第一款的规定,以制作、复制、出版、贩卖、传播淫秽物品牟利罪定罪处罚:……(四)制作、复制、出版、贩卖、传播的淫秽电子信息,实际被点击数达到一万次以上的;(五)以会员制方式出版、贩卖、传播淫秽电子信息,注册会员达二百人以上的;(六)利用淫秽电子信息收取广告费、会员注册费或者其他费用,违法所得一万元以上的……"由此可见,最高司法机关对于难以认定具体数量的淫秽电子信息,也采用了以"点击"、"注册会员"作为相关犯罪的量化因素。①

三、网络犯罪著作权犯罪新型量化因素的反思

相关司法解释为了应对网络侵犯著作权犯罪的新情况,在犯罪的量化标准上引入了点击量和注册会员这两个非常具有网络特色的标准,这种标准是否能够解决网络侵犯著作权犯罪定罪方面的所有难题,它们自身是否真实反映了侵犯著作权罪的立法初衷与本质,不无反思的余地。

(一)点击量标准的本质:承认临时性复制

本章认为,司法解释将侵权作品的点击数量作为侵犯著作权罪的定罪标准,其实际就是承认临时性复制是复制的一种。

1."点击"的行为本质:临时性复制

"临时性复制"是计算机诞生之后的产物,不过关于临时性复制的概念在理论上还存在一定争论。有的学者认为,临时性复制是指"在网络环境下浏览网页的过程中,计算机内部的随机存储器(RAM)中会自动出现复制件以供中央处理器(CPU)运算,但是一旦我们在没有保存的情况下关闭计算机,再重新启动计算机后。这个复制的网页就不存在了。由于这种复制具有短暂性、临时性,在著作权法中就称为临时复

① 于志刚:《传统犯罪的网络异化研究》,中国检察出版社2010年版,第30~31页。

制”,而有学者认为,“临时性复制是指在网络传输和计算机运行过程中,演示、运行、传送或储存计算机程序和数据时伴随出现的瞬时性复制行为”。[①] 简单地说,临时式复制就是在计算机终端读取著作权作品的过程,因为它是作品的再次重现,因而称为“复制”,又因为一旦关闭电脑作品就将再次销售,作品只是临时存在于电脑中,因而被称为“临时性复制”。显然,点击的结果是网络上存储的信息被下载到用户的内存中并被表现在电脑屏幕中,“点击”是临时性复制。

2. 点击量标准的本质:变相承认临时性复制

关于临时性复制,目前的主要争议就是是否将之纳入著作权法中“复制”的范畴。这是一个非常具有争议性的问题。在世界范围内,世界知识产权组织在1996年订立的《世界知识产权组织版权公约》以及《世界知识产权组织表演、录音制品公约》将临时性复制纳入复制的范畴中,欧盟则在2001年通过的《协调信息社会版权与相关权特定方面的指令》中将临时性复制归入复制的范畴中。美国在2006年的《版权法》修改中只承认数字音乐作品的临时性复制属于版权法中的复制。反观我国,2001年修改的《著作权法》、2002年颁布的《计算机软件保护条例》以及2006年颁布的《信息网络传播权保护条例》都没有涉及临时性复制的问题。司法解释引入点击量标准的意图,并非解决临时性复制在著作权法中的地位这一非常具有争议性的问题,因为它不是简单的承认与否的问题,而是涉及一国知识产权保护的整体水平、相关产业发展现状等多方面因素。司法解释引入点击量标准,只是为了解决网络侵犯著作权罪在定罪方面的障碍,然而不经意间却承认了临时性复制具有著作权法上“复制”的意义。原因很简单,侵犯著作权罪的法定行为方式是“复制”和“发行”,既然点击数量能够作为入罪的标准,那就意味着“点击”属于复制发行的一种,在司法解释那里,临时性复制与复制被画上了等号。

(二)点击量标准的优劣评析

以点击量作为侵犯著作权罪的入刑标准具有方法论上的创新意义,是司法机关积极应对网络犯罪现实的表现,这点值得肯定,但也具

---

① 薛虹:《因特网上的版权及有关权保护》,中国社会科学院1998年博士学位论文。

有一定的局限性。

第一,刑法规定侵犯著作权犯罪的立法本意是鼓励著作权人公开著作权作品,保护著作权人创新的积极性,实现知识的合法使用,并非仅仅是为了打击复制和发行行为本身。以点击数作为侵犯著作权犯罪的量化因素,虽然可以从另一个方面体现出传播的人次,但是如果仅仅关注点击数而忽视著作权产品被非法复制和传播的数量无法反映出该点击行为对著作权产品的实际损害程度。网络空间中的复制和发行具有特殊性,用户只需要简单操作鼠标就能实现著作权作品的保存和复制。而网网相连的后果,导致著作权作品在网络上被再次传播的概率远大于现实空间。点击数标准虽然方便司法机关对侵犯著作权行为进行量化,但是存在忽略著作权作品实际被侵害的程度与数量的危险。毕竟上传很小的侵权作品但是获得极大的点击量与上传了数量巨大的作品但是点击量很小相比,后者的危害性可能更大,因为即使现在的点击量很小,但基于网路的无限延展性,侵权作品被二次传播的可能性很大,影响范围也难以估量。合理的做法,还是应当考虑实际侵权作品的数量并辅之以点击量标准。

第二,点击量的认定标准没有明确的司法解释,获得准确的点击量存在技术难度。司法解释虽然规定点击量可以作为侵犯著作权罪的量化标准,但是没有明确获得点击量的技术依据和具体标准,这可能导致司法实践操作的混乱。例如,一部完整的侵权作品可能有几十万字,十几个章,几十个节,侵权人可能对每个节都设置一个链接,也可能对单独的一章设置一个链接,这两种不同的链接设置可能导致点击量差异非常大。但是,无论点击量差异多么大,行为人可能都只是看了一部作品,对著作权的实际侵害又是完全一致的。司法解释又该如何克服这两者之间的评价差异?再者,一个 IP 地址可能只点击过一次,另一个 IP 地址可能重复点击了几十次,对点击量的计算是否考虑 IP 地址重复点击的数量还是仅仅按照 IP 地址数量进行计算?有一个真实的案例可以形象地说明点击量标准司法认定的尴尬。2007 年 1 月 1 日至 5 月 9 日期间,北京一家电信技术公司的 4 名员工为了保住公司的手机 WAP 业务,冒险上传淫秽信息,通过在页面中刊登有诱惑力的图片,提高自己服务的吸引力,提高点击率。北京轻点万维电信技术有限公司无线互联网业务部主管罗某指使自己手下员工杨某、丁某和袁某，在本公司内通过 WAP 业务上传 28 张淫秽照片，公诉机关认定其淫秽信息的点击量达 25 万余次，法院最后认定的点击量为超过 8 万次。[①] 本案中，作为案件基本事实点击数问题上，公诉机关提起公诉的点击数通法院最后认定的点击数相差达 17 万余次之多，这是由于公诉机关将犯罪嫌疑人上传的 28 张淫秽照片，每点击照片浏览一次视为一次点击，共计 25 万余次。而法院根据特定手机型号及特定互联网 IP，将为检验设备及网页性能而进行的页面点击数进行了排除。同时考虑到组成一个页面的所有图片请求是集中发送的，还将 60 秒内所有由同一设备通过同一互联网 IP 地址向服务器发送的图片请求视为由一次页面点击，据此计算得出了页面点击数量为 82, 973 次，这个数字最终成为法院定罪量刑的依据。[②] 由此可见，计算尺度的不同给行为人造成的后果的差异是非常大的，司法机关应当对点击量的计算作出进一步的明确规定。

传统的著作权法律保护体系是以复制权为核心建立起来的，网络时代对著作权法律保护的冲击的核心症结就在于数字化载体的可复制性与网络信息的快速流动在很大程度上瓦解了著作权法律保护的核心纽带。在网络知识产权犯罪中，犯罪的量化标准只是这一趋势的某一个维度的表现。“版权法因技术的发展而产生，因技术的进步而发展。”[③]透过侵犯著作权罪之于网络空间的种种不适，笔者更加相信网络空间对传统刑法的挑战及其呼应，在很长时间内都将是一个重大的时代性课题。

---

① 于志刚：《传统犯罪的网络异化研究》，中国检察出版社 2010 年版，第 30 ~ 31 页。

② 于志刚：《传统犯罪的网络异化研究》，中国检察出版社 2010 年版，第 30 ~ 31 页。

③ 郭禾：《信息技术对著作权制度的影响》，载 http://www.civillaw.com.cn/weizhang/default.asp?id=14305.20050602，2016 年 5 月 20 日访问。

CHAPTER 06 >>

第六章

网络著作权犯罪的实证分析与司法应对

随着信息技术的快速发展和信息网络的大量普及,网络在我们的经济社会发展和日常生活中占据着越来越重要的地位。根据中国互联网信息中心 2013 年 7 月发布的《第 32 次中国互联网络发展状况统计报告》,截至 2013 年 6 月底,我国网民规模达 5.91 亿,较 2012 年年底增加 2656 万人。互联网普及率为 44.1%,较 2012 年年底提升了 2.0 个百分点。其中,手机网民规模达 4.64 亿,较 2012 年年底增加 4379 万人,网民中使用手机上网的人群占比提升至 78.5%。[①] 可以说,网络不再仅仅是人们的工作平台和娱乐媒介,而是逐渐成为人们重要的生活空间和场域,过去所谓“现实社会”和“虚拟社会”的对立,已经让位于“线下世界”和“线上世界”的转换与衔接。不过,网络的普及虽然极大地便利了信息交流和传播,同时也刺激了侵犯著作权违法犯罪行为的猖獗,并给司法机关对案件的处理带来了不小的法律障碍。

网络著作权犯罪案件在我国的多发现实,给市场经济秩序、相关权利人的合法权益造成重大损害,并且也给我国的国际形象造成一定负面影响。著作权

① 《第 32 次中国互联网络发展状况统计报告》,载 http://www.cnnic.net.cn/hlwfzyj/hlwxzbg/hlwtjbg/201307/t20130717_40664.htm,2016 年 5 月 20 日访问。

的司法保护是知识产权法律保护体系的重要环节。本章以笔者收集的100个网络著作权犯罪案件为样本，试图梳理和回顾近年来我国网络著作权犯罪的发生机理以及司法机关的处断偏好，力求从中找出一些共性的、规律性的东西，并作为今后网络著作权犯罪司法应对策略的着力点和调整方向，最终达到进一步完善我国网络著作权的法律保护体系的目的。

一、网络著作权犯罪的演变规律与司法规则的能动回应

网络及信息化技术将人类从传统工业时代领向现代信息时代。然而网络就像一柄“双刃剑”，在给人类社会发展和日常生活带来巨大便利的同时，其催生的新型犯罪类型也给个人和社会利益造成了巨大威胁。网络在信息传递方面的天然优势在有些人那里摇身一变就成为了侵犯他人著作权的重要技术利器。

（一）网络发展的代际变革与网络著作权犯罪的演变规律

侵犯著作权犯罪在传统空间并不鲜见，在某种程度上讲，网络著作权犯罪也是传统著作权罪犯罪的一种网络“再现”的形式，它并没有增加新的法益内容，但基于网络无限延展性以及信息便捷性等特点，网络著作权犯罪在主观心理和客观行为表现方式都有不同于传统著作权犯罪的独特性。而催生和引领网络著作权犯罪发展趋势和规律的正是网络发展的代际变革，网络的代际变革与网络著作权犯罪就建立了互动关系。

1. 网络1.0时代的著作权犯罪：传统犯罪的网络再现

根据网络演变特点及其主要功能的不同，我们可以将网络大致分为网络1.0时代、网络2.0时代和三网融合的时代。1.0时代的网络特点是网络被门户网站所主导，人们上网的主要目的是获取信息，此时网络的主导功能是信息交流媒介，网络上信息的制造、传播都主要由门户网站主导和控制，因此，在网络这个平面的无中心结构中，门户网站实际上承担着“中心节点”的作用。这个时期的网络犯罪，要么是针对网络计算机信息系统的攻击、侵入和破坏行为，即传统的黑客型犯罪，要么是传统犯罪在网络上的简单复制。比如，网络著作权犯罪的主要表现形式是将他人享有著作权的文字作品数字化在网络上传播，或者在网络上销售盗版软件。这个阶段的著作权犯罪除了侵犯权利形式为信

息网络传播权而不同于传统的著作权犯罪以外，只不过是传统犯罪在网络上的复制，因此，它也是对传统刑法规则冲击最小的时期。

2. 网络 2.0 时代的著作权犯罪：新型犯罪模式的不断涌现

与网络 1.0 时代不同，网络 2.0 是一种基于 BBS 社区、即时通讯软件、博客等互联网基础服务之上的服务，是一种旨在满足用户个性化、多样化需求的应用服务升级。① 网络 2.0 是一种真正的平面化、无中心性的网络，大型商业门户网站依然存在，但是地位已经有所降低，而每个网络个体从之前的客体地位上升为主体地位，真正成为网络的主人。借助搜索引擎、博客、微博、论坛、即时通讯软件等，网络中的每个人自发组成了相互交织和重叠的沟通之网。因此网络 1.0 是以"联"为主的时代，而网络 2.0 是以"互"为主的时代。② 网络 2.0 时代中网络蕴含的利益成几何级数式倍增，网络犯罪也开始进入了快速扩张期，并且由过去的单纯侵犯计算机信息系统转变为侵犯每个上网者，网络著作权犯罪的主要模式正是在这个阶段形成。如曾经引发广泛关注的"网游私服"侵犯著作权的问题、③侵犯著作权犯罪以营利为目的的网络异化问题、④网络侵犯著作权犯罪的定罪量刑标准的计算问题等。

3. 三网融合背景下的著作权犯罪：犯罪场域的再次迁移

三网融合是指电信网、广播电视网、互联网在向宽带信息网、数字电视网、下一代互联网演进过程中，三大网络通过技术改造，其技术功能趋于统一，业务范围趋于相同，并且借助上网终端实现互联互通。三网融合代表了网络下一步的发展方向。我国早在 2001 年的"十五规划纲要"中就提出了三网融合的设想，2008 年"六部委"《关于鼓励数字电视产业发展若干政策的通知》的发布意味着三网融合正式进入实施阶段。但诚如有些学者指出的那样，"三网融合在给电信、广电、互联网企业带来巨大变革的同时，也势必会突破传统法律框架的束缚，带来前所

① 郭建勋：《Web 2.0 的特点及其对网络信息交流的影响》，载《河南科技学院学报》2008 年第 3 期。

② 于志刚：《传统犯罪的网络异化研究》，中国检察出版社 2010 年版，第 5 页。

③ 田亨华：《网络侵权获刑者第一人能否终结私服时代》，载《第一财经日报》2006 年 3 月 23 日第 4 版。

④ 于志刚：《侵犯著作权犯罪中"以营利为目的"的网络异化——以珊瑚虫 QQ 案为视角》，载《昆明理工大学学报》2008 年第 7 期。

未有的新问题。如果说计算机及互联网的问世使得传统犯罪能够从现实社会‘位移’至网络空间，那么三网融合也将促进传统网络犯罪的空间‘漂移’”。[①] 网络犯罪如斯，网络著作权犯罪自然也不例外。虽然手机作为上网终端的普遍使用，以手机为载体或者侵害对象的犯罪增长迅速，围绕手机软件、手机电子书的著作权犯罪也成为网络著作权犯罪的新的增长领域。

（二）网络背景下传统司法规则的积极调整与自我更新

网络犯罪给传统刑法带来的挑战，首在传统刑法规则的滞后与空缺，因而迫切需要传统刑法规则的积极挑战，构建适应网络信息时代的新的罪刑体系，这一点在网络著作权犯罪方面表现得非常明显。侵犯著作权罪是行政犯，即它是在刑事层面对著作权法律关系的确认和维护。1997 年《刑法》颁布后，《著作权法》已先后在 2001 年和 2010 年做了两次修订。然而，1997 年《刑法》中的侵犯著作权罪所呼应的仍然是 1990 年《著作权法》，其所保护的权利内容已然无法适应信息时代的需要，也难以做到和著作权法的回应衔接。举例而言，2001 年《著作权法》新增了信息网络传播权作为与复制发行权并列的一项著作权权能，而 1997 年《刑法》的侵犯著作权罪保护的仅是传统的复制发行权，根本无法适用网络空间。此外网络侵犯著作权犯罪的客观行为以及主观目的的异化等都成为侵犯著作权罪的适用阻碍。“刑法具有相对稳定性，但同时又必须适应保护法益、保障人权的需要。要使稳定的刑法适应不断发展变化的社会生活，就依赖解释。”[②]在立法完善短期内难以实现的情况下，为了实现对网络著作权形式和内容的保护，司法解释不得不发挥积极能动精神，不断针对网络著作权犯罪进行规则更新和调整。

1997 年《刑法》颁布之后，最高人民法院、最高人民检察院针对著作权犯罪先后出台了多个司法解释，其中与网络著作权犯罪密切相关的有三个，它们分别是 2004 年最高人民法院、最高人民检察院《关于办理侵犯知识产权刑事案件具体应用法律若干问题的解释》，2007 年最高人民法院、最高人民检察院《关于办理侵犯知识产权刑事案件具体应用法

---

① 于志刚：《三网融合视野下刑事立法的调整方向》，载《法学论坛》2012 年第 4 期。

② 张明楷：《刑法学》（第 4 版），法律出版社 2011 年版，第 33 页。

律若干问题的解释(二)》,以及2011年最高人民法院、最高人民检察院、公安部《知识产权刑事案件意见》。这三个司法解释分别解决了信息网络传播权的刑法保护、网络环境下"以营利为目的"的认定、复制发行行为的认定、网络著作权犯罪的定罪标准等问题。可以说,我国当前的网络著作权犯罪刑法保护体系主要是由司法解释确立和完善起来的。

二、网络著作权犯罪的案件审理特点:基于100个案例样本的宏观检视

数字化形式的著作权虽然也是一种财产权利,但与传统的著作权还是有重大区别的,传统著作权的内容与载体具有不可分性,载体既限制了著作权的传播,也对著作权构成保护。而在网络空间中,所以信息都以0、1代码组成的数字化的形式存在。基于网络在信息传播方面的巨大优势,网络著作权犯罪的门槛远较传统空间低下,犯罪便利程度更高,犯罪被发觉和被查处的难度更大、比例更低。可以说,无论是从规模还是危害程度来看,网络著作权犯罪的危害都远超过传统著作权犯罪。以美国为例,美国政策创新协会2007年公布的一项研究报告显示,在美国,包括电影、视频游戏、录音带和软件在内的盗版每年造成的经济损失已经达到580亿美元,损失的工作岗位为37.3万个。而受盗版影响的知识产权产品在美国经济中占据约40%的份额,在美国出口中约占60%的份额。[①] 那么在中国,网络著作权犯罪的案发现状以及刑事审判实务又是怎样的呢?为此作者随机搜集了100个网络著作权犯罪案件样本,试图揭示网络著作权犯罪案件的一般共性规律。

(一)100个网络著作权犯罪案例样本的整体状况

笔者通过北大法宝案例数据库、上网检索、查看新闻报道等多种方式,随机搜集了近年来的100个网络著作权犯罪案例,它们中包括曾经引起广泛关注的珊瑚虫QQ案件,中国"私服"第一案等。需要指出的是,虽然上述100个案例是笔者随机搜集而来,但也正是这种随机性保证了避免主观倾向对案例样本价值的干扰和影响,取100个整数则是

① 《盗版每年给美国造成经济损失达580亿美元》,孙淑艳编译,载http://news.chinabyte.com/441/7589441.shtml,2016年5月20日访问。

考虑到数据分析的便利性。在检索之前笔者曾认为我国网络著作权犯罪案件俯拾皆是,然而在实际检索中才发现真正进入刑事诉讼程序并被定罪量刑的网络著作权犯罪案件并不算多。较小的案件审理数量和司空见惯的侵害事实之间处于一种极不对称的状态,这恐怕是需要理论研究者和司法实务者共同思索的问题。

这100个网络著作权犯罪案件包括了绝大多数的以侵犯著作权罪定罪的案件以及个别以销售侵权复制品罪定罪的案件。此外,100个网络著作权案例主要是纯正的网络犯罪,即发生在网络空间中以网络利益为侵犯对象的犯罪,但是也包括个别不纯正的网络犯罪,即主要发生在现实空间,并且侵害对象也为传统的著作权形式,但是在销售渠道和结算渠道方面具有一定的网络因素的案件。由于100个案件是笔者随机搜集,并且这种类型的著作权犯罪案件也代表了网络犯罪的一种类型,因此笔者没有将其排除。这100个网络著作权犯罪案件审理的时间跨度从2005年到2013年6月底,大约八年的时间,其案件数量分别是2005年2件、2006年2件、2007年3件、2008年9件、2009年7件、2010年10件、2011件27件、2012件30件、2013年10件。各年段案件分布及变化情况如图1所示:

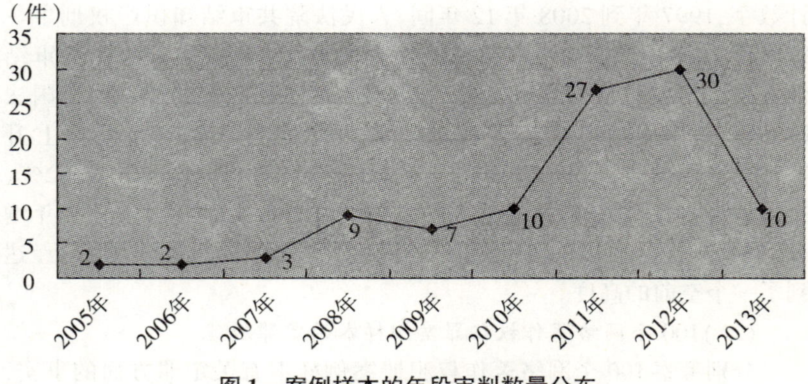

图1　案例样本的年段审判数量分布

需要指出的是,图1是按照法院实际审判的时间统计案件时间的,100个网络著作权犯罪案件中的多数犯罪行为都发生在法院审判之前的1~2年内,个别案件的发生时间甚至可以追溯到法院审判之前的5

年左右,因此图1不能说明各年份网络著作权犯罪的实际案发趋势,但可以显示出法院审判网络著作权犯罪的一般趋势。根据图1可以看出,按照各年网络著作权犯罪的发生数量,可以将我国网络著作权犯罪审判状况分为三个阶段,第一个阶段是2007年之前,第二个阶段是2008年到2010年,第三个阶段是2011年至今。2013年的数据虽然只有半年,但是可以看出本年度网络著作权犯罪案件的审判数量是与2012年基本持平的。网络著作权犯罪案件审判数量的上升与两个因素相关。一是政策因素。随着我国保护知识产权战略的推进,各地司法机关普遍重视和强化了对知识产权犯罪案件的侦查,尤其是自2009年最高人民法院开始发布《中国法院知识产权司法保护》中英文版白皮书,对我国的知识产权案件审判实务和审判政策进行全面阐述,极大地促进了各地法院对知识产权案件的审判。二是技术因素。随着网络著作权犯罪领域三大司法解释的出台,陆续扫清了网络著作权犯罪领域一些棘手的法律适用问题,因此我们会发现随着时间的推移,网络著作权犯罪案件的审判数量也有较大的跃升,尤其是自2011年之后,可以说进入了一个"井喷期"。作为笔者判断的一个例证是《中国法院知识产权司法保护》白皮书中的数据。根据最高人民法院公布的统计数字,1997年到2008年12年间,人民法院共审结知识产权刑事一审案件10,849件,年均审结904件。2009年,全国地方法院共审结涉及知识产权侵权的刑事案件3660件,比上年上升10.04%;全国法院共审结涉及知识产权侵权的一审刑事案件3942件,同比上升7.7%;全国地方人民法院审结一审案件5504件,同比上升39.62%,全国地方人民法院审结知识产权刑事一审案件12,794件,比上年增长132.45%。[①] 可以说,最近几年我国对网络著作权的保护力度已经达到了一个空前的高度。

(二)100个网络著作权犯罪案例样本的定罪规律

分别考察100个网络著作权犯罪案例样本有关定罪方面的事实,既可以看出目前网络著作权犯罪案件的案发特点,也可以看出法院在案件审判过程中的某些倾向性态度。

---

① 以上数据均来自《中国法院知识产权司法保护状况》2009~2012年白皮书。

1. 案例样本的侵害对象特征

在网络著作权犯罪的侵害对象方面,100 个案例样本中侵害对象为小说作品的案件有 27 件,私自开设、运营游戏"私服"的案件有 35 件,私自开设游戏"外挂"的案件有 13 件,侵害他人音乐作品著作权的有 11 件,侵害非游戏类软件著作权案件有 6 件,侵害其他著作权作品(学习资料、视听资料等)的案件有 3 件,利用网络实施的传统型著作权犯罪案件有 5 件。各种案件类型分别如图 2 所示。

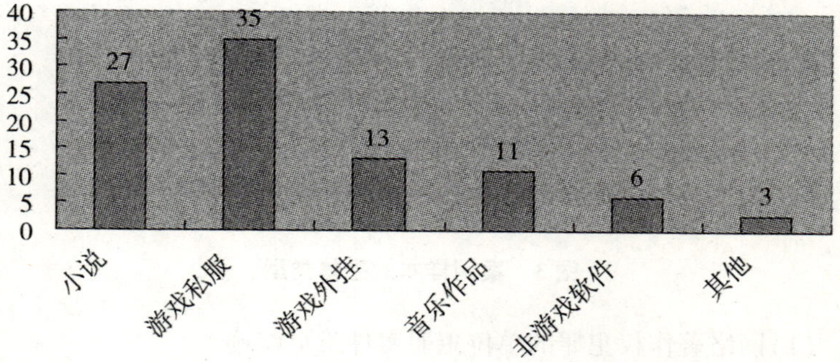

图 2　案例样本的侵害对象分布

网络游戏是网络著作权犯罪案件的重灾区,并且这类案件中犯罪人的获利数额普遍高于其他类型的著作权犯罪案件。网络游戏作为年轻人热衷的消遣方式,在我国网络经济中占据着较大比重。根据文化部发布的《2012 年中国网络游戏市场年度报告》,2012 年我国网络游戏市场收入规模达 601.2 亿元,同比增长 28.3%。而网络私服和网络外挂业已成为网络游戏产业健康发展的毒瘤。司法机关对私服和外挂的打击也有利于维护网络游戏产业的发展环境。如果说游戏私服和外挂的普遍存在是受高额的不法利益诱惑的话,那么侵害小说著作权案件的高发则源于犯罪行为的低成本性。行为人在网络上租用一个服务器空间,然后将他人享有著作权的小说作品直接移植和复制过来即可开张,通过推高点击量的方式来获取商业广告,这是多数网络侵害小说著作权案件的共同特征。以上两类案件占了笔者所统计案件的 3/4 以上。令笔者感到意外的是,侵害音乐作品和侵害其他软件著作权案件的比例并不太高,这与我们在网络上的主观感受存在一定偏差。至于利用网络实施的传统型著作权犯罪主要表现为通过淘宝网店出售侵权复制品,以及利用支付宝等网络第三方支付工具结算资金等,这类案件占的比重较小。

2. 案例样本的主体特征

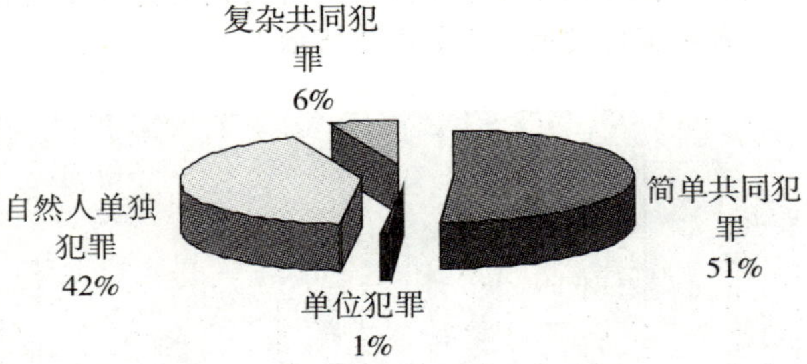

图3　案例样本的主体类型

(1)网络著作权犯罪的单位犯罪案件难觅踪迹

根据《刑法》第220条的规定,侵犯著作权罪和销售侵权复制品罪既可以由自然人构成,也可以由单位构成,并且对单位直接负责的主管人员和其他直接责任人员,各依照该条的规定处罚。在传统空间中,经由人民法院审判的单位实施侵犯著作权犯罪的案件比较普遍,单位复制发行和销售侵权文字作品、音像制品的犯罪行为也一向是司法机关打击的重点。但100个案例样本中属于单位犯罪的案件仅有1件,①其他全部为自然人犯罪案件,究竟是单位实施网络著作权犯罪的情形本身确实比较少,还是有其他原因,值得深思。

(2)共同犯罪案件比重较大,但是极少处罚帮助犯

在剩余的99件案例样本中,属于自然人单独犯罪的案件有42件,属于自然人共同犯罪案件(包括本案只处罚一人而其他共犯另案处理的情况)有57件,这些共同犯罪案例主要集中在网络私服和外挂案件中。从整体上看,共同犯罪造成的危害显著大于单独犯罪,因而也应当

① 《最高人民检察院公报》2009年第5号(总第112号)孙显忠网络侵犯著作权案。

成为刑事司法打击的重点。

值得注意的是,《2011 年解释》第 15 条规定,明知他人实施侵犯知识产权犯罪,而为其提供生产、制造侵权产品的主要原材料、辅助材料、半成品、包装材料、机械设备、标签标识、生产技术、配方等帮助,或者提供互联网接入、服务器托管、网络存储空间、通信传输通道、代收费、费用结算等服务的,以侵犯知识产权犯罪的共犯论处。在网络环境中,此类行为在性质上属于网络帮助犯。所谓“孤掌难鸣”,几乎每一个网络著作权犯罪如要顺利实现,互联网接入、服务器托管以及网络存储空间的租赁和使用等行为几乎是不可避免的,司法解释规定对此类行为按照侵犯著作权犯罪的共同犯罪予以处罚,目的在于斩断网络著作权犯罪的根基和触角,周延刑事处罚的法网。然而 57 个共同犯罪案例中,对网络帮助犯予以处罚的仅有 6 例,其他案例要么都属于共同实行犯,要么网络帮助犯同时也是实行犯。

3. 案例样本的主观方面特征

“以营利为目的”是侵犯著作权罪和销售侵权复制品罪在主观方面的共同特征,而司法机关在认定行为人是否构成“以营利为目的”时经常出现举证障碍。为此,理论界围绕是否要废除“以营利为目的”而进行了长期争论。[①] “以营利为目的”包括两种情况:直接营利和间接营利。在网络空间中,行为人通过侵犯著作权作品直接营利的情形虽然并不鲜见,然而通过侵犯著作权产品间接营利的情况恐怕更为司空见惯。例如,在网站中免费提供侵权文字作品的下载和阅读服务以此增加网站点击量,然后以获取广告收入为主要营利途径,或者在他人软件中增加有偿广告插件然后供人免费下载。此类行为由于是将侵权作品作为营利的手段,营利的最终指向并非侵权作品本身,因而被称为间接营利。其实《关于办理侵犯知识产权刑事案件具体应用法律若干问题的解释》第 11 条已经确认间接营利属于“以营利为目的”,但是因为该规定较为简略、可操作性不强,司法机关在实务中仍感到存在认定困难。为此《最高人民检察院公报》2009 年第 5 号(总第 112 号)专门刊登了孙显忠网络侵犯著作权案件作为司法指导性案例,此外《知识产权刑

① 相关分析可参见田宏杰:《论我国知识产权的刑事法律保护》,载《中国法学》2003 年第 3 期;陈斌、邓立军:《网络知识产权犯罪的刑事立法完善》,载《人民检察》2011 年第 16 期。

事案件意见解释》第10条将“以营利为目的”细分为四种情形，较为圆满地解决了间接营利的认定问题。笔者分析发现，案例样本中的侵犯小说著作权案件和侵犯音乐作品著作权案件全部为间接营利，且无一例外都审判于2011年之后，这也可以看出司法解释对审判实务的巨大推动作用。不过在网络私服和外挂案件中则以直接营利为主，这种因为运营网络私服和外挂本身即可获得巨大利润，行为人通常不再在乎广告收入等蝇头小利。

4.案例样本的定罪特点

(1)非法经营罪命运的“网上”“网下”差别

著作权犯罪的罪名体系主要包括侵犯著作权罪、销售侵权复制品罪和非法经营罪，但在司法实务中三者命运迥异。销售侵权复制品罪的法定刑较轻，且侵犯著作权罪中的发行行为包含销售的意思，因此该罪通常处于“备而不用”的境地。另根据1998年最高人民法院《关于审理非法出版物刑事案件具体应用法律若干问题的解释》，非法从事出版物的出版、印刷、复制、发行业务，可以依照非法经营罪处罚，加以非法经营罪的法定刑重于侵犯著作权罪，因而在传统空间中的著作权犯罪罪名适用中呈现非法经营罪和侵犯著作权罪双足并立，甚至前者喧宾夺主的局面，[①]而在100个案例样本中，选择定侵犯著作权罪的案件有91个，选择定销售侵权复制品罪的案件有9个，竟然没有一个适用非法经营罪定罪的案件。为防止笔者案件检索偏差可能造成以偏概全的判断，笔者又对网络非法经营罪的案件进行了专门检索，发现绝大多数案件都属于非法开办网络电信、电话业务的行为。这一现状表明司法者不认可在网络中实施的商业性著作权侵权行为属于非法经营行为，也不认为数字化出版物属于前述1998年这个司法解释中的“出版物”的范畴。

(2)传统定罪标准的情有独钟

传统犯罪的网络化带来的不仅是存在空间的转移，而更是犯罪事

① 根据《全国法院知识产权司法保护状况》白皮书，2011年以非法经营罪(涉及侵犯知识产权)一审判处的案件1735件，生效判决人数3032人；以侵犯著作权罪判决的案件594件，生效判决人数852人；以销售侵权复制品罪判决的案件30件，生效判决人数75人。尽管该统计数据中的非法经营罪案件数包括商标犯罪案件，但是从中也可以看出非法经营罪在侵犯知识产权犯罪审判领域的广泛适用。

实特征的网络异化。源于网络的平台效应，即使某个网络犯罪行为与传统犯罪别无二致，其社会危害性仍可能发生根本性变化，网络空间影响著作权犯罪评价的主要是其社会危害性的“横向复制性”，即网络环境下的一次复制占用的存储空间微不足道，并可瞬间生成，传播上也没有任何物理限制。基于传统犯罪的网络异化现实，司法解释也积极寻求应对之道。①《知识产权刑事案件意见解释》针对通过信息网络传播侵权作品行为的定罪处罚标准问题，规定了四种属于“其他严重情节”的情形，即四种定罪标准，它们分别是非法经营数额、侵权作品数量、侵权作品的实际被点击数及注册会员数量。其中非法经营数额和侵权作品数量属于传统的定罪空间，而被点击数和注册会员数量则属于只适用于网络空间的新的定罪标准，是司法解释因应网络犯罪现实的积极能动之举。四个定罪标准没有轻重主次之分，而是同时适用、相互补充的关系。在笔者搜集的100个案例样本中，无一例案件采用了注册会员数量标准和点击数标准的案例，而是都选择依据非法经营数额或者侵权作品数量定罪。这表明在传统定罪标准和新型定罪标准面前，司法者看起来对前者更加情有独钟，而对新型定罪标准的接受度比较低。

（三）100个网络著作权犯罪案例样本的量刑规律

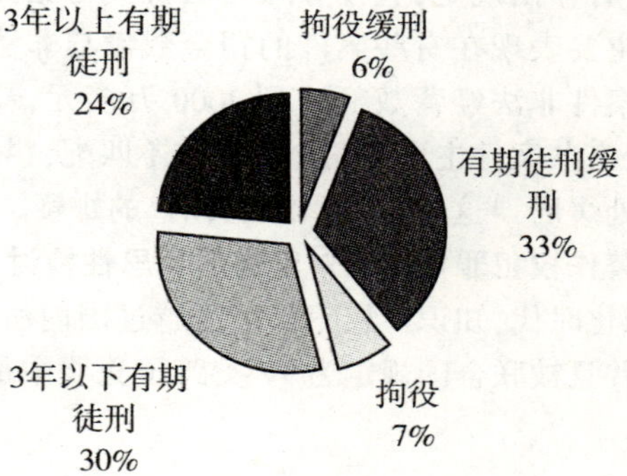

图4　案例样本的主刑类型

① 于志刚：《网络犯罪与中国刑法应对》，载《中国社会科学》2010年第3期。

1. 主刑裁量的轻缓化

侵犯著作权罪和销售侵权复制品罪共有两个量刑幅度，分别是3年以下有期徒刑或者拘役，以及3年以上7年以下有期徒刑，其中侵犯著作权违法所得数额巨大或者有其他特别严重情节的，是侵犯著作权罪的情节加重犯。100个案例样本的主刑量刑情况如下：[①]判处拘役并处缓刑的案例有6件，判处有期徒刑并处缓刑的案例有33件，判处拘役的案件有7件，判处3年以下有期徒刑（不包括本数）的案例有30件，判处3年以上有期徒刑的案例有24件。刑法理论上承认重罪与轻罪的划分，但是关于按照法定刑为标准还是按照宣告刑为标准却有不同的认识，不过将3年有期徒刑作为重罪和轻罪的分界点则获得了许多学者的认可。[②] 以此为知识背景来分析100个案例样本的话，我们会发现轻刑判决占全部判决的76%，缓刑判决占全部判决的39%，缓刑判决占轻刑判决的51%。判决较轻虽有部分案件案值不大、犯罪人认罪态度较好等因素的影响，但也可以看出司法人员在刑罚适用上的轻缓化倾向。

2. 罚金刑适用的随意性

在罚金刑的适用方面，100个案例样本全部对犯罪人附加判处了罚金，无一例判决对犯罪人单处罚金。刑法对侵犯著作权罪的罚金刑的具体裁量标准没有作出规定，直接导致司法机关对犯罪人判处罚金时的随意和混乱，主要表现在有些案件的罚金数额与非法经营数额严重不匹配，例如某案件非法经营数额达到2000万多元，却对犯罪人判处罚金150万元；[③]有些案件主刑与罚金刑严重不匹配，罚金数额达到135万元，主刑却判处缓刑，[④]这不免有“花钱买刑”的嫌疑。

三、对网络著作权犯罪司法应对策略的反思性检讨

在经济全球化时代，知识产权犯罪已经越过国内法的局限，而成为国际性的犯罪，并且被联合国规定为17类跨国犯罪中最严重的犯罪之

---

① 对共同犯罪案例，本书仅统计主犯的刑罚，主犯有数人的，仅统计量刑最重的主犯的刑罚。

② 相关的观点分歧可参见郑丽萍：《轻罪重罪之法定界分》，载《中国法学》2013年第2期；黄开诚：《我国刑法中轻罪与重罪若干问题研究》，载《现代法学》2006年第2期。

③ 上海市徐汇区人民法院（2012）徐刑（知）初字第5号判决。

④ 上海市浦东新区人民法院（2012）浦刑（知）初字第52号判决。

一。[1] 我国网络著作权刑法保护无论是在司法规则建构还是审判实务方面都取得了长足的进步，但是在中外著作权刑法保护的差异化模式背景下，我国的著作权刑法保护现状仍然受到一些国家的诟病，[2]而网络著作权的刑法保护更是我国的“短板”。

（一）运动式司法的痕迹犹存

有关刑罚理论的研究表明，刑罚的及时性和必然性比刑罚的严厉性更有助于刑罚威慑效果的实现。因此，司法机关持续地对网络著作权犯罪予以惩处的刑罚效果也会比集中审判更好。不过令人遗憾的是，在知识产权犯罪领域中还具有一定的“运动式司法”的痕迹，在专项行动中知识产权刑事案件往往有较大的增幅。2004 年，全国开展了打击侵犯知识产权违法犯罪专项行动，2004 年 11 月到 2005 年 10 月 31 日，公安机关破获侵犯知识产权案件数达 2611 起。[3] 2010 年 11 月，按照国务院统一部署，公安部组织全国公安机关开展打击侵犯知识产权和制售伪劣商品犯罪专项行动，代号“亮剑”行动。其中利用互联网传播盗版影视作品、软件，销售假冒伪劣商品的犯罪是“亮剑”行动重点打击的八种犯罪行为之一。[4] 截至 2011 年 5 月，全国已破案 9100 起，案值 71 亿元。[5] 专项行动阶段的丰硕成果恰恰说明了非专项行动时期对相应犯罪的关注力度不够，需要专项行动营造打击犯罪的声势，对刑罚的及时性和必然性予以补偿，借此提高刑罚的威慑效果，但整体上看，单纯依靠专项行动的运动治理模式仍然是不利于对网络著作权的保护的。

（二）选择性司法的倾向明显

1. 忽视对单位犯罪案件的查处

中国知识产权保护制度的建构，在引进外来制度模式的同时，更多

---

① 赵秉志、刘科：《国际知识产权刑法保护的发展趋势》，载《政治与法律》2008 年第 7 期。

② 张心向：《我国知识产权刑事保护现象反思——基于实体法规范的视野》，载《南开学报》2010 年第 4 期。

③ 赵秉志、张远煌：《中国内地侵犯知识产权违法犯罪的现状、原因及对策思考》，载赵秉志主编：《中国知识产权刑事法保护及对欧盟经验的借鉴》，法律出版社 2006 年版，第 4 页。

④ 《公安部部署“亮剑”行动打击制假售假》，载 http://society.people.com.cn/GB/140459/51656/233659/16148261.html，2016 年 5 月 20 日访问。

⑤ 《公安部：将“亮剑”行动打出声威打出成效》，载 http://www.ipr.gov.cn/gndtarticle/updates/govupdates/201105/1221291_1.html，2016 年 5 月 20 日访问。

地沿用了自己特色的民事、行政和刑事对社会关系的分层保护、阶梯递增、由弱到强的法律保护体制。① 侵犯著作权的民事侵权行为、行政违法行为和刑事犯罪行为是侵犯著作权的三种违法行为,并依次受到不同法律的惩处,而这三种侵权行为的具体内容和构成要件也有所差别。根据《著作权法》第47条和《刑法》第217条,侵犯著作权犯罪与一般民事侵权行为的界限在于:其一,前者必须要求"以营利为目的",后者不要求;其二,前者要求达到一定的违法数额和严重情节,后者不要求。在主体要件上,单位和个人都可以构成侵犯著作权罪,但是根据作者搜集的案例样本并结合网络著作权侵权的具体情况,司法机关在关注个人的网络侵犯著作权犯罪的同时,却对大量的单位实施网络侵犯著作权的行为熟视无睹,例如,网络公司、视频网站盗播他人享有著作权的影视作品营利的现象,几乎没有刑事处罚的案例出现。以至于相类似的行为,个人可能追究刑事责任,单位实施则仅是作为行政责任予以处罚,更有甚者相当案件仅仅是按照民事侵权处理,而这仅能依靠权利人的举证和诉讼才能实现。这一现状也反映出知识产权的行政执法案件向刑事犯罪移送机制的虚化和滞后,网络公司较之个人具有更大的诉讼应对能力,司法机关在面对此类案件时因此也更乐意避重就轻地按照民事侵权或者刑事责任处理。笔者认为,在网络著作权犯罪案件中,要坚持"老虎""苍蝇"一起打,对某些网络公司实施的商业侵权行为,符合侵犯著作权罪的,坚决追究其刑事责任,以此构建单位和个人一体处罚的司法格局,避免形成事实上的不公平。

2. 忽视对网络帮助犯的处罚

网络存储空间、通信传输管道、互联网接入等服务是行为人实施网络著作权犯罪的技术基础,离开了这些基本性的网络技术条件,犯罪行为就变成了无源之水、无根之木,因此,对网络帮助犯的处罚其实是斩断网络犯罪链条很好的切入点。但令人遗憾的是,在网络著作权犯罪案件中司法机关更关注对网络实行犯的处罚,而忽视了网络帮助犯。作者认为这可能是由两点原因造成的:(1)在网络著作权犯罪案件中,部分网络服务提供商难以全面监管享受其服务的客户的具体网络业务

---

① 张心向:《我国知识产权刑事保护现象反思——基于实体法规范的视野》,载《南开学报》2010年第4期。

内容,对其网络业务的合法性也难以予以有效判定,或者限于其成本不愿予以查证;(2)即使部分网络服务提供商明知其客户从事了网络侵权行为,但是对其采取听之任之放任不管的态度,本身也没有积极参与其客户的网络侵权行为,法院在认定两者时间具有共同犯罪故意和意思联络存在问题。而网络共同犯罪的意思联络的认定本身也是网络共同犯罪认定的难点。[①] 虽难以认定但不等于无法认定,法院此种知难而退的态度客观上纵容了对网络著作权犯罪予以帮助的行为,也弱化了相关网络服务提供商的监管责任,因为网络服务提供商对其客户的网络监管在技术上是没有难度的。加大对网络著作权犯罪的帮助犯的处罚力度应当成为今后网络著作权保护的突破口。

(三)司法经验仍然有待累积

网络著作权犯罪案件既牵涉技术又牵涉法律,对司法人员来说是全新和陌生的,而且伴随网络的飞速发展,犯罪手段和行为方式的更新速度也让人应接不暇,因此,相对传统著作权犯罪案件而言,网络著作权犯罪的司法处置经验仍然是相对单薄的。

1.新型定罪标准的适用尺度不统一

司法解释在网络著作权犯罪和和网络制作、复制、出版、贩卖、传播淫秽电子信息犯罪中增加了点击量标准、注册会员数量标准作为相关犯罪的量化因素。虽然笔者没有发现在网络著作权犯罪中采用点击量标准的案例,但是在传播淫秽信息案件中已经出现。2007 年,北京一家公司为了保住本公司的手机 WAP 业务,冒险上传淫秽信息,以提高点击量。公诉机关认定淫秽信息的点击量为 25 万余次,而法院考虑到组成一个页面的所有图片请求是集中发送的,60 秒内所有由同一设备通过同一互联网 IP 地址向服务器发送的图片请求是为一次页面点击,并且根据特定手机型号及特定互联网 IP,将为检验设备及网页性能而进行的页面点击数进行了排除,最终计算点击数为 8 万余次。[②] 按照前后两个计算尺度,竟可相差两倍多。其实在注册会员数标准中也存在类似问题,会员数只能说明侵权著作可能受到的潜在侵害,却不等于现实侵害程度,不同注册会员的网络活跃度可能千差万别,单纯以注册会员

① 于志刚:《论共同犯罪的网络异化》,载《人民论坛》2010 年第 29 期。

② 于志刚:《传统犯罪的网络异化研究》,中国检察出版社 2010 年版,第 32 ~ 34 页。

数作为认定犯罪的标准,可能造成实质的不公平。一般的案件可以采用营利数额和侵权产品数额对案件予以定罪的情况下,可以不考虑点击数和注册会员数,但对于合法著作权作品和侵权著作权作品混杂于同一网站的情况,以及行为人没有直接复制侵权作品,而是利用超链接技术设置侵权作品的网络链接并据此牟利的情况,点击数和注册会员制标准就显得尤其重要了。但该标准如何细化,特别是如何进行具体的司法实务操作,需要司法解释作出明确规定。

2. 移动网络的著作权犯罪案件仍是空白

随着3G时代的到来和智能手机的普及,加上手机轻便不受场合限制,利用手机上网成为了更多人的上网选择。《第32次中国互联网络发展状况统计报告》披露,截至2013年6月底,我国手机网民规模达4.64亿,较2012年底增加4379万人,网民中使用手机上网的人群占比提升至78.5%,网民规模进入发展平台期,手机成新增网民第一来源。[①]与此相应的是,面向手机的著作权犯罪也进入了高发增长态势。打开苹果手机的在线应用商店,捆绑广告插件并提供给用户免费下载的盗版软件和电子书比比皆是。但在笔者搜集的100个案例中,仅有一个案例提到了手机终端的著作权犯罪。网络犯罪的发展速度是如此之快,以至于司法者还没完全熟悉传统网络的著作权犯罪模式,移动网络中的著作权犯罪案件却早已情势沸腾。

四、关于著作权犯罪刑罚规制策略的整体思考

实践是理论的源泉,问题与不足也是进步和发展的起点,有关我国网络著作权法律保护的种种司法不足自然指明了今后着力改善和提升的路径。不过在此之外,也应当思考网络著作权犯罪乃至整个知识产权犯罪刑法规制策略的布局和抉择。

(一)刑事立法:不为之中更须有为

“传统的著作权法律保护体系是以复制权为核心建立起来的,网络时代对著作权法律保护的冲击的核心症结就在于数字化载体的可复制性与网络信息的快速流动在很大程度上弱化了著作权法律保护的核心

---

① 《第32次中国互联网络发展状况统计报告》,载http://www.cnnic.net.cn/hlwfzyj/hlwxzbg/hlwtjbg/201307/t20130717_40664.htm,2016年5月20日访问。

纽带。”[①]客观地讲，目前网络著作权犯罪司法审判方面存在的一些问题并不能完全归责于司法，它既来自技术快速发展带来的传统刑法规则的整体性滞后，也来自传统法律规则的过于谦抑和保守。著作权法与技术发展关系紧密，在信息时代，各国著作权法修改活动频繁，例如美国自《千禧年数字著作权法案》出台之后、进入21世纪以来，几乎每年都有新的修正案提交国会。《日本著作权法》于1976年颁布至2009年，为回应科技、经济、社会的发展变化，已经进行了大大小小26次的修改；《韩国著作权法》制定于1957年，先后进行过18次修改，其中2006年和2009年完成了两次重要修改。相对于发达国家的著作权法修改活动，我国的著作权法修改相对滞后，修法进程缓慢。[②]著作权法如此，与之呼应的著作权犯罪规则也好不到哪里。以至于在著作权法中信息网络传播权是与复制发行权并行的著作权权能，而在刑法中它却变成了复制发行权的一个网络表现形式。凡此种种，不一而足。立法是司法的基石，近十几年又是著作权法律形式和内容发展最迅速的时期，刑事立法应当考虑积极回应当前著作权法律保护的迫切问题，做到与著作权的衔接呼应，发挥“二次法”的保障功能，妥善解决当前著作权司法规则体系中存在的正当性问题。

(二)刑事司法：坚守持重与平衡之道

知识产权是近代工业文明的产物，它在促进人类智慧性劳动、激励创新、尊重创造性成果方面发挥了巨大作用，中国为实现建设创新型国家的目标，就必要坚定不移地推行知识产权法律保护战略。但是知识产权保护是不是越严格越好呢？需要注意的是，在人类创造的所有财产形式中，知识产权具有一定的特殊性。其他财产主要是体力的产物，就具体的财产形式而言具有不可替代性，因此法律对传统财产的保护通常是无条件的，然而知识产权作为人类智力的产物，实际上是可以相互替代的，即使世界上没有牛顿了，莱布尼茨还是可以几乎同时发现微积分，如果没有专利制度的束缚，许多国家都可以立即生产性能优异的芯片。如果对权利人施予过于充分的保护，那无异于给后续的创新者

---

① 于志强：《网络空间中著作权犯罪定罪标准的反思》，载《中国刑事法杂志》2012年第5期。

② 吴汉东：《〈著作权法〉第三次修改的背景、体例和重点》，载《法商研究》2012年第4期。

埋上了难以克服的地雷和阻碍,反而不利于知识生产活动。实际上知识产权制度发展到今天,鼓励创新的意味犹存,但更是发达国家建立贸易壁垒,对发展中国家巧取豪夺的武器。[①] 良好的知识产权制度应当是权利人和使用人相互博弈、兼顾各方利益的制度,美国将知识产权视为财产权,而我国刑法将侵犯著作权罪放在第三章侵害社会主义市场经济秩序罪中,从这也可以看出两国法律保护的基点不同。具体到我国著作权的刑事司法保护策略,笔者认为,应当坚持"持重"与"平衡"之道,在犯罪圈划定上严密刑事法网,扩大保护范围,在刑罚选择上坚持谦抑原则和刑罚轻缓化,从而实现权利人和社会公众利益的和谐兼顾。

五、非法经营罪为切入点进行规范体系的审视

非法经营罪是从1979年《刑法》规定的投机倒把罪里面分离出来的一种犯罪。[②] 1997年《刑法》颁行之后,立法机关又分别在1999年年底和2002年年初两次对本罪法条进行了补充。由于投机倒把罪本身的"先天不足",[③]加上后天"兜底条款"[④]和"违反国家规定"的"营养不良",非法经营罪的适用往往令法律人踌躇、当事人愤懑、旁观者困惑。而随着信息时代网络技术的发展、网络平台的成熟,这个问题愈演愈烈,且趋向于集中在"经营"如何定性、"违反国家规定"如何满足这两个实质和形式层面的刑法问题上。而这两个问题都是"违反国家规定"的规范体系评价如何进行的问题,这个问题存在于刑法中的22个条文、26个罪名,梳理出该问题的时代困境,尝试其未来方向的构建,不仅对该具体条文和罪名的适用有巨大的实践效用,而且对刑法总则的罪刑法定原则和"违反国家规定"的贯彻和发展具有重要的知识论意义。

(一)实质论解释指导下的"经营"行为的中性限定

"经营"是"非法经营"的核心词,"非法"是在确定"经营"的种类性质之后的再次限定。所以,对于非法经营罪的适用,首先要求明确"经

---

① 舒洪水、贾宇:《全球化时代的知识产权犯罪及其防治》,载《法学家》2009年第1期。

② 高铭暄:《中华人民共和国刑法的孕育诞生和发展完善》,北京大学出版社2012年版,第439页。

③ 投机倒把罪调控范围的广泛性参见刘树德:《空白罪状——界定·追问·解读》,人民法院出版社2002年版,第161页以下。

④ 立法缺陷参见高翼飞:《从扩张走向变异:非法经营罪如何摆脱"口袋罪"的宿命》,载《法治研究》2012年第3期。

营"行为本身的含义。

1. 在整个法律体系中确定该种"经营"类型是中性的:具有合法可能性

"经营"的中性是指该种经营行为具有合法的可能性;从形式的违法性和实质的违法性的区分角度来看,也就是首先在实质上不必然违法,并不一定有社会危害性,其次在形式上不一定为法律所禁止。

从非法经营罪的立法目的和刑法体系地位出发,可以得知该种"经营"行为应当是有合法的可能性的。"非法经营罪,无论是经营未经许可经营的专卖品或限制品,还是买卖经营证件,都是谋取在市场中的不正当的竞争优势或竞争条件。"①从这个目的论解释出发看待刑法的保护对象,也就是犯罪侵害的法益,非法经营罪的立法目的是保护与非法经营相对应的合法经营活动,这样才符合非法经营罪"扰乱市场秩序罪"的范畴限定。如此一来,就应当从最为宽泛的意义上,对经营行为进行中性的解释。也就是实质性地考察其是否具有社会危害性,或者说法益侵害性。例如,"职业杀手"的行为在实质上是必然具有刑事违法性的,再如买卖淫秽物品、毒品的行为,在我国都只能是非法的,不存在合法经营的可能性,所以也就谈不上构成非法经营中的"经营"。类似地,俄罗斯有学者认为内容非法的活动如卖淫也不是"经营"。② 相比之下,麻醉药品、精神药品在一定条件下是可以提供的,所以存在"经营"的可能性。

完全非法的经营活动不受非法经营罪的"涵摄",这也是和刑法其他罪名的适用实践相一致的。我们无法想象,完全非法的生产经营活动能够得到刑法中破坏生产经营罪的保护。正如有论者认为,破坏生产经营罪保护的生产经营不能严重违背法秩序,不能有严重的反社会性,不能是严重犯罪活动,例如制造毒品、生产假冒伪劣产品,而私自开诊所、私自开游泳馆则只要处于平稳状态,就应当受到该罪的保护。③

---

① 马荣春:《刑法类型化思维——一种"基本的"刑法方法论》,载《法治研究》2013 年第 12 期。

② [俄]俄罗斯联邦总检察院编:《俄罗斯联邦刑法典释义》(下册),黄道秀译,中国政法大学出版社 2000 年版,第 460 页。

③ 柏浪涛:《破坏生产经营罪问题辨析》,载《中国刑事法杂志》2010 年第 3 期。

笔者认为,这三个"严重"的量上的要求,没有明确的标准,在司法实践中仍然将会难以判断。而性质上的判断则是相比之下更为明朗清晰的:"生产经营"是否受该罪保护的标准是该活动是否可能是合法的,而不是必然违法的。既然完全非法的"生产经营"得不到破坏生产经营罪的保护,那么也不应当受到非法经营罪的规制,这是对违法犯罪的同等对待,是贯彻刑法平等保护精神的要求,也是刑法条文的一体解释的指向。

完全非法的"经营"不受非法经营罪的规制的结果是,该行为应当受到其他罪名的打击,或者严格遵循罪刑法定原则,不以刑罚相加。例如《刑法》在非法经营罪之后立马规定了第226条"强迫交易罪",包括"以暴力、威胁手段强买强卖商品、强迫他人提供服务或者强迫他人接受服务,情节严重的"行为。如果行为人强迫他人购买毒品、提供性服务,是不可能认定为强迫交易罪的,因为"扰乱市场秩序罪"里面的"交易"不可能是这种完全违法的交易,这种交易只能认定为其他罪名,如抢劫罪、强奸罪。同理,这类交易即使是自愿进行,也不能认定为非法经营罪。当然,也不能矫枉过正,认为"经营"行为的载体一定是合法的商品和服务,只要有合法的可能性就可,如经过法定的程序和条件。

2."经营"的中性原则在信息时代的贯彻

信息时代网络空间中的图利行为也是花样不断翻新,毫无疑问,这些行为都是对社会有害、扰乱网络秩序,而应当受到法律规制的行为。但是在刑法的介入过程中,需要注意根据刑法条文"关键词"的合理限定,来符合立法的目的。

(1)销售专门用于网络犯罪的程序、工具的行为不应当认定为本罪的"经营"

例如,百度竞价排名引发了专门用于进行针对排名的无效点击的软件的开发和销售。如此一来,企业在百度推广系统开户,预存资金,百度按照网民实际点击企业网页的数量(企业潜在客户访问数)扣费,每次有效点击收费从几角钱到几块钱,这样的活动就无法进行。对这种销售行为的刑法规制,最大的可能是构成扰乱经济秩序的非法经营罪。但是作者认为这种销售专门用于网络违法犯罪的程序和工具的行为难以认定为非法经营。首先,从刑法条文表述来看,《刑法》第265条规定的非法经营罪要求的是“违反国家规定”的,“未经许可经营法律、行政法规规定的”“限制买卖的物品”的行为,或者“买卖”“法律、行政法规规定的经营许可证或者批准文件”的行为,或者“未经国家有关主管部门批准非法经营证券、期货、保险业务的,或者非法从事资金支付结算业务”的行为,或者“其他严重扰乱市场秩序的非法经营行为”。从前三项行为来看,第二项和第三项行为显然无法适用于销售专门用于网络违法犯罪的程序和工具的行为;第一项规定要求经营的是“限制买卖的物品”,销售对手专门用于网络违法犯罪的程序和工具并未被“法律、行政法规”这两种“国家规定”所明确限制,所以也难以适用第一项。那么,是否可以像其他非法经营行为一样,认定为第四项“其他严重扰乱市场秩序的非法经营行为”呢?

虽然前三项规定没有直接为本类案件提供适用依据,却间接指引了本类案件的法律适用。从前三项规定来看,这种经营活动本是合法的,至少是不违反法律的。这就在经营活动的性质指向上表明,这种经营活动本身是对一定人群有正当的好处的,至少不是完全只有侵害功能。这也基本上为近几年的立法和司法解释所确认。[①] 近年来的解释涉及的外汇、出版物、电信业务、盐酸克伦特罗、食盐、上网服务、彩票、证券、烟草等,都是属于此种“中性”物品和服务,这才谈得上是“经营”。换言之,“经营”这个词本身就限定其对象必须是可以在一定条件和程序下认定为合法、至少不违法的商品和服务。所以经营的中性解释要求,专用于通过无效点击,故意毁坏他人财物的点击软件等专门用于网络违法犯罪活动工具和程序,是没有被“经营”的资格的。

(2)利用侵犯著作权复制品进行营利活动的,不应当认定为本罪的“经营”

在上海市人民检察院第二分院诉顾然地等人非法经营案中,法院认定行为人“没有《音像制品经营许可证》而销售侵权音像复制品,当然扰乱市场秩序,属于该条规定的非法经营犯罪行为中的一种行为”。作者不以为然。首先,以先认定侵犯抽象法益,再认定符合具体行为的错误司法逻辑进行裁判,是一些司法机关的普遍误区。合理的司法认定

① 法律解释的统计参见张明楷:《刑法学》,法律出版社2011年版,第749~751页。

逻辑应当是从形式上的犯罪构成要件要素出发,然后进行法益侵害的实质判断。限于主题和篇幅,在此不赘述。其次,该判决出现问题的本质原因在于,没有对"经营"通过实质解释进行合理限定。对于侵犯他人法定的著作权的作品,其销售行为根据著作权法具体规定和刑法规定的侵犯著作权罪,必然是违法的。严格解释之下,打击非法经营是为了保护合法经营,而这种全然违法的行为怎么能够认定为冲击了其他不特定的正版作品销售行为而"扰乱市场秩序"呢?这种行为,前已述及,应当认定为其他犯罪或者不作为犯罪处理。正如有学者指出,司法实践中绝大多数侵犯著作权行为被误以非法经营罪处理,这给国际形象以及司法评价带来巨大的负面影响,非法经营罪应当退出著作权保护领域;如果达不到侵犯著作权犯罪的定罪标准,就只能选择行政处罚而不能认定为非法经营罪,否则将产生对于不构成侵犯著作权犯罪这一轻罪而适用非法经营罪这一重罪的法理障碍。①

再如在江苏省南京市江宁区人民检察院诉董杰、陈珠非法经营案中,法院认定被告人利用"外挂"软件"代练升级"从事非法经营活动,情节严重的,属于《刑法》第225条规定的"其他严重扰乱市场秩序的非法经营行为",应以非法经营罪定罪处罚。第一,"冰点传奇""外挂"软件属于非法互联网出版物,违反了《出版管理条例》的规定,违反了《信息网络传播权保护条例》的相关规定,被《互联网出版管理暂行规定》所禁止,属于最高人民法院《关于审理非法出版物刑事案件具体应用法律若干问题的解释》第11条所规定的严重危害社会秩序和扰乱市场秩序的非法出版物。第二,被告人先后替一万多名不特定人使用非法"外挂"程序进行代练,并收取费用,客观上是对该非法"外挂"程序的发行、传播,属于出版非法互联网出版物的行为,应当以非法经营罪定罪处罚。认定为非法出版物固然顺理成章,认定使用"外挂"进行代练是出版行为,也可以理解:代练是使用行为的增值服务,甚至异化为主要内容,这属于信息时代"营利目的的异化"。② 这里并不是如同有学者认为的那

---

① 高晓莹:《论非法经营罪在著作权刑事保护领域的误用与退出》,载《当代法学》2011年第2期。

② 于志刚:《网络犯罪与中国刑法应对》,载《中国社会科学》2010年第3期。

样，“使用非法外挂软件”和“出版非法外挂软件”的含义相去甚远。[①]不应当将代练行为抽象为使用行为，而认定适用行为不能为“出版”这一用语所涵摄，这种认定思路是有误的。具体而言，“出版”是产生多份提供给不特定多数人的行为，而本案中正是产生出多份的外挂，并通过代练的方式提供给一万多人，如果没有代练，就不可能达到如此的出版规模。当然，必须承认的是，本案中的这种出版方式是非典型性的。

易言之，非法经营罪要求的“非法”评价针对的是经营活动，也就是这里的代练行为，这才是营利的主行为。而该判决却将经营对象“外挂”的“非法”评价未加说明而延伸至其经营行为，未免牵强。换言之，非法经营罪打击的是经营行为，而非针对经营的对象。如果依照其逻辑，载体是非法的，所以其利用行为必然非法。如此一来，就背离了经营行为的中性要求，也就在事实上虚置了“违反国家规定”的要求。

跳出本案“代练”的行为本身是中性的，经营对象的非法性的确在很多情况下会导致经营该对象的行为非法，但这并不是绝对的，必须有进一步的说理，比如要有具体的禁止规定。正如刑事诉讼法上的“毒树之果”理论和规则，产生的“毒树之果”本身固然是违法的，但利用“毒树之果”的行为并不必然被禁止。既然该种经营活动有可能是合法的，那么最终认定为非法经营就需要探讨如何认定其“违反国家规定”。由此，导入非法经营罪适用中“违反国家规定”的另一层次的要求，是否必须具体说明所讨论的经营行为本身违反了哪一条款的“国家规定”。换言之，在此处如何贯彻罪刑法定原则的要求。

（二）形式解释论指导下“非法”的规范评价

非法经营罪的法定构造是“违反国家规定”+“下列非法经营行为之一”+“扰乱市场秩序”+“情节严重”。前三个要素是在定性时形式上必须具备的，最后一个要素是定量时所要求的。对于前两个要素的关系的理解，可能存在不同的观点。而第三个要素“扰乱市场秩序”已经在为“经营”定性时派上用场了。

有观点认为，“违反国家规定”是非法经营罪成立的前提，但在四项条款中无实体意义，前三项要么是已经规定了所违反的国家规定种类，

---

① 欧阳本祺：《对非法经营罪兜底性规定的实证分析》，载《法学》2012年第7期。

要么是暗含了违反国家规定或者行政管理法规，而“兜底”第四项中“非法”和“违反国家规定”是同义的关系。[①] 对此，笔者不敢苟同。第一项“未经许可经营法律、行政法规规定的专营、专卖物品或者其他限制买卖的物品的”固然限定了违反的国家规定种类只能是法律和行政法规；但是对于第二项“买卖进出口许可证、进出口原产地证明以及其他法律、行政法规规定的经营许可证或者批准文件的”，从法文表述上看，买卖“进出口许可证、进出口原产地证明”以外的“经营许可证或者批准文件”的，必须是法律、行政法规规定，但买卖“进出口许可证、进出口原产地证明”，则应当是所有的“国家规定”；[②]对于第三项“未经国家有关主管部门批准非法经营证券、期货、保险业务的，或者非法从事资金支付结算业务的”，必须有国家规定；第四项也是如此。“违反国家规定”和“非法”是种属关系，不可等而视之。

对于“违反国家规定”的满足，应当从两个层面展开：其一，“国家规定”的范围；其二，如何认定“违反”。

1.“非法”的规范评价需要“国家”规定

对于“国家规定”的范围，也就是非法经营罪中“非法”的形式违法性问题，《刑法》已经“大方地”在第96条规定了：违反国家规定之含义：“本法所称违反国家规定，是指违反全国人民代表大会及其常务委员会制定的法律和决定，国务院制定的行政法规、规定的行政措施、发布的决定和命令。”所以，部门规章、地方性法规、地方政府规章，以及其他规范性文件，都不能直接作为认定行为人是否违反国家规定从而是否构成犯罪的依据。

对于法律和行政法规，都基本是司空见惯。这里只从形式上根据立法法强调一下：对于法律，签署公布法律的主席令载明该法律的制定机关、通过和施行日期。法律签署公布后，及时在全国人民代表大会常务委员会公报和在全国范围内发行的报纸上刊登。在常务委员会公报

---

① 马春晓：《非法经营罪的“口袋化”困境和规范解释路径——基于司法实务的分析立场》，载《中国刑事法杂志》2013年第6期。

② 当然也可能是法律、行政法规所规定的，就看“其他”限定的是“法律、行政法规”，还是“经营许可证或者批准文件”。从推定立法无歧义的立场出发，应当认为限定的是前者，因为如果要限定后者的话，“其他”的表述应当紧邻后者。

上刊登的法律文本为标准文本;对于行政法规,行政法规由总理签署并以国务院令公布。行政法规签署公布后,及时在国务院公报和在全国范围内发行的报纸上刊登。在国务院公报上刊登的行政法规文本为标准文本。

对于全国人民代表大会及其常务委员会制定的决定,国务院规定的行政措施、发布的决定和命令,其具体内涵和外延,则至今没有正式的规范性文件予以说明。我们只能根据《宪法》、《立法法》、《全国人民代表大会常务委员会监督法》、《全国人民代表大会常务委员会议事规则》、《国务院组织法》中关于其权限和运行方式的规定以及它们发布的各种规范性文件的情况来确定。但它们的共同特征应当与法律和行政法规相一致,那就是法的"普遍性":不是为特别保护个别人的利益而出台,也不是为特别约束个别人的行为而设立,也不能因为一次性适用而终止生效。[①]

这里需要澄清的一个问题是,严格限制解释"国家规定"时,是否应当承认"国家规定"存在"二次授权"的情形。例如有学者认为《行政许可法》第16条规定,规章可以在上位法设定的行政许可事项范围内,对实施该行政许可作出具体规定,所以违反《成品油市场管理办法》实质是违反了《行政许可法》的行为。[②] 笔者对此不以为然。第一,对于立法上的"授权",《立法法》有明确的规定,其第9、65条分别规定了对国务院和经济特区所在地的省、市的人民代表大会及其常务委员会的立法授权,所以并不存在对规章制定主体的立法授权。这种规章仍然是各部门在自己的职权范围内根据《立法法》自行决定的,不存在根据法律或者行政法规"授权"、"委托"的问题。[③] 即使是借用"授权"的用语,从实质上认为,根据上述国家规定中的授权,下位阶的规章等规范性文件

---

① 舒国滢主编:《法理学》,北京大学出版社2006年版,第33~34页。"法不能为某一特殊事项或行为制定"是从法区别于其他社会规范的属性上来讲的,而不是针对具体的法的效力而言。

② 马春晓:《非法经营罪的"口袋化"困境和规范解释路径——基于司法实务的分析立场》,载《中国刑事法杂志》2013年第6期。

③ 刘德法、尤国富:《论空白罪状中的"违反国家规定"》,载《法学杂志》2011年第1期。

确立非法经营行为种类的条款属于国家规定,[①]也是不妥的。因为刑法要求参照的是"国家规定",也就是授权其他"国家规定"对犯罪客观构成要件的具体要素进行明确,而该"国家规定"却再次授权给下位法予以确定,这违反了《立法法》的相关规定精神。《立法法》第10条规定:"授权决定应当明确授权的目的、范围。被授权机关应当严格按照授权目的和范围行使该项权力。被授权机关不得将该项权力转授给其他机关。"第二,这种观点是贸然从实质出发的观点,而罪刑法定原则首先要求从形式上出发,规章在形式上无论如何不能直接认定为刑法总则规定中的任一种"国家规定"。按照其逻辑,国家主席、国务院总理是全国人大选举和任命的,违背他们的行为就是违背全国人大的行为吗?两者显然不能混为一谈。司法者在办理有关空白罪状的具体案件时所坚持的罪刑"法"定,应当是"被参照的规范性文件"定,不能超出被参照的相关规范性文件的具体规定来解释和确定空白行为要件。[②] 当然,这种授权在此获得承认有一定的实质合理性,加上一定的形式合理性,就能够完全承认为刑法要求的"国家规定",后将详述。

2."非法"的规范评价内含具体"规定"

确定了"国家规定"的范围之后,如何认定"违反"就成了核心问题。这个问题也分为两个层面:第一,是具体违反还是抽象违反?第二,是否需要与刑法,甚至与本罪相呼应?

(1)具体违反还是抽象违反的问题,是指需要引用具体的条款才能确定行为类型,还是仅仅依照国家规定的立法目的等抽象原则和精神就可以确定。本罪第一项要素的确定问题,在本质上属于引证罪状中的罪刑法定原则如何贯彻的问题。罪刑法定原则要求罪刑条款的明确性。这对于大部分空白罪状而言,应当不难,无论是罪行条款,还是刑罚条款。但对于引证罪状而言,其罪行条款需要法律人在适法时将目光投向其他规定,寻求行为的定型。此时,应当认为在其他规定中的行为类型也应当用刑法中空白罪状中明确性来要求,足以让一般国民确

---

① 田宏杰、阮柏云:《非法经营罪内涵与外延扩张限制思考》,载《人民检察》2012年第23期。

② 刘树德:《空白罪状——界定·追问·解读》,人民法院出版社2002年版,第161页以下。

定其行为是否属于该规定中的行为种类，否则公民将仍然不能确定其行为是否被刑法所规制，其行为自由将被大大限缩。这无疑与罪刑法定原则的历史和现实精神是不相融洽的。例如，利用 POS 机继续信用卡套现的行为在各种“国家规定”中都没有相关规定，司法机关不能回避此要求而直接认定该行为为非法经营罪。①

有学者认为，对于国家规定不能狭隘地理解，比如违反宏观政策性规定也属于违反国家规定。② 但也有学者认为，司法机关在相关的法律文书中，必须具体说明行为违反了法律、法规的第多少条、多少款；当刑法分则条文所要求的是“违反国家规定”时，仅违反部门规章的行为，不成立犯罪。③

笔者认为，抽象地规定“构成犯罪的”的国家规定不能作为认定行为人成立犯罪的依据。如全国人大常委会《关于维护互联网安全的决定》第 5 条规定：“利用互联网实施本决定第一条、第二条、第三条、第四条所列行为以外的其他行为，构成犯罪的，依照刑法有关规定追究刑事责任。”刑法分则本来应当依赖具体的国家规定作为行为的前置性评价依据，而类似第 5 条的规定则将该任务“踢回”给了刑法分则，所以此时刑法分则所要求的“违法国家规定”并没有得到满足。”而且，最高司法机关根据全国人大常委会关于法律解释工作的授权所解释的对象应当是刑法的具体条文，而不是“构成犯罪的，应依法追究刑事责任”的抽象“立法精神”。④ 与此相反，能够涵盖刑法分则规定的行为类型的国家规定条款，才是刑法上的“国家规定”。例如，国务院《互联网信息服务管理办法》第 4 条规定：“国家对经营性互联网信息服务实行许可制度；对非经营性互联网信息服务实行备案制度。未取得许可或者未履行备案手续的，不得从事互联网信息服务；”该办法第 19 条对未取得经营许可，擅自从事经营性互联网信息服务的行为规定了没收违法所得、罚款、责令关闭网站等行政处罚。此时，该条规定就能够指向一些所谓的

---

① 张明楷：《刑法分则的解释原理》（下），中国人民大学出版社 2011 年版，第 546 页。

② 《法学专家释疑“两高”网络诽谤司解五热点》，载 http://www.legalinfo.gov.cn/zhuanti/content/2013-09/26/content_5005059_2.htm，2016 年 4 月 22 日访问。

③ 张明楷：《刑法分则的解释原理》（下），中国人民大学出版社 2011 年版，第 545、546 页。

④ 相反观点参见戴长林主编：《网络犯罪司法实务研究及相关司法解释理解与适用》，人民法院出版社 2013 年版，第 194、292 页。

“网络公关公司”、“营销公司”、“网络推手”等以营利为目的，未经许可，在信息网络上向他人有偿提供删除信息服务，或者明知是虚假信息，通过信息网络向他人有偿提供发布信息等服务的行为。

(2)与刑法的呼应问题是指国家规定是否有具体条款上的内容限定，比如明确不得为或者当为某种行为，紧接着说“构成犯罪的”、“触犯法律的”，或者“构成某某罪的”、“依照刑法第某某条”，或者直接在整个国家规定的最后或者开头用这些表述。对此，有观点认为，“国家规定”必须规定附属刑法。① 类似观点认为，“国家规定”应当明确行为应受刑事处罚，如果只规定行政处罚的，再追究刑事责任是不妥当的。② 笔者认为，国家规定没必要明确受刑罚处罚。第一，刑法对“国家规定”具体如何规定并没有形式上的法定要求，只要在使引证罪状符合罪刑法定原则在构成要件要素上的明确性就可以。“违反”国家规定是指该行为为国家规定所规定的作为或者不作为的义务，而不管有无明确的惩罚，或者惩罚种类为何。如果要采取上述观点要求的明确方式避免有违法律的明确性原则，那么又会产生新的质疑：是采用上述抽象的“犯罪”、“责任”表述，还是采用具体的“罪名”、“条款”表述？而这个争议是很难有明确的答案的。再者，“国家规定”只明确规定行政处罚，刑法再追究刑事责任并没有导致刑法和其他法律的不协调，两者并无明显矛盾。

第二，如果要有这种指引，那么国务院出台的“国家规定”不就“染指”了犯罪和刑罚的刑罚吗？而这是有违《立法法》规定“法律保留”规则的。而且这可能是在指导司法适用，有违司法独立要求，所以以“国家规定”是否明确行为应受刑事处罚为依据来决定行为是否构成犯罪，并不合理。③ 至于还有人认为行政法规关于追究刑事责任的规定并非在设立新罪名，只不过在细化有关的附属刑法。④ 可是，“有关的附属刑法”具体是哪一个？其实，其概念的“附属刑法”就是行政法规，但是“附

---

① 马春晓：《非法经营罪的“口袋化”困境和规范解释路径——基于司法实务的分析立场》，载《中国刑事法杂志》2013 年第 6 期。

② 田宏杰、阮柏云：《非法经营罪内涵与外延扩张限制思考》，载《人民检察》2012 年第 23 期。

③ 张明楷：《刑法分则的解释原理》(下)，中国人民大学出版社 2011 年版，第 547、548 页。

④ 吴仁碧：《论非法经营罪的几个问题》，载《政治与法律》2010 年第 2 期。

属刑法”也是刑法，必须以法律的形式出现，还是只能表现在行政法规中呢？由此可见，凡事需要具体分析，凡事经不起具体分析。非刑事法律应当首先将相关的一般违法行为纳入“法律责任部分”；其次应尽量明确规定决定行为危害性的相关因素或情节，便于司法机关认定行为种类与“情节”严重的程度。①

总之，当刑法要求“违反国家规定”甚至“非法”时，司法文书原则②上应当引用具体的条款予以说明。应当通过裁判时明确具体违反的条款，来保障诸如非法经营罪之类罪名中的的空白罪状达到罪刑法定原则要求的构成要件要素的明确性和可预见性标准。

（三）信息时代“违反国家规定”的适用困境愈演愈烈

违反国家规定，进行非法经营的表述也表明，存在具体的国家规定条款对这种经营活动提出了程序上和条件上的限制。当然，非法经营的司法解释中也有少数将由具体的国家规定条款对某种活动进行了全面的绝对禁止，而将从事该活动的行为认定为非法经营。如根据1998年《关于禁止传销经营活动的通知》将构成组织、领导传销活动罪外的传销活动认定为非法经营。这可以认为是适用犯罪形势的扩大解释，如将内容上严重危害社会秩序的非法出版物出版、印刷、复制、发行，和性质上违法的哄抬物价、POS机套现，认定为非法经营。但是，对这些活动都应有明确的准“国家规定”类型的规范依据认定其违法。这其实是凸显了严格在当前刑法总则规定下对“国家规定”进行严格理解导致的问题：大量具有应受刑法处罚性的严重犯罪只能通过司法解释的方式行类推“国家规定”至准“国家规定”之实，而纳入刑法的打击半径。

1.信息时代非法经营罪中“违反国家规定”的适用困境愈演愈烈

即使能找到认定销售专门用于网络违法犯罪活动工具和程序的行为违法的准“国家规定”具体依据，也还是很可能要通过规范性的解释来给予在当前条件下最好的合法化“外衣”。与此相对应的理论观点是，非法经营罪第四项堵截条款适用范围应以立法解释和司法解释为

① 刘树德：《罪状构建论》，中国方正出版社2002年版，第367页。

② 例外情形参见张明楷：《刑法分则的解释原理》（下），中国人民大学出版社2011年版，第534页以下。

限,否则司法部门不得擅自解释适用。[①] 这似乎是当前条件下限制“口袋”无限膨胀伤人的必经之路,是探索之下无奈的举措。但是且不说这将遏制下级司法机关的能动性,与司法活动先解释再适用法律的基本逻辑背离。更严重的问题是,必要条件在司法中容易异化为充分条件,认为只要立法解释和司法解释导向了非法经营罪,就不再理会必须指明“国家规定”的具体条款要求了。实践中,有实证研究表明,六个相关司法解释对“国家规定”的参照有三种情况:真参照、假参照、不参照;而243 份判决书只有 6 份援引了司法解释之外的规范,而且被援引者也并非是严格意义上的“国家规定”。[②] 例如,最近出台的《关于依法办理非法生产销售使用“伪基站”设备案件的意见》不参照具体的“国家规定”而直接规定生产、销售“伪基站”设备,情节严重的,依照《刑法》第 235 条的规定,以非法经营罪追究刑事责任。

其实,前已述及,堵截的合理路径应当是在司法文书中援引其他“国家规定”的具体条款。但在现阶段,针对互联网的专门法律只有 3 部,分别是《全国人大常委会关于维护互联网安全的决定》、《电子签名法》、《全国人大常委会关于加强网络信息保护的决定》。行政法规 10 部,分别是《计算机信息系统安全保护条例》、《计算机信息网络国际联网管理暂行规定》、《计算机信息网络国际联网安全保护管理办法》、《互联网信息服务管理办法》、《计算机软件保护条例》、《外商投资电信企业管理规定》、《互联网上网服务营业场所管理条例》、《信息网络传播权保护条例》、《出版管理条例》、《电信条例》。销售专门用于网络违法犯罪活动工具和程序的行为难以被针对互联网的 3 部专门法律、10 部行政法规[③]的具体条款所覆盖,所以仍然不能认定为非法经营。

2. 信息时代其他罪名中“违反国家规定”的适用困境有过之而无不及

跳出非法经营罪一罪,“违反国家规定”在刑法规定的针对计算机

---

① 马春晓:《非法经营罪的“口袋化”困境和规范解释路径——基于司法实务的分析立场》,载《中国刑事法杂志》2013 年第 6 期。

② 欧阳本祺:《对非法经营罪兜底性规定的实证分析》,载《法学》2012 年第 7 期。

③ 于志刚、邢飞龙:《中国网络法律体系的现状分析和未来建构——以 2012 年 12 月 31 日为截止时间点的分析》,载《辽宁大学学报》2013 年第 4 期。

犯罪的基础性条款(第285、286条)中的四个罪名(非法侵入计算机信息系统罪、非法获取计算机信息系统数据、非法控制计算机信息系统罪、破坏计算机信息系统罪)的适用,基本都是前置要求。呈现出涵盖的内容广及专业化、技术性领域的法律规范日趋增多,以及动态的补充性强的特征。①

但是现阶段限于上述13个"国家规定",出现越来越多的犯罪情形难以满足找到前置规定的要求。例如,用户自主安装的UC浏览器在手机中被无故删除除"UC"作为关键词出现在删除列表中外,"baidu"等其他知名应用关键词也在其中。该恶意程序除删除UC浏览器等应用外,还具备发短信、弹广告、下载安装指定应用的能力。② 该行为难以被前述针对互联网的3部专门法律、10部行政法规的具体条款所覆盖。所以其面临着难以认定为破坏计算机信息系统罪的问题。再如,从用户的角度看搜狗360修改用户浏览器的行为,涉嫌破坏计算机信息系统。但是,"涉嫌"就表明存在一个不容忽视的问题是"违反国家规定"的适用。《刑法》第96条规定了"违反国家规定"之含义:"本法所称违反国家规定,是指违反全国人民代表大会及其常务委员会制定的法律和决定,国务院制定的行政法规、规定的行政措施、发布的决定和命令。"《治安管理处罚法》第29条规定:"……(三)违反国家规定,对计算机信息系统中存储、处理、传输的数据和应用程序进行删除、修改、增加的……"这是否就以法律规定的形式满足了该前置性要求?答案是并没有。而更是突出了甚至行政法律也存在引证其他"国家规定"的需求。

与此形成鲜明对照的是,部门规章《规范互联网信息服务市场秩序若干规定》(工业和信息化部令第20号)对此类行为已有明确规定。第5条规定:"互联网信息服务提供者不得实施下列侵犯其他互联网信息服务提供者合法权益的行为:(一)恶意干扰用户终端上其他互联网信息服务提供者的服务,或者恶意干扰与互联网信息服务相关的软件等产品(与互联网信息服务相关的软件等产品,以下简称产品)的下载、安

① 刘德法、尤国富:《论空白罪状中的"违反国家规定"》,载《法学杂志》2011年第1期。

② 《UC优视声明称浏览器遭恶意程序卸载》,http://tech.sina.com.cn/i/2014-02-26/15359193974.shtml,2016年4月22日访问。

装、运行和升级……（四）欺骗、误导或者强迫用户使用或者不使用其他互联网信息服务提供者的服务或者产品……”

所以上述提议虽属无奈，但却提示了笔者，从法律解释出发，基础性地扩张“国家规定”的有关种类的外延，以包括部门规章的有关内容。

（四）信息时代“国家规定”未来调适的制度架构

在信息时代，我们需要相应“国家规定”的更新，或者说需要在对刑法总则“国家规定”进行解释时，加上对中央部门规章的涵盖。这样也能解决前述的诱导购买点击软件行为不构成非法经营的问题；这更是适用计算机罪名的必要前提；大而言之，这也是信息时代网络规范文件数量和质量上现状的要求。截至2012年年底，对互联网进行专门规范的司法解释有18件，占总比例的11%；而部门规章共有40件，占总比例的23%。[①] 在法律、行政法规这些高层次规范严重缺失的情况下，应当加强对司法解释和部门规章的关注。

而关注的方式可以是通过全国人大常委会的法律解释，认定刑法规定的“违反国家规定”的对象可在一定条件下包括部分部门规章。总体而言，这种解释方式比修改刑法总则方便、灵活，能够针对信息时代的具体部门规章进行特别规定。首先，部门规章的国家性效力毋庸置疑。部门规章由国务院组成部门出台，其国家性效力得以保证。其次，立法解释可以通过规定一定的形式满足刑法总则规定的“国家”性法律渊源的形式要求。通过这种解释形式，可以进一步明确立法解释和司法解释的“势力范围”，各司其职，提高各自效率，并且促进整个法律体系的完善。

1. 立法解释可以对刑法总则“国家规定”进行最新解释的具体论证

具体而言：（1）法律解释分为立法解释和司法解释，两者解释的对象常常并无实质之分，但其效力有高下之分。立法解释由全国人大常委会出台，效力等同于法律，而高于最高司法机关出台的司法解释，根本原因是其制定主体是最高权力机关常设机构，拥有确定法律渊源范围的最高权力。但这是其形式上的效力来源，而要在实际上获得更大的承认就应当在其“特色产品”上有所突破，或者对“共同产品”进行最

① 于志刚、邢飞龙：《中国网络法律体系的现状分析和未来建构——以2012年12月31日为截止时间点的分析》，载《辽宁大学学报》2013年第4期。

终评价的实践。(2)更重要的是两者的解释对象不同,立法解释应当有所侧重。根据《立法法》第45条的规定,全国人大常委会只针对以下两种情况进行解释:法律的规定需要进一步明确具体含义的;法律制定后出现新的情况,需要明确适用法律依据的。而最高司法机关只针对司法实践中遇到的法律适用问题进行解释。立法解释的第二种对象在刑法解释上与司法解释的对象并无不同,在刑法上,两种解释都可针对分则规定。区别就在于其第一种对象上,而这正是由其在信息时代背景下对总则规定进行解释的主要动因。第一种对象主要可能存在于总则。既往的刑事立法解释都针对的是刑法分则规定,而没有在总则规定上有所突破。相比之下,2011年最新的《刑法修正案(八)》已经在总则上实现了"第一次"。其实,立法解释已经在这个方向有所尝试,全国人大常委会在关于《刑法》第九章渎职罪主体适用问题的解释中,对该章普遍性的主体问题"国家机关工作人员"进行了扩容,间接地导致了刑法总则中"国家工作人员"规定的扩大解释。最新的立法解释也在形式上对总则规定进行了解释:"全国人民代表大会常务委员会根据司法实践中遇到的情况,讨论了刑法第三十条的含义及公司、企业、事业单位、机关、团体等单位实施刑法规定的危害社会的行为,法律未规定追究单位的刑事责任的,如何适用刑法有关规定的问题,解释如下:……"(3)最后,立法解释应当善用,原则上不可浪费在司法解释也能解释的对象中,除非最高司法机关之间有争议或者既有司法解释本身有违反法律之嫌。这是立法解释权"亮剑"的应有条件。全国人民代表大会常务委员会关于刑法有关规定的解释草案于2014年2月24日被提请第十二届全国人民代表大会常务委员会第八次会议审议,其中的四个刑事立法解释对象都是确定刑法具体含义予以适用的问题,原则上应当是司法解释的对象,立法解释在自2005年之后沉默多年,2014年如此爆发而没有特别说明,很可能是"刑事立法解释权对司法权的侵夺"。①

所以,要通过法律解释来基础性地扩张"国家规定"的有关种类的外延,只能寄希望于立法机关行使其确定法律渊源范围的最高权力,进行立法解释。

---

① 林维:《刑法解释的权力分析》,中国人民公安大学出版社2006年版,第380页。

2. 全国人大常委会可以出台立法解释,规定国务院承认部门规章的效力

全国人大常委会可以出台立法解释规定,通过国务院发布的决定承认的部门规章是《刑法》第96条规定的"国务院发布的决定"。《立法法》第69条规定,行政法规的决定程序依照《国务院组织法》的有关规定办理。《国务院组织法》第4条规定,国务院会议分为国务院全体会议和国务院常务会议。国务院工作中的重大问题,必须经国务院常务会议或者国务院全体会议讨论决定。第5条规定,国务院发布的决定、命令和行政法规,由总理签署。所以国务院此类决定的出台要求是,批准程序上经国务院常务会议或者国务院全体会议讨论决定;发布程序上要以国务院的名义发布,也就是由国务院总理签署发布。需要注意的是,对于以"国办发"名义转发的部门规章,以及以"国发"名义发布的决定认定的部门规章,是否能认定为国务院"发布的决定"甚至"制定的行政法规"的问题,应当根据立法实践的发展而实事求是地认定。如《计算机信息网络国际联网安全保护管理办法》是在1997年由中华人民共和国公安部令(第33号)发布施行的(内含"已于1997年12月11日经国务院批准"),但却在2011年被《国务院关于废止和修改部分行政法规的决定》(国务院令第588号)认定为"行政法规"。对此,应当认识到,《立法法》是在2000年公布施行的,所以之前经国务院批转,即使不是以国务院名义(如"国发"、"国办发"字样)转发,也应当认定为"国家规定";但《立法法》实施后,不以国务院名义发布也就是没有"国发"字样,即使有内设机构的"国办发"字样,也不得认定为"国家规定",正如全国人大内设机构法工委的答复不能认定为全国人大常委会的立法解释一样。《国务院关于取消第二批行政审批项目和改变一批行政审批项目管理方式的决定》国发〔2003〕5号就以打包规定的方式认可了部分部门规章。①

3. 全国人大常委会可以通过决定,提升部分部门规章为其"决定"

全国人大常委会可以通过决定规定,全国人民代表大会常务委员会制定的"决定"包括"附件"中的部门规章。其实立法解释就是全国人

① 蒋铃:《刑法中"违反国家规定"的理解和适用》,载《中国刑事法杂志》2012年第7期。

大常委会通过的决定，是“改头换面的决议或者决定”，[①]只不过其指向特定的法律条款及其关键词。这样的决定中的第一批附件可以专注于网络法律领域的部门规章，这是信息时代急需扩容的“国家规定”。此类形式也符合立法发展的需要，将打破现行立法实践中法律只对行政法规进行“升级”、行政法规只对部门规章进行“升级”的常规。刑法在附则中通过附件列单的方式对一批法律完全废止或者关于刑事责任的规定予以废止。这是在新形势下对一批法律的效力进行否认，而现在要发展的形式是对规范的效力进行确认、升级，这也符合权力机关对行政机关的监督的原则。再如香港基本法、澳门基本法中都通过附件对在特别行政区实施的全国性法律进行列单。当然其区别是，对象是否为法律，但通过决定，就已经在程序和效力上等同于升格为法律。需要注意的是，这种决定的实际效用并不等同于通过刑法修正案对《刑法》第96条进行修正，将所有部门规章明文纳入“国家规定”。首先，在形式上，总则明文未改；其次，实际上并非所有部门规章皆可视为刑法上的“国家规定”。

总而言之，面对非法经营罪的不断扩张适用，应当首先对其中心词“经营”通过整个法规范体系的实质要求来限定其为中性，以维护其立法保护市场秩序的目的；然后对其“非”的“法”进行具体确定，以贯彻罪刑法定原则于空白罪状。但在信息时代，这里的前置“法”显然不足以司法适用，这倒逼着法律解释特别是司法解释以解释法律之名，行类推“国家规定”至准“国家规定”之实。追本溯源，应当充分利用法律解释中的立法解释机制，确立合法有效的国家规范升级机制，将国家的部门规章提升为刑法总则中的限定的“国家规定”类型。这也是解决信息时代网络立法处于“初级阶段”的一种基础性立法制度创新，为信息时代的刑法适用夯实了罪刑法定主义的基础，合理地呼应了打击信息时代层出不穷、不断变异的犯罪的社会保护目的。

---

① 林维：《刑法解释的权力分析》，中国人民公安大学出版社2006年版，第358页。

CHAPTER 07 >>

第七章

大数据背景下知识产权侵权行为的网络异化与解决思路

一、云计算与知识产权

阿尔文·托夫勒(Alvin Toffler)在论著《第三次浪潮》中把人类历史归纳为三次浪潮:农业文明、工业文明、计算机文明。阿尔文·托夫勒认为,由于新技术浪潮的出现,发展中国家可以重新和发达国家站在同一起跑线上。在同样是阿尔文·托夫勒所著的《权利的转移》中,作者指出:"历史的加速变革是不以变革的实际方向为转移的,它会带来它本身的影响,时间的简单加速和反应时间会产生它自己的影响,不管这种变革被认识是好的还是坏的。"

作为第三次浪潮的计算机文明也有其发展演变的过程:大型计算机——小型计算机——个人计算机——客户端—服务器端——IP 网络——移动设备——云计算。我们正在迈进云计算的时代。

(一)云计算概述

云计算的基本原理是通过网络连接交换分布的大量的计算机,按照用户的需求提供海量数据运算能力和信息交换服务,这种服务不需要用户本地计算机来实现,而是用户通过高速宽带访问云计算服务器来实现的。云计算分为公共云、私有云和混合云三种模式。私有云指的是其相关的网络、计算及其存储等设施都是某一个机构所独有的,不与其他机构分享其云计算服务。私有云还有专用云、团体云及托管云三种模式。

现今社会,光纤网络已经非常普及,这使得阻碍云计算发展的最后一个障碍——网络带宽问题——也得以解除,云计算的应用已经不存在技术方面的"瓶颈"。

方便宜用与成本降低,也就是我们所说的物美价廉,不论是个人用户还是集团用户都将其作为追求的终极目标。而现今的计算机应用模式对比云计算可以说是一种极大的浪费:每台计算机上几乎都会购买安装必要的操作系统和常用的软件并将其不断地升级或更新,而我们平时使用到的应用可能只有其功能很小的一部分,但我们却必须购买全部的功能,因为我们未来有可能使用到。我们的计算机拥有的运算能力更是显得极大的浪费,为了对付偶尔出现的计算峰值,我们不得不配置相应的计算芯片,而其运算能力的很大一部分则必将长期处于闲置状态。而云计算技术可以很好地解决这一状况。它可以使我们在信息资源运用上达到最高层次——按需使用。这一方面可以解决资源闲置浪费的问题,另一方面,也可以最大限度地降低使用成本。我们也许只需要一台不是多么高端的电脑和一个网络浏览器就可以了,所有的应用都像用自来水一样简单:需要多少就作用多少,支付像自来水一样的价格就行了。

1. 云计算的特点

分析云计算的特点有助于我们理解云计算所拥有的优势。

(1)浏览器应用

用户终端只须能加载网络浏览器,即可访问云计算应用。浏览器可以在不同类型的设备上作用,包括各种移动设备。互联网的大众化应用使得我们对浏览器的使用也越来越熟练,对于通过浏览器访问应用云计算已经不需要经过专门培训,普通的用户也可以容易地进行云计算应用。而这种浏览器只须具备最为简单的功能即可,因为一切可能需要的功能都能通过云计算来获得,如此一来,用户终端就不必在硬件上投入很多,可以最大限度地减少云计算用户的初期投入。

(2)高速宽带接入

网络传输速度是云计算应用的一个必要条件。网络带宽曾经是云计算发展应用一个最大的阻碍,但如今宽带接入已经十分普及,就算是移动终端的网络接入速度也已经大大提高，这为云计算的应用解决了技术上的障碍。通过高速宽带，云计算的各种应用都可以通过高速网络来实现，包括应用程序、大容量云端存储等都不再是问题。

(3)服务器集群

通常云计算用户都需要云计算服务商提供庞大的计算能力、充足的存储空间等较为极端的要求，这就需要数量庞大的服务器集群，而这些服务器可能分布在不同的地域，甚至不同的国家，它们通过网络连接提供给用户不同的服务内容。

(4)弹性服务

云计算应用的终极目标就是像我们平常用水用电一样的公共化服务，需要多少就用多少，用多少就付费多少。我们用水用电也是一样，就像一个家庭，晚上的用电量可能比白天多出很多，一天的用电量分布极为不平均。云计算用户也存在这样的问题，可能一年中极端的计算能力我们只需要一次或几次，可是如果没有云计算，我们就只能把高价购买的设备闲置起来。云计算就解决了这样的窘态，数据的存储也是这样，不能为了偶尔的存储高峰而投入大量的资金来投资存储设备，这和云计算的高效用低投入相比是不能令人接受的。

2. 云计算的优势所在

(1)低成本高效率

相比传统计算模式，云计算最大的优势体现在成本上。一是设备成本低。云计算用户不必过于在意他们的硬件设备、软件等是否高端，一般情况下，他们只需要保持一定标准的网络带宽就完全可以进行正常工作。二是运行和维护成本低。如果不存在过多的和过于高端的设备，也许就大大减少了设备维护成本和人力成本等不必要的开销，大大降低了未来成本。这对于企业来讲，可以方便灵活掌控。比如企业的成立初期或困难期，完全可以根据需要减少云计算的使用来节省资金，而传统的计算模式则不可能有这种情况，一旦设备投入就变成了企业固定资产的一部分，处理起来很不方便。

(2)灵活性强

一是多重模式。包括软件服务、平台服务、基础设施服务。二是可扩展性。云计算可以提供近乎无限应用的扩展服务，包括计算、存储等等各个方面的服务。三是资源优化。终端用户可以按自身需求使用计算资源,且可以释放多余计算资源,利于社会资源的合理使用。四是使用即付费。云计算的运行模式就是像公用产品一样,以较低的价格成为大众化的日常消费行为,比如我们日常的用电用水行为。

云计算的特点使得用户可以以很小的成本就可以立即获得超级计算机的处理能力,这为中小企业提供了一种新的解决模式,这在以往是根本不可能的事情:超级计算机的拥有或租赁使用以前可以是具有超强实力的企业才可能去做的事情。

(二)云计算改变企业

云计算对于企业的影响是显而易见的,它能给企业带来积极的一面,但同时也会产生一些问题。

1. 云计算对企业的影响

在如今这个信息化时代,一个企业如果没有融入信息服务应用,那就不可能生存下去。同传统的信息服务相比,云计算有着不可比拟的优势。但是,不同阶段、不同层次的企业有着不同的信息服务需求。我们有针对性地来分析一下云计算对不同的企业所产生的影响。

(1)个体工商户

相比传统信息服务应用,云计算对于个体工商户来讲似乎并没有多少竞争力。个体工商户的信息应用基本上传统信息服务都能满足,而且对个体工商户来讲,并没有什么极端的信息服务需求,这就使得云计算在个体工商户那里好像并没有什么优势可讲。但事实上,个体工商户在传统的信息应用中获得的服务都可以在云计算中实现,而且,一些常用的软件服务几乎是免费提供,如果要使用更强的功能或者额外的功能只须付出一定的费用即可,这对于小本经营的个体工商户来讲无疑极具诱惑力。

(2)创业及成长型企业

企业在创业初期或者成长阶段一般存在较大的资金压力,但是对于企业来讲,信息保障能力也是保证快速成长的关键因素之一,但此阶段的企业如果配备完整独立的传统意义上的IT机构,将是一笔巨大的投资,这对于企业的压力是可想而知的。如果摆脱传统的IT模式,引入云计算模式,则不仅可以保证企业对于信息服务应用的需求,也可以在很大程度上缓解资金压力,这样就可以在企业成长期或者创业阶段把资金运用到更需要的地方去,最大限度地体现出投资回报率。

(3)中小型企业

在现阶段看来,中小型企业是云计算最有可能的使用者,也是最有潜在需求的用户群。中小型企业的特点就是规模较小,但是对于数据使用的安全性和保密性并不会低于大企业,其IT部门一般规模较小,设备更新速度及规模相对于大型企业来讲也可能会差很多。这在一定程度上会加快其对云计算的渴望,所以我们可以把中小型企业看做使用云计算的先锋。

(4)大型企业

很多成熟的大企业往往有自己完备的IT部门,因为这对于提高市场竞争力是十分重要的因素,一些实力雄厚的大型企业甚至还有自己的高端计算设备。对于这类企业来讲,对于云计算的需求也许并不是那么迫切,因为它们相对于小企业来讲一般不存在资金问题,而且采用企业自身的IT设备也会在数据的安全性和保密性上不那么令人担忧。此时云计算的优势也许就在于可以帮助企业优化数据冗余、及时更新信息以保证企业的竞争优势。

2. 企业采用云计算可能会产生的问题

总体来讲,企业采用云计算会有许多的益处,但也存在许多令人担忧的地方。其中最重要的两个方面就是安全性和隐私保护问题。

(1)安全性

作为一种新的信息服务应用模式,云计算相对于传统IT部门来讲在安全性上还有许多不确定的地方,如网络安全、数据安全。基于这种情况的存在,企业的管理部门对于采用云计算模式存有一定的担忧就有情可原了。

(2)隐私保护

基于云计算是个新兴产业,也是个新兴事物,现阶段对于云计算隐私保护的法律规定还不完善。一方面,而且云计算服务商提供的服务是否会侵犯现有的有关隐私保护的法律规定还不明确;另一方面,对于企业对于隐私保护方面的不同的要求能否满足也并不能保证。因此,隐私保护问题还值得有关部门、国家甚至国际组织进行协调。

(3)地域政治因素

云计算的特点也决定了其可能采用的全球化模式,即数据存储、转移等方方面面都是可变的,可能是跨地域的,甚至可能是跨国家的。此种情况就可能因为地域政治的因素牵涉出一系列问题。据美国科技网站 ZDNet8 月 11 日报道,谷歌公司已承认,它根据美国“爱国者法案”的规定,把欧洲资料中心的信息交给了美国情报机构。ZDNet 网站的消息表明,谷歌公司是继微软之后,又一家坦承因为爱国者法案的影响,导致欧洲的云端资料有风险的公司。谷歌这么做,是因为美国情报单位要求谷歌交出储存在欧洲资料中心的数据。这两家美国公司的表白,证明欧洲的资料已不安全,如果欧洲本地的子公司与美国总部有关联的话,就可能会受到美国的检查。在此之前,谷歌公司遵照美国法律,已经许多次接受这样的要求。① 此种情况表明,地域政治可能会对云计算的全城化发展起到十分消极的作用。云计算的特点使得其生存在很大程度上依赖于全球性政策的一致性和中立性,如果对于云计算产业的控制背离于云计算的基本理念,那么云计算的运行和服务是不可能顺利完成,也无法保障其在安全性和隐私保护方面的要求。

(4)稳定性

企业对于云计算应用的一个基本要求就是其要具备基本的稳定性,要最大限度地避免出现灾难性或不可恢复的后果,比如严重的故障发生。所以,云计算服务商应该具备完善的风险防控及数据恢复能力,不能使企业承担额外的风险。

(5)经济效益

经济效益是企业是否采用云计算服务模式的一个关键因素,对于企业来讲,这是很直观的态度,投资回报率决定一切。一般来讲,云计算模式采用随用随付、用多少付多少的模式,但我们必须从短期和长期资金的投入情况来评估采用云计算模式的经济效益,如果其相比传统信息服务模式在经济上没有较大优势的话,对于企业来讲就没有存在的价值了。

---

① 董子凡:《谷歌承认把欧洲资料交给美国情报机构》,载 http://www.stdaily.com/kjrb/content/2011-08/16/content_337738.htm,2015 年 6 月 10 日访问。

（三）企业云计算面临的知识产权困境

企业进行云计算应用的最主要的目的就是使用云计算技术来处理信息并产出所希望的成果并加以应用。企业在应用云计算的过程中不可避免地形成一些特定的信息或者数据，对于这种信息所有权的归属、分配以及保护在实践中较为复杂。

1. 信息所有权

在云时代中，信息的收集、管理和运用对现代企业而言尤为重要，在实践中，企业通常也更倾向于认为这些信息是属于自己的。[①] 而此类信息往往经过人的智力加工，并非“天然”的产物，所以，我们可以认为，这种信息是属于知识产权客体的范畴。[②] 我们在此只分析涉及知识产权内容的信息所有权的保护。

（1）商业秘密的保护

对于云中大部分的企业信息，不论是否处于知识产权保护的范围，就其性质来说都应当具有保密性。TRIPs 协议对此也做了最低保护标准的规定，该信息由于其秘密性而具有了商业价值……不为大众所知，或者在同一圈子经常处理该类信息的人也不易于获得这一信息。但在目前的实践中，企业对于云计算应用过程中私有信息产生泄密可能性的担忧不可避免地存在于大部分企业中。最主要的原因就是这些信息处于虚无缥缈的“云”中，处于企业自身的“不可控”的状态。不论是处于技术上的漏洞或者是云计算使用者的毫无理由的担心，这些信息都还是存在一定程度泄密的可能性。

（2）数据库中的知识产权的归属

知识产权是云计算应用过程中企业要面对的最主要的一种财产权。其中版权以及欧盟地区的数据库权最具在代表性。云中的很大一部分信息都会纳入版权或者数据库权的保护范围。

例如，数据库是由 A 公司创造，由 B 公司录入，如果这样的情形发生在欧盟内部的两个国家之间，那么，根据欧盟规定可能确定此数据库权合法存在。但如果服务器设在美国，情形则有所不同。根据美国的相关法律，若数据库中没有创造性的内容，此数据库将不会受到保护。

---

① 金华、陈平凡等：《云计算法律问题研究》，法律出版社 2012 年版，第 272 页。

② 理论界对于“信息”是否为知识产权的客体还存在一定程度的争论。

2. 数据保护中的网络管辖权

在云计算不断发展壮大的今日，网络用户的隐私和数据保护问题越来越受到重视。欧洲早在1995年就发布实施了《数据保护指令》，旨在保护数据跨境传输的安全和自由。亚太经合组织各国也同意建立一套保护规则以应对数据安全的严峻形势。许多国家也开始加强对数据的立法保护力度，但由于国家和地区的差异性，在数据保护立法上也有许多差异性，由此不可避免地带来一些管辖权的冲突和摩擦。这种管辖权冲突对于数据流通来说会起到阻碍作用。对于企业来讲，网络管辖权冲突将大大影响其电子商务交易的流畅度甚至成败。而争议解决的管辖法院也可能对企业可能面临的诉讼结果产生潜在的影响。

(1)数据管辖权的确定

就数据保护方面的问题在实践中很难得到立法的适当保护，因为其数据立法在现实中远没有起到期望的执行效果。一般的数据保护立法中的相关概念规定的较为宽泛，使涉及网络数据处理的行为都在其规定的范围之内，这就更容易在跨区域的管辖中引起冲突，大大增加了企业电子交易的成本。

在现实中，网络中数据的跨区域传输的次数可能会达到天文数字级别，很明显数据保护法的执行比例可以想象的相当低。政治层面可能是造成这种状况的重要因素。在此类情形中，对于数据的保护可能是出于适用的考虑，而实际不具有可操作性。大体上来讲，目前各国对于数据保护管辖权的立法规定普遍过于宽泛，尽可能地扩大适用的范围而较少考虑其执行中的可操作性。

(2)数据管辖权中存在的主要问题

对于立法中对相关法院管辖权的确立主要的合法性和合理性的依据一般是相关行为与管辖法院之间存在某种联系。这种联系就目前立法情形来看主要有以下几点：数据控制主体所在地；数据的存储和处理地；不法行为发生地；数据主体住所地；利用信息记录程序等技术进行数据处理所在地等。①

这其中有很多的问题还很不明确或者说很难有效解决。比如说对

① 金华、陈平凡等：《云计算法律问题研究》，法律出版社2012年版，第62页。

于数据保护主体的概念就较难准确地进行定义。对于数据的存储和处理地来说,也有可能多个地区同时在进行同一数据主体的存储和处理活动,这种情形也很难确定管辖权所在地。对于不法行为发生地来说,由于网络传输的复杂性,极有可能存在若干个不法行为发生地,那么也可能每个发生地的法院都会有管辖权。

由此可以想象的到,网络管辖权的确定在云计算背景下面临着极大挑战。现今建立在属地原则、属人原则、保护性原则等管辖权原则下的网络管辖权规则都不能适应所有管辖权确立问题的需求。

(四)涉及云计算知识产权的现有规范

分析现有涉及云计算的法律法规有助于我们找出不完善的地方并提出更加合理的制度。

1.美国的相关规定

美国涉及云计算的法律法规有很多,以下两个法案具有代表性。

(1)美国爱国者法案①

美国爱国者法案可能是最有争议的一个涉及云计算的法律了。爱国者法案最核心的思想是针对数据的物理位置及服务商所带来的管辖权。爱国者法案允许美国政府可以访问电子信息。早先存在的国家安全调查令(NSL)也因此使其范围大大延伸。《爱国者法案》第215节规定"……对美国个人的此类调查并不仅限于依据宪法第一修正案所保护的个人行为,此类调查可对任何有形实体(包括书籍、记录、论文、文档和其他项目)的产品进行调查,以抵御国际恐怖主义和暗中从事的情报活动"。如上文所述,这些规定已经在现实中阻碍了数据的跨境流动,对于企业从事云计算服务是一个很大的不利因素。

(2)电子通信隐私法与联邦信息安全管理法案

美国的电子隐私法(ECPA)对于电子通信服务商和远程计算服务提供商是区别对待的,联邦信息安全管理法案(FISMA)只针对美国联

---

① 2011年10月26日由美国总统乔治·沃克·布什签署发布的国会法案。正式的名称为"Uniting and Strengthening America by Providing Appropriate Tools Required to Intercept and Obstruct Terrorism Act of 2001",中文意义为"使用适当之手段来阻止或避免恐怖主义以团结并强化美国的法律",取英文原名的首字缩写成为"USA PATRIOT Act",而"patriot"也是英语中"爱国者"之意。

邦机构,而对于州机构或者准政府机构开发、记录和实施的电子信息服务则并未强制要求。这两部法案对于企业的云计算应用都有一定的影响。

2. 欧盟指令——个人数据保护审核框架(95/46/EC)①

早在1980年,欧洲议会就完成了有关保护个人资料的《保护自动化处理个人资料公约》。1995年,欧盟通过了《个人数据保护指令》;1997年通过了《电信事业个人信息处理及隐私保护指令》;1998年10月,欧盟制定的《网络私人资料保护办法》开始生效。

欧盟与美国法律对于个人隐私的概念有着不同的理解。隐私权在欧洲被视为基本的人权,所以对于个人数据的处理十分慎重,满足欧盟指令是最基本的要求。也就是说,有关机构要处理个人数据的话,就要在同时满足国家法律与欧盟指令的条件的情形下才可能进行。

欧盟指令的目标包括:(1)通过在欧盟各成员国间确立统一的个人数据保护规则,建立一个协调保护机制,促进欧盟个人数据自由流通;(2)防止由于第三国的保护不足而导致对个人数据的滥用。各国依据指令进行数据保护立法。

欧盟指令也对数据控制和数据处理作出了区分,这两种情形将会区别对待,有着不同的处理规则。欧盟指令中对于云计算影响最大的一条规定是对个人数据传输到欧盟以外的国家和地区进行限制。这种规定很大程度上是为了防止相关机构通过这一途径规避欧盟法律。

3. 国际组织的相关规定——APEC隐私框架②

APEC隐私框架是亚太经合组织以经合组织指南为主要参考,争取在个人信息保护与信息的自由流动之间保持平衡。该框架已经于2004年11月在APEC领导人峰会上最后通过。

APEC隐私框架的目标是保证亚洲和太平洋地区在各种各样的成员国期间信息自由流动,促进亚洲和太平洋地区电子商务的顺利进行。由于电子商务与资料保护密不可分,注重保护个人隐私的APEC隐私框架也为电子商务企业提供了一个保护模式。APEC隐私框架中十大原则中的避免伤害原则、告知当事人原则、限制收集原则、当事人同意

① Personal data protection audit framework (EU Directive 95/46/EC).

② APEC Privacy Framework.

原则、责任原则等都是企业云计算知识产权保护中不可缺少的原则。

4. 我国《反垄断法》中的规定

我国《反垄断法》第55条规定："经营者依照有关知识产权的法律、行政法规规定行使知识产权的行为，不适用本法；但是，经营者滥用知识产权，排除、限制竞争的行为，适用本法。"这样的规定可能过于原则，我们在现实中不好明确区分正当的权利行使行为和滥用知识产权行为。这其中很大的原因也许是法律没有明确的定义规定什么是滥用知识产权的行为。因此，我们也较难认定知识产权领域的反垄断违法行为。将《反垄断法》适用于云计算领域并没有使得这样的问题简单化，相反，诸如此类的界定问题将会使其在云计算知识产权领域中的适用变得更加困难。如果处理不当，将会对云计算的发展产生阻碍作用。

对于企业来讲，企业自身无法掌控云平台上的应用服务，他们有理由担心用户数据和完整性、访问控制、可恢复性等要素以及安全漏洞问题。因为企业对安装在企业之处甚至地理区域之处的云计算进行检查的可能性及可行性非常的小，所以，这种担心是理所当然地存在的。

《反垄断法》对于知识产权滥用的规定也有不足。其规定了知识产权实施的过程中，根据经营者滥用知识产权排除、限制竞争行为的性质和表现形式，分别或者同时构成垄断协议、滥用市场支配地位或经营者集中，此种形为并不是一种独立形态的垄断行为。

(五)云计算知识产权保护的应对思路

云计算技术的复杂性对现有的知识产权保护制度提出了挑战，我们有必要分析现有制度并提出合理的解决方案。

1. 著作权保护

云计算服务交付模式通常公认为SPI模式，即软件即服务(SaaS)、平台即服务(PaaS)、基础设施即服务(IAAS)。

(1)软件即服务模式

在此模式下，企业并不购买软件，而是通过订购或者随用随付模式，相当于租赁软件。有些情况下，服务是免费的，但软件的使用有局限性。这种模式对企业的好处包括典型的服务通常并不需要任何硬件就能在现有的网络框架下运行。企业可以把应用程序的管理运营外包给第三方，可以降低软件许可、服务器以及其他设施的开销和相应的维护人员的费用等。

在此种情形下,云计算服务商提供的软件或信息就当享有版权或者取得原版权人许可,可以向用户提供服务。用户在付费使用云计算服务商提供的软件进行操作过程中会形成一定的信息或者计算成果。这其中涉及的信息或计算结果可能会被纳入云计算服务商的数据库中,供下次云计算使用。此时涉及的版权归属企业应当事先和云计算服务商在服务条款中约定,明确各自在版权中享有的地位和权益。

(2)平台即服务模式

在此种模式中,服务商为企业提供开发环境,开发人员可以自主开发程序并通过服务提供的平台为企业服务。PaaS 系统可以使企业在启动阶段无须购买并搭建服务器而获得基于网络的大型应用服务,不仅避免复杂性工作也大大削减了开销。

由于服务商之间的相互竞争,为了使软件运营能够广泛应用,平台运营商往往会开发一部分的软件接口(API)供软件开发人员或用户开发更适用的应用软件。在这种情形下,服务商为了谋求自身利益的最大化,往往会通过事先协议的方式对开发出的软件所有权作出某种限制。相反的,软件开发者也会对抗这种限制以保护自己的权益。如果不明确此种软件权利的所有权归属,也会导致其他用户在使用软件时不知如何付费。企业如果要保证自己的此种权益不被不合理地侵犯,就要在事前协议上明确开发软件后所有权的归属。

(3)基础设施即服务模式

在此种模式下,企业可以按使用方式和规模付费,并可以在总需求增强的时候扩充运行能力。

在此种情形下,云计算服务商提供的仅仅是企业所需的仪器设备,但是企业在使用过程中不可避免地会产生使用数据。这些数据可能会被处于上升期的云计算服务商加以利用并投入到下一次云计算服务中去,这也是云计算服务商为了获取更多的网络资源和更广泛的用户群而扩展和完善自身的硬件设施所常用的方式。在过程中出现的权利归属问题,云计算服务商多采用模糊的方式来订立协议以规避风险。作为企业用户应当在服务协议中明确此种情形下权利的归属,以避免产生权利纠纷。

上述云计算服务中出现的问题说明,知识产权所特有的排他性原则在云计算中表现的不是很明显。其中的操作方法、软件创意、设计等智力成果直接影响到此后的复制、传播等应用,但由于版权的不明晰,使得此种版权保护和应用受到很大的限制,而针对此种案件的司法裁判也可能没有明确的依据。

2. 专利权保护

云计算中涉及专利权保护的客体可以是硬件也可以是软件。云计算技术中的硬件设备是保证云计算稳定安全运行的前提。云计算硬件设备的专利保护与传统专利保护无异,并不能体现云计算技术中知识产权保护的特殊性,对传统的专利体系影响不大,所以本书不讨论云计算技术硬件的专利保护问题。云计算软件方面的知识产权保护则与传统计算机软件保护有着显著的不同。

(1)基于云计算计算方法的专利保护

云计算最大的优势就在于为用户提供一种解决方案,这种解决方案是基于大运算量、大存储量等以往个人计算机甚至小型服务器不能处理的基础上的。所以,优良的云计算计算方法是保护云计算顺利、安全地完成任务的保障。

(2)基于云计算解决方案的专利保护

如上文所述,云计算解决方案是解决用户问题的一种方法,这种方法可能不仅仅是云计算服务商拥有全部权利,它可能是通过上一次用户的作用后产生的创新成果运用到下一次用户的解决方案中,现实中可能会存在对这种解决方案的权利纠纷,所以对云计算解决方案的专利保护也是一个难题。

云计算技术中的专利保护可能不止上述两种模式,从专利保护的层面出发,结合云计算技术的特点,应该从下列几个方面入手:

第一,适当加大专利保护的范围。

软件受专利保护的历史相比传统专利保护的历史要短得多,这是近代计算机技术发展的结果。而云计算技术的不断发展也应该使一些本没有受保护的一些云计算的计算方法和解决方案等有明显的创新内容纳入到专利保护的范围。这不仅是对创新思想的鼓励,也是知识产权保护制度的初衷。

第二，制定合理的专利权分配规则。

如果关于云计算的一些创新内容被纳入知识产权保护范围，则对相关权利的分配也是一项重要的工作。特别是在用户和云计算技术服务商之间的权利分配显得至关重要。合理的专利权分配规则有利于保护权利人的创新思想，提升云计算服务商和用户的积极性。

二、大数据与知识产权

大数据是随着云计算、移动互联网和物联网的不断发展应用产生的一种网络产物。在网络突破带宽、费用等发展"瓶颈"进入高速发展阶段就会爆炸式地产生海量数据，这种数据的产生速度、产生数量实在是太大了，与以往的数据有着天壤之别，因此称为大数据。大数据自产生起就不断引起人们的注意，人们逐渐认识到大数据当中存在的无穷无尽的商业价值和其他可以利用的价值。

（一）大数据的产生

大数据的产生有着特定的技术背景。网络技术、计算机技术等软件与硬件水平的不断发展为大数据的产生及应用提供了最为直接的条件。

1. 数据生成

数据产生的速度是随着技术的不断发展而发展着的，也就是说，人类技术水平发展越高，数据产生的速度也越快。根据 IBM 公司的结论，现在世界上存在的数据其中有 90% 是近两年产生的。[①] 这种爆发式的数据增长一般认为是基于移动网络设备的普及而导致的。现代社会基于移动互联网的智能手机、平板电脑、各种传感器等终端设备在运行的过程中会自动地产生大量的以个人为中心的位置信息、社交信息等相关的数据。从人类技术发展过程来看，数据的生成模式可分为三个阶段：一是计算机时代的数据被动记录阶段。二是网络时代的数据主动生成阶段。三是大数据时代的数据自动生成阶段。在第一个阶段，计算机技术的发展使电子数据库被广泛使用。这个时代由于计算机基本上是以独立的个体在运行，因此数据是由人们主动输入计算机产生的，这种数据的产生过程是被动的过程，仅仅起到一种数据记录的作用。

① IBM. What is big data, http://www-01.ibm.com/software/data/bigdata/，2016 年 9 月 10 日访问。

在第二个阶段，网络时代的技术进步使信息传输变得非常容易，搜索引擎、电子商务等信息技术得到了广泛的应用。在这个过程中，诸如搜索信息、购物信息、在线社交信息等数据就会主动生成。第三个阶段即在大数据阶段，基于移动互联网的数据呈现爆发式的增长，数据的生成模式是一种数据的主动生成模式，这种主动生成模式一般是基于三个领域的数据来源：一是科学研究数据。现代社会的一些特定领域内的科学研究往往是在大量数据的基础上进行的，比如天文学研究需要大量观测数据、高能物理学的研究需要大数实验数据的支撑。这些实验数据的产生也是随着人类技术水平的发展而发展为海量数据的自动生成，比如大型的电子望远镜在观测的时候会自动产生海量的观测数据，对这些海量数据的分析结果是现代天文学不断发展的主要原因。二是商业数据。在网络时代特别是高速互联网时代，商业数据的海量产生也是大数据生成的重要源头。特别是电子商务等基于网络商业活动而自动生成的数据对一个国家乃至全球的商业活动的繁荣发展都起到了积极作用。三是网络数据。包括互联网、物联网特别是移动互联网而产生的海量数据是大数据生成的主要源头。这些数据是如此的复杂多样，搜索数据、社交数据、各种社会服务部门传感器自动记录的诸如交通数据、零售数据等海量的大数据都将影响我们的生活。

2. 数据获取

数据获取和数据生成是两种不同的概念，有着本质的不同。数据获取是将生成的数据以数字的形式进行一定程度的聚合，对将来的数据存储和数据分析做好准备。因此，数据获取的过程通常分为三个方面的内容：一是数据采集；二是数据传输；三是数据预处理。数据传输和数据预处理没有严格的次序，预处理可以在数据传输之前或之后。[①] 大数据时代的数据采集主要由网络爬虫、网络日志、传感器等方法进行，特别是网络爬虫可以在短时间内采集大量的数据内容。数据采集完成后将会被传输到数据存储设施，这个过程就是数据传输，这也是数据等待下一步处理的一个必需的过程。第三个方面的内容就是数据的预处理过程。这个过程的任务就是把采集的数据进行一个初步的加

---

① 李学龙、龚海刚：《大数据系统综述》，载《中国科学》2015 年第 1 期。

工,以适应数据存储和数据分析对于数据的质量要求,通常包括数据集成、数据清洗和冗余消除三个步骤。数据集成的作用是把不同来源的数据进行集中。数据清洗的作用是把数据集中过程中发现的数据缺失、数据错误等情况进行修补。冗余消除的作用是对于重复或过剩的数据进行去除,最常用的技术就是冗余检测和数据压缩。数据集中、数据清洗和冗余消除能够大幅度提高数据的质量和体量,这对于数据传输和数据分析显得尤为重要,因为可以减少数据传输的时间、可以减少数据存储的空间、可以提高数据分析的准确性。这些过程对于减少不必要的额外成本开销非常重要。

3. 数据存储

数据存储是将获取到的海量数据进行存放的过程。大数据的存储是硬件技术的发展的产物,因为大数据级别的数据对于硬件的要求是非常高的。这些海量的数据在硬件技术没有解决之前可能会因为数据存储问题产生"数据灾难"。同时,数据存储的过程也需要相应的软件技术的支持,这其中最为重要的就是数据库技术。数据库技术在几十年的发展应用中且针对大数据的特性进行了规模上和数据多样性的提升,以适应大数据海量化和多样性的要求。

4. 数据分析

数据分析是在海量数据的基础上借助于一定的计算方法对数据进行运算,根据应用模式得出一定的运算结果。根据商业应用、网络应用、科学应用等目的,大数据运算结果可以是规则性分析结果、预测性分析结果、描述性分析结果等不同的类型。规则性分析着重于在一定规则范围内给出最优化解决方案,有助于决策部门的决策制定,提高决策效率。例如,2016 年 10 月 13 日,"杭州城市数据大脑"项目正式启动。"城市大脑"正在进行的第一个项目就是"智慧交通"。原来杭州的道路监控、红绿灯等设施每天产生海量的数据,没有发挥应有的价值。通过政府有关部门开放交通领域的相关数据,运用云计算的强大处理能力,制定出一整套优化方案。"城市大脑"项目 9 月在萧山进行了初步试验,道路车辆通行速度平均提升了 3% ~5% ,部分路段提升了 11% 。[①] 预测性分析

① 《智慧城市需要大数据　杭州启动城市大脑项目》,载 http://news.xinhuanet.com/info/2016-10/16/c_135757707.htm,2016 年 9 月 10 日访问。

是根据现有的数据内容分析出将来最有可能出现的结果。预测性分析在商业领域尤其重要,它可以根据人们以前的购物数据分析出将来可能需要的商品,进而进行有针对性的推送。

(二)大数据对知识产权的影响

人类文明延续至今,经历了农业经济时代、工业经济时代而如今已经进入知识经济时代,知识产权作为知识经济环境下最为活跃的新兴权利,极大地推动了知识经济的发展和整个社会的进步,然而由于知识产权本质上属于无形的精神财富,较之有形的物质财富,其更容易被不法行为所侵害。信息技术推动了知识经济的发展,是知识经济的重要组成部分。然而,技术总是中立的,信息技术的发展同样给知识产权的保护带来了难题。传统的知识产权侵害仅限于现实环境下的物理性接触,但信息技术使通过网络对知识产权进行虚拟的接触成为可能,这在有利于知识产权的应用和传播的同时,也带来了脆弱的知识产权更容易被侵害的客观现实。①

在大数据时代,人们在硬件和软件领域的革命性的技术进步,如存储、传输技术的发展使海量数据的采集、传输有了可靠的保证,运算方法的发展使得海量数据分析成为可能,这些对于大数据的产生和发展起到了至关重要的作用。大数据在采集、传输、存储、分析过程中对于知识产权的影响可以从两个方面进行分析:一是大数据对于知识产权的促进作用;二是大数据与知识产权的冲突。

1. 大数据对于知识产权的促进作用

大数据的发展壮大离不开互联网平台,因此有必要从网络和大数据两个方面分析对于知识产权的促进作用。

(1)网络与知识产权的天然契合性

传统的知识产权的行使主要通过智力成果的传播过程实施,比如著作权的行使主要是作品通过出版印刷进行传播,只有通过传播过程,作品的价值才能得到体现,社会公众享受到了精神财富,作者也得到了一定的收益,但是这种传播过程都不可避免地要通过有形的物质载体来进行,而不论是何种物质载体。因此,传统的智力成果传播过程不能

① 于志强:《我国网络知识产权犯罪制裁体系检视与未来建构》,载《中国法学》2014 年第 3 期。

摆脱物质载体的束缚。互联网的发展壮大为智力成果的传播提供了一个全新的方式,即网络传播方式,这种方式可以摆脱传统传播方式依赖于物质载体的限制,在互联网的广阔空间里将智力成果瞬间传向全球任何一个连接网络的地方。网络的这种传播方式在智力成果的复制传播方面相对于传统传播方式可以说几乎为“零成本”,因此,网络技术的出现,不但改变了人类的生活方式和社会经济发展模式,而且对当代各国的法律制度提出了挑战。正是在这个意义上,人们赋予知识产权制度以鲜明的时代技术特征,将其称为“网络知识产权”。[①] 所以知识产权客体的无形性与网络空间的虚拟性具有一种天然的契合性,这种天然的契合性对于知识产权的发展有极大的促进作用。

(2)大数据对于知识产权的促进作用

大数据时代是在网络时代、信息时代的基础上发展而来。大数据时代正在催生的最大技术变革,是重新构造互联网。20 世纪 90 年代,互联网进入大众的生活之后,人们开始在网上大建网站,网站的目的是信息的传播和分享,这个时代,很多人称为“Web1. 0”。随着技术的进步,21 世纪初,出现的推特、脸谱等社交网站,社交网站把基于互联网的交流、协同和互动演绎得淋漓尽致,被称为“Web2. 0”。但在大数据时代,信息共享、交流互动已经不再是最迫切的需求,数据的分析和整合才是最大的挑战,而这恰恰是万维网的“短板”。[②] “以前很难找到的信息和知识可以很快找到,这个历史时期,我们称为信息时代。但笔者认为:我们现在已经远远地超出了这个时代,我们正在跨入另一个全新的时代——新信息时代。”[③]Vivek Wadhwa 所说的新信息时代可以说就是大数据时代,从这个意义上说,网络时代就是“Web1. 0”,信息时代是“Web2. 0”,大数据时代可以称为“Web3. 0”。

在大数据时代,信息高度个性化是一种最明显的特征。也就是说,我们可以根据自己的需要“私人订制”适合自己需求的信息。这种信息

---

① 吴汉东:《论反不正当竞争中的知识产权问题》,载《现代法学》2013 年第 1 期。

② 徐子沛:《大数据 正在到来的数据革命,以及它如何改变政府、商业与我们的生活》,广西师范大学出版社 2012 年版,第 285 ~ 286 页。

③ Vivek Wadhwa, The New Information Age, See https://techcrunch. com/2011/04/10/the-new-information-age, 2016 年 9 月 10 日访问。

是针对自己的要求，经过数据采集、存储、传输、分析的过程由大数据的运算模式专门配送的个性化的数据信息。例如在网络时代，我们如果想要阅读刘慈欣的作品，可能要借助于搜索引擎进行搜索，但网页返回的可能是所有关于搜索内容的网页内容，然后我们还要进行人工筛选进行选择，因为这些返回的网页是通过网络爬虫抓取的所有关于搜索词条的结果，这些结果按照一定的规则进行排列。但很多网页并不是你想要的。在大数据时代，那么搜索返回的结果可能就是更加具有针对性的内容，刘慈欣的作品就会只包括他的作品，不会再有相关评论的网页、销售的网页、科幻迷们的网页等。你可以只在他的作品中选择喜欢的进行阅读。这样，作品的传播更加有针对性、传播速度更快。从这个层面上讲，作品的传播效率更高，对于知识产权的促进作用更加明显而有效。

2. 大数据与知识产权保护的冲突

大数据与知识产权之间的冲突最大的可能性存在于两个方面，一是数据共享，二是数据垄断。

(1)数据共享

大数据的基本前提还是在于数据，不管是数据的采集、传输、存储、分析等各个过程都需要有开放的数据源供人们自由使用。当然，数据的开放并不代表着数据免费，一些机构的数据在开放的过程中可以收取使用费。比如说企业的自有数据、营利性组织的私有数据等都可以以收费的方式向社会公众开放。数据开放是数据共享的基础，因此只有数据开放才能将数据进行有效整合，使数据的价值得以提升，最终达到一个数据增值的效果。在数据开放过程中政府部门起到重要的作用，因为各级政府部门在数据采集及存储等方面有着天然的优势，在政府正常运转的过程中掌控着种类完备、数量可观的数据资源，涉及经济社会各个领域。这些海量的数据分属于不同的政府机构，关联性较弱，缺少整合，不利于全社会综合利用，是一种极大的资源浪费。如果采用大数据技术，完全可以为政府部门提供条件进行社会公共服务革新体系的建设，对于整个社会都是有益的举措。还有企业自有的数据和社会组织私有的数据也都是数据开放和数据共享的源头。在大数据时代，数据自由地流动才能带来额外的价值，推动经济社会的进一步集约化发展。

在数据共享的过程中,知识产权的保护是一个重要的问题。知识产权具有垄断性,代表私权;数据共享则强调公开与共享,代表多数人利益,是公权的一种,两者难免存在利益冲突。数据生成者为捍卫私权,不愿分享和公开数据,或基于其他考虑,仅选择性地公开分享非重要数据。两者之间的冲突包括:数据共享性和知识产权专有性之间的冲突;数据分享无国界要求和知识产权地域性之间的冲突;数据更新速度快和知识产权时效性之间的冲突。[①]

(2)数据垄断

知识产权垄断行为一直都是世界各国重点打击的不正常竞争行为,比如发改委对于高通公司的天价反垄断罚单就是一个典型的案例。在大数据时代,数据共享是一个重要的前提,因为数据共享的需求,产生了互联网,因为互联网才产生了大数据。但出于商业、利益或其他层面的考虑,互联网中的数据被圈了起来,于是如今的大数据被各类商业机构占有、控制了,成了这些机构的资源、资产和核心竞争力,大数据的垄断与大数据的本质背道而驰,最终毁掉的是大数据的价值。[②] 比如滴滴出行和优步中国合并后,专家分析认为,两巨头合并后不仅占有绝对优势市场份额,而且有通过垄断大数据取得巨大利益的可能性。中国是世界上唯一给予网约车合法地位的国家,更是全球最大的网约车市场。目前,超过1500万的司机和3亿的注册用户已经加入滴滴社群。据权威报告显示,2015年滴滴出行订单总量达到14.3亿,相当于美国2015年所有出租车订单量的近两倍。在这个巨大的数据“蛋糕”中,个人信息、出行习惯、消费偏好、地理位置等数据资源一应俱全,利用先进算法进行挖掘,融入社交、电商等交易模式,其衍生价值难以估量。除此之外,还有相当一部分数据涉及国家信息安全。从可能性上看,合并既会造成从业司机和消费者议价能力降低、行业创新力下降,而且数据

① 邓灵斌、余玲:《大数据时代数据共享与知识产权保护的冲突与协调》,载《图书馆论坛》2015年第6期。

② 《大数据价值的再思考:“垄断与开放”》,载 http://blog.sina.com.cn/s/blog_4aa50b4d0102v1pu.html,2016年9月10日访问。

垄断背后的巨大暴利空间和信息安全漏洞也令人担忧。[①]

三、大数据时代知识产权保护的困境

大数据时代对于知识产权保护来说会带来很多好的方面，比如在大数据平台的基础上建立起知识产权的数据使用检测机制就可以更加有效地对网络知识产权进行保护，但是在大数据背景下，知识产权保护也不可避免地面临一些困境需要解决。

（一）大数据时代知识产权保护的困境

在大数据背景下，不同类型的知识产权都会面临着一些保护的困境。

1. 著作权保护的困境

著作权侵权在网络环境下本身就是较为常见的一种知识产权侵权行为。技术的进步进一步增加了维权的难度。著作权间接侵权的情形在实践当中发生效率很高。网络服务提供商往往利用避风港原则、红旗标准等极力规避自己的责任，使司法实践当中维护著作权人的利益变得十分困难。

2. 专利权保护的困境

对于专利权来讲，在大数据背景下判定专利侵权的难度可能会加大。比如如果根据一家企业所有公开的有关信息，根据大数据的特定运算方法进行分析，就有可能得出这家企业可能的研发方向和具体的技术细节等信息，就可以据此进行突击研发，然后进行抢先申请专利，这对于企业的研发过程是一种直接的打击。另外，如果一家企业已经申请专利保护，那么利用大数据进行分析也可以进行数据整合，然后可能形成一个与原专利相近的全新的专利技术，而且这种全新的专利技术在法律与技术上并不与原专利技术相冲突，这样，其他企业就可能用这种方式绕开原专利技术，这对于原企业来讲也是一种巨大的损失，而且就算把这种过程认定为是一种间接的侵权行为，那么在实践过程中界定侵权的难度也会变得相当困难。

3. 商业秘密保护的困境

对于商业秘密来讲，基本上都属于企业的核心机密，而且不适用于

---

① 段续、刘怀丕：《滴滴收购优步：大数据垄断尤当警惕》，载 http://news.xinhuanet.com/comments/2016-08/03/c_1119332161.html，2016年9月10日访问。

专利等保护方式进行保护，特别对于生产配方、工艺流程、技术诀窍、设计图纸等纯粹的技术信息更加不适合用专利的方式进行保护，主要原因就是专利保护的方式要求将相关的技术资料进行公开，这将会导致实践当中遭受侵权的风险太大，企业一般无法承受。如果根据企业已公开的相关信息，以大数据运算方式进行分析，是有可能获取企业秘密的一些内容，这对于采取商业秘密保护方式的企业来讲打击是巨大的。因为商业秘密是企业自我保护的一种方式，这种保护方式并不受到法律的保护，所以如果商业秘密遭到泄露，企业遭受到的损失往往很难通过法律的方式得到弥补。

4. 其他类型知识产权的保护困境

在大数据时代，还有许多知识产权的类型都可能由于大数据的背景而遭受损害。比如计算机软件、集成电路布图设计等都可能遭遇到保护的困境。最主要的原因就是知识产权数据在大数据时代更加容易获取，而且大数据的运算方法也会进一步加大知识产权侵权的风险，同时，侵权认定也变得更加困难。

（二）网络知识产权侵权行为的网络异化——以著作权间接侵权为视角

在实践中，网络知识产权最容易遭到侵害的类型就是著作权。由于网络著作权直接侵权行为在实践中发生较少，而且对于网络著作权直接侵权行为较容易定性和司法处理，因此间接侵权就成为著作权侵权行为中发生较为广泛而且司法实践过程中难以把握的一种侵权类型。

间接侵权是与直接侵权相对应的著作权侵权形式。在这种情况下，不法行为并未直接涉及受著作权保护的作品，但该行为为著作权侵权行为提供了便利条件，行为人自觉或不自觉地参与了侵权事件，从而对著作权人的合法权益造成了间接损害。这种侵权行为以他人的侵权行为存在为前提，是在原侵权的基础上扩大的侵权后果。间接侵权依赖于直接侵权，它以与直接侵权有联系为基础，是直接侵权的继续与扩大。有的学者认为间接侵权主要有两种形式：一是教唆、引诱或帮助侵犯他人著作权的行为。二是行为人本身没在直接侵权，也不属于上述教唆、引诱或帮助侵犯他人著作权的行为，但该行为如不制止将导致直接侵权的发生或扩大直接侵权的损害。[①] 有的学者认为间接侵权可以分为两类:一类是指某人的行为虽不是直接侵权,但却为直接侵权行为提供了条件或者是直接侵权行的后续行为,即共同侵权。另一类则是指基于特定的法律关系需要对他人的侵权行为承担责任的情形,即替代侵权。[②] 美国学者大多将间接侵权分为帮助侵权和引诱侵权两种类型。除此之外,还有一类特别的替代责任。[③] 有的学者认为一般意义上的间接侵权概念,涵盖帮助、引诱侵权(教唆侵权),并不包含所谓的替代责任。[④] 根据最高人民法院《关于贯彻执行〈中华人民共和国民法通则〉若干问题的意见》(以下简称《民法通则意见》)第 148 条规定,教唆、帮助他人实施侵权行为的人,为共同侵权人,应当承担连带民事责任。因此,在司法实践及法学理论中大都将著作权间接侵权按共同侵权对待。2009 年正式实施的《侵权责任法》将无意思联络的共同侵权责任分担作出明确的规定,使得共同侵权行为有了最直接的法律依据。

1. 帮助侵权行为的网络异化。对于共同侵权中的帮助行为,首先要根据具体的类型来进行具体的分析,其次要分析帮助行为和具体实行行为的具体的关系。

(1)从整体上来看,根据著作权网络共同侵权帮助行为的主体不同可以分为网络服务提供商和直接侵害技术的提供者两种具体的类型。

网络服务提供商是指通过信息网络向公众提供信息或者为获取网络信息等目的提供服务的机构,包括网络上的一切提供设施、信息和中介、接入等技术服务的个人用户、网络服务商以及非营利组织。[⑤] 网络著作权侵权行为需要一个网络平台,那么网络服务提供商就是提供这么一种侵权的平台。在涉及网络著作权侵权行为时,讨论因特网服务提供商法律责任的前提应当是界定其在作品传播中的地位。[⑥] 因此,在

---

① 冯晓青:《著作权法》,法律出版社 2010 年版,第 235~236 页。

② 潘灿君:《著作权法》,浙江大学出版社 2013 年版,第 190 页。

③ Paul Goldstein, Copyright. 2nd Ed. Aspen Law & Business, 1999, at § 6.0, 6:2.

④ 崔国斌:《著作权法原理与案例》,北京大学出版社 2014 年版,第 720 页。

⑤ 姚建军:《网络服务提供者侵权行为探讨——兼议〈侵权责任法〉第 36 条的辨析及其延伸》,载《法律适用》2011 年第 2 期。

⑥ 冯晓青:《我国对因特网服务提供商著作权侵权责任立法之研究》,载《科技与法律》2001 年第 2 期。

司法实践过程中，在判断网络服务提供商的间接侵权责任时，应当有所区分。比如最常见的两类网络服务提供商 ICP 与 ISP，其提供的网络服务有着明显的区别。ICP 主要为网络内容提供商，主要在互联网上提供内容服务让用户查阅和检索，满足网民对信息的需要。业务范围包括网上广告、代制作网页、出租服务器内存空间、主机托管，有偿提供特定信息内容、电子商务及其他网上应用服务。ISP 主要为网络技术提供商，提供一般网络技术的支持，业务范围包括向广大用户综合提供互联网接入业务、信息业务和增值业务。对于 ICP 来讲，其业务范围决定了它成为著作权间接侵权的重灾区。比如直接侵权人将一部受著作权保护的影视作品上传至一家网站，该网站就会因此直接受益，包括网站的点击量会上升，由此也会导致广告等间接收益的增长。因此，网站没有直接的动力进行上传内容的鉴别工作，一般对这些上传的内容主观上都是一种放任的态度。虽然在实践过程中，出于对于 ICP 的保护，网站可以适用避风港原则的通知—删除义务的免责条款进行处理这些侵权内容，但是实践操作过程中具有很大的缺陷。比如上述的侵权作品在著作权人的通知下，网站进行了删除操作，但不久之后可能又有其他的侵权人将上述的侵权作品再次上传，那么著作权人可能又要进行通知才能导致网站的删除操作。这将导致著作权人可能要每天在不同的网站间进行查看，不停地进行通知工作才能最大可能地减少侵权行为导致的损失，这是难以想象的情形。对此，2012 年颁布的最高人民法院《关于审理侵害信息网络传播权民事纠纷案件适用法律若干问题的规定》（以下简称《信息网络传播权规定》）第 7 条第 3 款明确规定："网络服务提供者明知或者应知网络用户利用网络服务侵害信息网络传播权，未采取删除、屏蔽、断开链接等必要措施，或者提供技术支持等帮助行为的，人民法院应当认定其构成帮助侵权行为。"对于这种情形，在司法实践过程中，虽然有红旗标准等原则可以对网络服务提供商的行为进行约束，但现实中操作起来依然困难重重。

直接侵害技术提供者是指特殊侵权技术的提供者。虽然上述网络服务提供商中的 ISP 也是一种网络技术提供者，但 ISP 只是提供一般的网络技术支持，这种一般的网络技术通过正常渠道是很容易获取的，因此，一般认为对于 ISP 的技术支持服务并不能判定为网络共同侵权行为的一种帮助行为,除非明知自己提供的技术服务被用于著作权侵权行为当中却依然提供技术服务支持的。从实践中来看,相当一部分的著作权侵权行为需要一些特殊技术的支持才能进行下去。比如破解技术就是一种典型的帮助侵权技术。比如,一些经过著作权人授权进行网络发行的合法网站为了保护作品在网页上的只读状态,采取一些技术措施限制合法作品的非法复制行为和非法传播行为。如果直接侵权人想要进行非法的复制及其传播行为,就必需借助于一些特殊的破解技术才能实施。而提供这种特殊破解技术的主体,如果明知自己的技术提供行为会造成著作权侵权行为的发生而依然提供技术支持的,就应当属于直接侵权行为的帮助行为,是一种直接侵权技术的提供者。在司法实践中判断这种直接侵权技术的提供者时,并不以是否故意为要构成要件,可能更多的时候是一种放任的主观态度。因为在网络这种虚拟空间内,有的人出于炫耀的目的将自己的一些破解方法在网络空间中公开出来,任何人都可以自由地使用。这种明知自己的技术可能被用于著作权侵权行为,却放任这种情形的发生,依然可以判定为是直接侵害行为的帮助行为。

(2)网络著作权间接侵权过程中的直接侵权行为与帮助行为的联系。

在现实生活当中,传统的共同侵权行为的认定要符合客观上具有共同的侵权行为,主观上有共同侵权的意思表示,但网络空间的虚拟性和知识产权客体的无形性相结合使得著作权间接侵权的直接侵权主体与帮助侵权主体之间可能并不存在直接的联系。因此,实践当中可能存在的情形是直接侵权主体在网络虚拟空间中寻找可以提供帮助的场所或技术,在这些众多的条件当中选择一个最优化的主体。这就意味着在大多数情形下,直接侵权主体并不需要和提供侵权条件的主体之间有主观上的联系,他们之间也许互不相识,即行为人主观上并不存在必然的联系。另外,行为人之间的目的性并不一致。虽然共同侵权行为的事实是基于直接侵权行为和帮助行为的共同作用,但行为人各自的目的和动机在实践中却并不相同。对于直接侵权主体,其目的当然是非法获取著作权的相关权益,而帮助行为主体的目的可能是获取收益或者对自己的技术能力进行炫耀等。比如网络服务提供商由于直接侵权人的行为获得点击量进而间接获得广告收入,直接侵害技术提供者也会对自己的特殊技术进行收费而获取收益或者纯粹的技术炫耀而免费公开。综上所述,直接侵权行为主体与帮助行为主体之间的联系是一种相互分离的关系,因此,这种状况给著作权人的维权活动带来了极大的困难。

2. 教唆侵权行为的网络异化。

对于网络教唆行为,2012 年《信息网络传播权规定》第 7 条第 2 款明确规定:“网络服务提供者以言语、推介技术支持、奖励积分等方式诱导、鼓励网络用户实施侵害信息网络传播权行为的,人民法院应当认定其构成教唆侵权行为。”信息网络传播权作为著作权的一种重要的类型,单独由最高人民法院颁布专门的司法解释,说明其在著作权领域中的重要地位,也间接说明了著作权教唆侵权行为在司法实践活动中的困境。在网络空间中,极少存在明示的诱导、鼓励等教唆侵权行为,多数情形是鼓励网络用户的作品传播行为,而且是非侵权作品的传播行为。但在现实情况中,虽然是正面的鼓励,但是显然当免费传播正版作品获取的“奖励”与正版作品的获取代价不成比例时,实质产生了对侵权作品传播的诱导。[①] 因此,是否构成教唆侵权行为,实践过程中实难判断,可能要考量的因素涉及多方面,比如作品的类型、知名度以及直接侵权主体的身份。

(三)著作权间接侵权的理论与实践困境

按照《民法通则意见》的规定,教唆、帮助他人实施侵权行为的人,为共同侵权人,应当承担连带责任。这是在立法上认定教唆侵权与帮助侵权是一种共同侵权行为。但是,这在理论上及实践中都遇到了相当的困境。

1. 著作权间接侵权的理论困境

著作权间接侵权的通行理论认为,教唆行为与帮助行为承担连带责任的理论基础是基于共同侵权,也就是说教唆行为与帮助行为的主体与直接侵权主体构成共同侵权,因此应当承担连带责任。现行的司法解释似乎也持此观点。但理论界对于共同侵权自身的含义尚存在分

① 赵刚:《网络服务提供者教唆侵权的认定中主观过错的考量》,载《电子知识产权》2014 年第 5 期。

歧，其中最主要的分歧在于无意思联络的数人加害行为是否构成共同侵权。从《侵权责任法》第8条至第12条的体系解释来看，立法规定的共同侵权应解读为以意思联络为必要。[1][2][3] 据此，若网络服务提供者构成共同侵权，也理应符合此要件。[4] 但如上文所述，在绝大多数情形下，直接侵权主体与帮助行为或教唆行为的主体并不存在主观上的意思联络。在通常情况下，帮助行为与教唆行为的主体只是提供一个网络平台或者侵权技术而已，因此，理论上只能认定为是一种帮助侵权或教唆侵权，如果要进一步认定为共同侵权，可能并不妥当。如果对于认定帮助行为与教唆行为并不构成共同侵权也并不意味着此等帮助行为与教唆行为的提供者无须承担侵权责任，最多可以表明帮助行为与教唆行为的提供者承担连带责任的依据并不是共同侵权而已。

2. 著作权间接侵权的实践困境

著作权间接侵权最大的实践困境就是共同侵权理论解释导致在司法实务过程中难以操作。如果认定帮助行为教唆行为的主体与直接侵权主体构成共同侵权人，那么司法实务中就应当把共同侵权人作为必要共同诉讼人参与诉讼过程，这在实践当中实难进行，主要是操作成本过高。比如上文所述有网络用户将一部受著作权保护的影视作品上传至一家网站，那么著作权人只会将网络服务提供商作为被告提起诉讼，而不会将上传作品的网络用户作为共同侵权人进行起诉。主要原因在于两个方面，一方面，普通的网络用户难以确定身份而且普遍赔偿能力有限。另一方面，网络空间中上传侵权作品的网络用户可能不止一个，即使一一查清身份，也会存在地域分散等原因导致诉讼成本过于高昂。因此，在司法实务过程中，不论是著作权人，还是网络服务提供商，及至于法院都并未认定网络服务提供商与网络用户作为必要共同诉讼人参加诉讼。这表明共同侵权的理论解释与司法实务之间的脱节。

四、大数据背景下知识产权侵权行为的解决思路

从网络时代到信息时代，再到大数据时代，知识经济和信息社会对

---

① 奚晓明：《〈中华人民共和国侵权责任法〉条文理解与适用》，人民法院出版社2010年版，第58~68页。

② 张新宝：《侵权责任法》，中国人民大学出版社2010年版，第49页。

③ 梁彗星：《中国侵权责任法解说》，载《北方法学》2011年第1期。

④ 徐伟：《网络服务提供者连带责任之质疑》，载《法学》2012年第5期。

于知识产权的影响是一种不可逆的过程，因此相关的知识产权理论和实践都必须顺应这一大的时代背景作出更新的调整。下面仅从两个方面做一些尝试性的思考。

（一）间接侵权责任的价值思考

由于共同侵权理论在帮助行为与教唆行为的适用上存在较大困境，因此对间接侵权理论的革新就显得十分必要。间接侵权责任制度就其本身来说是为了制裁那些侵害著作权人利益但又并非属于直接侵犯著作权人各项专有权能的行为，从传统侵权法上看，让实际侵害著作权人利益的具有主观过错的第三方承担责任具有其合理性。① 但是在实践当中，对于著作权人的每一次诉求，却并不一定都要依据间接侵权的规则来进行判定。简言之，对于此类案件，我们可以结合其他的规则或者理论整体进行判定。或许我们应该放弃共同侵权理论套在网络知识产权间接侵权头上的枷锁，加强对于间接侵权制度的构建力度，也许就能解决很多以前存在的理论困境。对于知识产权来说，利益平衡是永恒的主题。知识产权的专有性与社会对知识产品的合理需求是知识产权制度中的一对主要矛盾，确立平衡机制正是解决这一矛盾的有效方法和手段。相应地，知识产权法中的平衡，主要是知识产权人的专有权和社会公众对知识产品的合理需求的权利间的分配和取舍，使之达到一个恰当和适度的理想状态。这种平衡不是强调两种利益间的完全对等，而是要求知识产权法作为一种制度设计，对其中的不同利益主体的价值取向都应给予充分考虑，兼顾知识产权人的利益和公众利益，以互不损害对方利益为价值目标。同时，以有效的制度救济作为补充手段，在知识产品的生产和流转的动态过程中，始终使知识产权人的利益和社会公众的利益保持一种平衡。② 从另一个角度来看，人类社会的技术进步是一个不可逆的过程，这也意味着各种新技术会不断地出现，而一旦这些新技术的使用在方便作品的传播和使用的同时也造成著作权人可期待利益的损失，我们该怎么办？还是只是依赖于间接侵权责任制度去调整著作权人与技术服务提供者以及社会公众的利益冲突？如

---

① 王太平、姚鹤徽：《间接侵权责任制度适用的有限性及出路》，载《电子知识产权》2009年第1期。

② 冯晓青：《知识产权法利益平衡理论》，中国政法大学出版社2006年版，第10～11页。

果我们在满足著作权人利益就会以损失技术为前提,但技术的发展是无止境的,而且技术本身是没有错误的,它至多只是一种作品传播过程中更加便利的工具或手段而已。因此,我们要站在更高的高度以一种整体性的思维去调整著作权人与技术服务提供者以及社会公众三者之间的利益,那就是一种整体的利益平衡观。换言之,我们不能仅仅依赖于间接侵权责任去调整因技术进步而导致的利益失衡。

(二)法定损害赔偿金的价值思考

对于现行司法解决中的连带责任承担原则,在某些情况下可能会导致网络服务提供商所承担的责任过重。在现行的著作权共同侵权司法设计中,如果网络服务提供商向著作权人进行赔偿,那么其可以行使追偿权向网络用户进行追偿。诚然,这一制度设计在理论上是可行的,但在实践过程中却是难以操作的。因为种种原因,网络服务提供商难以追偿或者放弃进行追偿,这将导致其只承担连带责任却承担了全额赔偿之实。因此,法定损害赔偿金制度不失为一种可行的方案。2009年,浙江省高级人民法院《关于审理网络著作权侵权纠纷案件的若干解答意见》中第33、34、35条分别对在网络环境中侵犯文字、美术、摄影等作品著作权的,侵犯影视作品著作权的,侵犯音乐作品著作权的,适用法定赔偿方法确定赔偿数额应考虑哪些因素作出比较详细的规定。这是对法定损害赔偿金制度的有益尝试。法定损害赔偿金制度是对网络服务提供商连带责任的赔偿作出一定的限制,在一定程度上可以避免其承担过重的责任。所以在设计法定损害赔偿金制度时,可以以网络服务提供商的主观错误程度作为出发点核定赔偿金额。这是因为"罪责刑相适应原则"不能要求仅承担连带责任,却要负担全额赔偿。因此,不能以著作权人的实际损失额作为计算标准去核定网络服务提供商的法定赔偿金的额度。

五、大数据时代网络知识产权刑法保护政策的转化思路

从计算机时代到网络时代,再到信息时代,然后发展到大数据时代,大数据时代由于各种信息的"爆发式"增长,可以说其是信息时代的2.0版本。在虚拟空间的知识产权犯罪也从计算机时代的侵犯计算机软件等初级行为进化到网络知识产权犯罪,然后到如今的大数据背景下的网络知识产权犯罪,都与传统知识产权犯罪有着巨大的差别,对于

传统知识产权刑法保护是一个极大的挑战。刑法制裁体系对于网络知识产权犯罪的保护不足不仅仅是立法本身的原因，在一定程度上也是由于大数据时代和知识经济时代的双重背景产生的新型法益导致传统的知识产权刑事保护体系不可以完全满足知识产权保护的需要。因此，大数据时代网络知识产权刑法政策应当适应新时代的要求进行一定的转化。

（一）大数据时代网络知识产权犯罪对传统刑法的挑战

随着计算机技术的快速发展，大容量、高速度的存储技术也逐渐商业化，与此同时，网络高速传输技术也使得云计算得到了广泛应用。在此基础上，数据产生和传播速度已经不能用“海量”来形容，大数据时代已经逐渐影响着我们的生活。据著名咨询公司 IDC 的统计，2011 年全球被创建和复制的数据总量为 1.8ZB（10 的 21 次方），其中 75% 来自于个人（主要是图片、视频和音乐），远远超过人类有史以来所有印刷材料的数据总量（200PB）。[①]

大数据存在数据的生成、获取、传输、处理、存储、分析等过程，存在巨大的价值，可以将这一系列过程称为价值链。其中大数据价值链最后也是最重要的阶段就是数据分析和处理，其目标是提取数据中隐藏的数据，提供有意义的建议以及辅助决策制定。[②] 在整个大数据价值链中，每一个过程都可能存在侵犯知识产权的行为，然而最后的数据分析过程却是最有可能产生侵犯知识产权行为的一个环节。比如利用“大数据”的特点，有的企业通过网络可以轻易获取一些竞争对手研发的相关技术信息，进行分析和预测，然后进行有针对性的抢先申请专利。这对于知识产权保护模式造成了相当程度的冲击。

1. 网络的虚拟性和知识产权客体的无形性相结合造成了网络知识产权犯罪对传统刑法保护体系的冲击

一方面，相对于传统物权侵权行为来讲，知识产权保护的一个难点就是客体的无形性。对有体物我们可以实际“占有”，这种占有是排他性的，比如一把椅子，一个人占有就可以防止其他人的占有，可以较为

① The 2021 Digital Universe Study: Extracting Value from Chaos. International Data Corporation and EMC, June 2011.

② 李学龙、龚海刚：《大数据系统综述》，载《中国科学》2015 年第 1 期。

容易地防止侵权行为的发生。而对于知识产权来讲,一般只能通过"控制"来防止侵权行为的产生,在这个过程中,由于知识产权客体的无形性,其可以很容易地大量复制和传播,所以知识产权侵权行为不可避免地大量产生。另一方面,网络的虚拟性也使得知识产权不再受限于物质载体而存在,比如我们听音乐、看书可以不需要传统的CD光盘和纸质书本,可以全部通过网络进行。这就使网络和知识产权具有天然的契合性,网络的虚拟性和知识产权客体的无形性相结合可以促进知识产品大量快速传播,快速提升社会公众的文化需求,但同时也造成了知识产权保护的难题,使网络知识产权刑法保护产生了巨大的缺陷,迫切需要对相关刑事立法进行更新,以适应快速发展的时代需求。

2. 技术进步产生的新生法益与传统法益的异化对网络知识产权刑法保护体系是一个新的挑战

大数据的快速发展同样是由于人类的技术进步,技术的进步会产生新的法益类型,比如计算机技术的发展使计算机软件、数据库等被纳入到著作权保护的范畴,而网络技术的发展则使网络域名等受到保护。根据是否侵害了新生的法益,我们通常可将网络犯罪划分为侵害新法益的新型网络犯罪和侵害传统法益的网络化犯罪。[①] 进行这种分类是有必要的,因为侵害新法益的网络犯罪与侵害传统法益的网络化犯罪在行为的定性与定量上和传统的犯罪有很大的区别。比如网络传播行为等与传统的传播行为有着显著的不同,同样,网络制造、复制、发行、销售行为也与传播的制造、复制、发行、销售行为存在很大的差别。特别是在大数据时代及知识产权的双重背景下,会不断地出现新的知识产权法益类型,而传统的知识产权刑法保护体系显然存在极大的缺陷,这就表明技术进步产生的新生法益与传统法益的异化对网络知识产权刑法保护体系是一个新的挑战。

(二)大数据时代网络知识产权犯罪刑事政策的局限性

刑法制裁体系对于网络知识产权犯罪的保护不足不仅仅是立法本身的原因,在一定程度上也是由于大数据时代和知识经济时代的双重背景产生的新型法益导致传统的知识产权刑事保护体系不可以完全满

---

① 于志刚:《网络犯罪和中国刑法应对》,载《中国社会科学》2010年第3期。

足知识产权的保护需要。

1. 知识产权刑法保护范围的局限性

一方面，从整体来看，我国相关法律、法规共规定了十二种具体的知识产权类型，包括著作权以及邻接权、商标权、企业名称权、专利权、发现权、商业秘密权、植物新品种权、集成电路设计布图权、地理标志权、技术措施、特殊标志权。[①] 暂且不论这十二种具体的知识产权类型是否完全涵盖应当受到保护的知识产权类型，就这十二种具体的知识产权类型也并没有完全受到刑法的完全保护。我国刑法典只明确保护其中的四种知识产权类型。这就意味着大部分的知识产权类型如果受到侵犯则不能被具体罪名的保护，只能依靠一般罪名补充保护。但是，一般罪名并不是针对知识产权犯罪行为而制定的罪名，因此，无法进行具体而充分的保护。这表明针对知识产权犯罪的立法还存在罪名过少的局限性。

另一方面，已经纳入具体保护范畴的四种知识产权类型也没有受到刑法全面和充分的保护。比如最明显的就是刑法对于著作权的保护只规定了侵犯复制权、发行权以及美术作品的署名权而放弃了大部分著作权的其他权利类型。我们从《著作权法》中可以了解到著作权至少应当有16种权利类型。并且著作权法明确规定了8种侵权行为应当予以刑事制裁，而到了刑法典中则只保留了其中4种类型，而且还进行了范畴限定。比如著作权法规定的侵害署名权在刑法典中仅限定在美术作品的罪名权。这就意味着刑法保护具体知识产权类型的程度上的局限性。其他受刑法保护的具体知识产权类型，如商标权、专利权及商业秘密权也是如此，这不能不说是一种遗憾。

2. 网络知识产权犯罪认定的局限性

网络时代和信息时代造成了传统知识产权犯罪的网络异化，大数据时代的快速发展造成了这种网络异化的逐渐加深。一方面，大数据

---

① 其中，著作权、商标权、专利权、发现权、企业名称权由《民法通则》所宣示，邻接权由《著作权法》所宣示，商业秘密权由《反不正当竞争法》所宣示，植物新品种权由《植物新品种保护条例》所宣示，集成电路设计布图权由《集成电路布图设计保护条例》所宣示，地理标志权由《商标法》所宣示，技术措施由《著作权法》以侵权行为方式宣示，特殊标志权由《特殊标志管理条例》所宣示。

时代,传统知识产权罪名显然无法涵盖不断发展的新型知识产权网络犯罪行为,因此,在罪名认定方面就存在极大的缺陷,而这种罪名认定的问题在实践中往往会造成司法实践部门无所适从。比如对于侵犯信息网络传播权的行为在刑法制裁体系中并没有明确的规定,实践中司法机关很容易产生罪名认定混乱的情形,有的司法机关认为应当认定为侵犯著作权罪,①而有的司法机关则认为应当认定为非法经营罪。②此种情形的发生主要是立法时并未考虑到信息网络传播权侵害行为的入罪,因此,不可避免会造成实践中罪名认定的混乱。

另一方面,大数据时代知识产权犯罪网络异化也会造成知识产权危害结果认定的混乱。比如传统知识产权犯罪危害结果最具有代表性的认定标准就是违法所得数额,在司法实践中处理起来基本上是以出售物质载体的销售所得,认定困难不大。但大数据时代网络知识产权犯罪异化同时也会带来知识产权侵权行为获取收益的异化,此种情形认定危害结果就非常困难,容易产生认定混乱。比如通过网络免费发布他人作品,这种情况并没有凭借网络传播行为直接获取收益,但如果由此增加了网站的点击量而获得了广告收入,是否认定为违法所得就可能引起混乱。如果此网站同时还有其他的合法内容供公众浏览也增加了点击量获得了广告收入,就更加难以区分和认定违法所得的数额。因此,可以认为大数据时代知识产权犯罪网络异化也会造成知识产权危害结果认定的混乱。

(三)大数据时代网络知识产权刑法保护宏观应对思路

国家的政策反映在司法体系中就是法律保护立场,知识产权的刑事保护政策也应随着经济社会发展而逐步转变的。

1. 知识产权刑法保护立场的转变

一般来讲,对于知识产权的保护立场应当与一个国家的经济发展水平相适应的。我国现行《刑法》制定于1997年,立法之时我国的经济发展水平还处于一个相对较低的水平。作为一个发展中国家,对于高技术的渴求自然较强,因此,知识产权保护立场自然是一个适度保护的思路。但是当前我国的经济发展速度和发展水平已经在提高,并且与

---

① (2012)宁刑初字第543543号判决。

② (2012)洪刑初字第152152号判决。

发达国家的技术差距已经在逐步拉近,生产方式也已经从粗放型向集约型加速转变,因此知识产权的适度保护政策已经不适应我国经济社会发展的现状。特别是在知识经济时代,对知识产权加强保护也有利于促进整个社会的发展,对于知识产权的保护立场也应当从适度保护逐步转变为同等保护。

同等保护立场也是与相应的部门立法相适应的。特别是在相关的民法领域与行政法领域在长期的立法中明确表明一些知识产权侵权行为的社会危害性应当追究刑事责任,刑事立法应当与之相适应,将某些社会危害性严重的知识产权侵权行为纳入刑法打击的范围。

同时,知识产权的同等保护政策也并不意味着是一种过度保护的思路。不论是作为无形财产形态的知识产权,还是作为有形财产的物权,其保护立场应当是同等,避免走向过度保护的极端。有些发达国家因为技术水平的优势,其国内法对于知识产权的保护力度往往较大,但这种保护立场并不适用于我国。我国的经济社会发展水平与刑事立法现状决定了我国应当扩大知识产权刑法保护范围,而不是增加保护强度。

2. 知识产权刑法保护权益范围的扩张

现阶段我国知识产权刑事保护与其他部门法之间的不协调已经十分明显,因此,增加知识产权刑法保护范围应当是一种现实的解决思路。一方面,刑法的谦抑性使得其对于知识产权刑法保护范围不宜过于宽泛。然而,在大数据时代和知识经济时代的双重背景下,知识产权作为一种特殊的权益类型,其被侵犯的可能性极大增加,产生的危害性也成倍增长,刑法保护体系也应当与其他部门法相适应,增加知识产权的保护范围。另一方面,网络知识产权新型权益类型不断受到大量侵害而得不到刑法的保护,也迫切需要刑事法律的确认。

在此过程中,应当加强特殊罪名的具体适用,减少一般罪名的适用,同时扩大网络知识产权保护的范围,确定新型知识产权权益的刑法保护,以适应大数据时代与知识经济的大背景。

(四)大数据时代网络知识产权刑法保护微观应对思路

刑法解释相对于刑事立法在某些方面有着显著的优势,最大的优势就是经济性和及时性。刑法解释没有立法过程中的烦琐程序,因此周期较短,能够针对司法实践中出现的问题及时作出应对。但是刑法解释只能在原有刑法条文的基础上进行扩张解释,并不能创设新的条文,因此不如刑事立法可以更为有效地保护新型知识产权类型。刑法解释和刑事立法是一种互为补充的关系,刑事立法为了保持刑事制裁体系的稳定性和严肃性,一般不宜频繁修改,因此刑法解释可以及时对网络知识产权保护的缺陷进行一定程度上的弥补。

1. 刑法扩张解释以适应司法实践

在刑事立法不完善时,刑法扩张解释起到了相当重要的意义,特别对于网络知识产权保护领域,可以将相关新型犯罪行为纳入到传统的知识产权犯罪罪名体系当中。首先,可以对网络知识产权犯罪行为方式进行扩张解释,这也是解决相关知识产权犯罪的罪名制裁范围覆盖窄的思路之一。比如,2011 年最高人民法院、最高人民检察院和公安部联合颁布《知识产权刑事案件意见》(以下简称《知识产权刑事意见》)中,对于侵犯著作权中就作出扩张解释。在此解释中,三部门将"以营利为目的"增加了收取网络广告、提供会员服务等行为同样可以视为"以营利为目的"。这也是适用网络知识产权侵权行为的特点而有针对性地进行扩张解释。其次,对于新型知识产权权益的扩张解释。比如,在上述《知识产权刑事意见》中,对于"其他作品"的解释增加了美术、摄影、录像作品、录音录像制品,而且新增加了"信息网络传播权"这一新型知识产权类型,这就是把侵犯著作权犯罪的作品范围与《著作权法》的规定相适应。

另外,对于网络知识产权犯罪的定罪标准也应当进行扩张解释。比如网络知识产权犯罪定罪数额的认定,在上述《知识产权刑事意见》中,对于侵犯著作权犯罪中"其他严重情节"的认定标准扩张至"点击次数"等,这也是适应大数据时代网络知识产权犯罪的特征而进行的扩张解释。

2. 立法更新以适应时代需求

由于知识产权刑事制裁体系并不能如民事法律体系那样进行频繁的修订,但是在合适的时候进行刑事法律体系的重构也是一种可行的方法。具体思路有两个方面。一是刑法条文的修正,可以产生刑法修正案。刑法修正案是在不改变原则刑事制裁体系的情形下修正原有的法律条文或增加新的法律条文。这是一种很有效的方式,在不改变刑法体系及结构的前提下尽量可以保持与司法实践的协调性,增加新的罪名,保护新的知识产权法益类型。二是刑法体系的重构。在保持刑法谦抑性的基础上,这是最重要的手段。因此,对于刑法体系的重构要结合现有的司法实践与知识产权犯罪形势稳步推进。

CHAPTER 08 >>

第八章

知识产权保护实践中的现实问题

一、知识产权的私权属性

TTIPs 协议在序言中明确指出知识产权是私权。“它是发达国家与发展中国家一种平衡的结果。”[①]这表明知识产权是私主体所享有的财产权，可以归入民事权利范畴。

近年来，随着科学技术特别是信息技术的长足发展，知识产权客体的类型也在不断地发展和变化，随之而来的就是理论的创新和发展，其中知识产权公权化理论就是一个典型的例子。该理论认为，在知识产权私权属性的基础上不能否认其公权属性的一面，而且有的学者认为知识产权公权化有不断加大的趋势。也就是说知识产权有双重属性，而公权属性占有非常重要的地位。

不可否认的是，知识产权公权化理论有其合理的一面，是知识产权理论创新的大胆尝试，对于完善和发展知识产权理论体系提供了一个新的视角。但笔者认为，知识产权公权化理论是对知识产权权利属性的一种错误的发展和创新。知识产权是一种私权，它不可能公权化。如果知识产权真的有公权的属性，那它就不是真正的知识产权，就应该划归别的部门法调整了。

---

① 孔祥俊：《WTO 知识产权协定及其国内适用》，法律出版社 2002 年版，第 72 页。

（一）“知识产权公权化学说”的理论依据

在“知识产权的公权化”学说支持者日趋增多的背景下，探求这一学说的客观背景或者说理论依据，是反思这一学说合理性的基础。

1. 依据之一：知识产权的公法化趋势

由于国家干预的广泛出现，导致了公法、私法的融合以及公权、私权的权利竞合。原有的私法中由于引入某些公法条款，以至于知识产权、矿业权、水权等权利形态受到大量公法规范的规制，凸显出强烈的公权色彩。而知识产权是“公”、“私”融合过程中公权、私权的权利竞合最为明显的一项权利。①

私法公法化在知识产权制度中表现得较为明显，主要是因为知识产权与其他民事法律制度相比有自己的特殊性，与公法的关系较为紧密。知识产权的一个重要特征就是公权力的介入较为普遍和更加深入，这也是被认为私法公法化的一个最为重要的特征。一方面，私法公法化是资本主义法律体系发展到一定阶段由于不能解决一些新出现的问题而提出的新方法。这一方法主要是应对社会财富分配不公平、贫富差距变大而导致的社会财富不能物尽其用的问题。另一方面，这也是为了调和日益加深的社会深层次矛盾不得不发生的改变。这种改变在法律层面上就产生了私法公法化现象。而知识产权公权化理论则抓住这一特征，认为私法公法化过程必然会带来或导致知识产权的私权公权化趋向，有的学者还认为这种趋向随着社会的发展和“法律社会化”的影响会越来越强烈，最终在知识产权中公权会占有非常重要的地位。

2. 依据之二：国家授予与确认

知识产权公权化理论认为，“政府角色”在知识产权制度中具有非常特殊的法律地位，主要体现在国家授权行政机关对知识产权的具体权利客体进行形式审查和审查。② 究其本质，知识产权受到国家公权力的干预和限制是不可避免的，而且这种干预和限制从知识产权的产生

---

① 李永明、吕益林：《论知识产权之公权性质——对“知识产权属于私权”的补充》，载《浙江大学学报》2004 年第 4 期。

② 李永明、吕益林：《论知识产权之公权性质——对“知识产权属于私权”的补充》，载《浙江大学学报》2004 年第 4 期。

到结束都可以见到国家公权力的影子。公权力对知识产权的干预主要表现在知识产权的确权、流转、变更等过程中都需要国家行政机关来确认,甚至知识产权的保护中也需要行政权力的强有力干预,包含责任追究中行政责任占有重要的地位。知识产权的限制主要表现在因社会公众的利益或其他原因而对权利人的权利范围作出的某种必要的限制。虽说其他民事权利也会受到某些限制,但都没有知识产权受到的限制范围这么广泛。也许正因如此,有些学者认为,知识产权受到如此大范围和程度上的干预和限制便更加容易具有公权属性。

3.依据之三:社会公益与利益平衡

知识产权公权化理论认为,以“私权神圣”为本位的私法保护的是个人利益,追求的是个人利益的最大化。而知识产权制度却不同,知识产权的保护和实施应当对促进技术革新以及技术转让和传播作出贡献,对技术知识的生产者和使用者的共同利益作出贡献,并应当以一种有助于社会和经济福利以及有助于权利与义务平衡的方式进行。[①]

知识产权公权化理论认为,知识产权法是平衡知识产权人与社会公众之间的利益的调节器,这种“平衡”是一种动态的平衡,它需要由公权适时介入进行调整。知识产权这一私权存在公权的渗透、知识产权法需要在知识产权人和社会公众利益之间达成利益平衡,从这一意义上说,源于知识产权的客体知识产品的公共产品和私人产品的双重属性。[②] 知识产品的公共属性是其为社会公众获得和利用知识与信息使社会文明得到进步和发展。在这一层面上,如果没有国家公权力的干预和控制,社会公众对知识和信息的需求就会被大大限制,不利于社会的发展和进步。但干预和控制过多导致保护不力,又会使权利人无法从中获利,打击其创新的积极性,不利于知识和技术的创新,总体上还是不利于社会的进步和发展。知识产权利益平衡机制就是在国家公权力干预和权利保护之间寻求一种合适的中间点,既保护权利人获得合适的回报,也使得社会公众利益不受影响,这体现了公法和私法一定程度上的整合。

---

① 《与贸易有关的知识产权协议》第7条。

② 冯晓青、刘淑华:《试论知识产权的私权属性及其公权化趋向》,载《中国法学》2004年第1期。

（二）"知识产权的公权化"学说的合理性反思

对于"知识产权的公权化"学说赖以提出的理论基础和依据进行合理性反思，可以发现，上述支持"知识产权的公权化"的理由颇为脆弱，难以支撑这一日渐有影响的理论学说。

1. 合理的质疑：私法的公法化能否等于私权公权化？

将法律划分为公法和私法起源于罗马法。乌尔比安的《学说汇编》指出，它们有的造福于公共利益，有的则造福于私人。公法见之于宗教事务、宗教机构和国家管理机构之中。[①] 但是现代意义上对公法与私法的划分却与罗马法时期的区别甚大。目前流行的公法与私法的划分标准大致有利益说、关系说、法律说。利益说认为公权是关于社会公益方面的各种权利，私权是关于私人利益方面的各种权利。关系说认为公权是关于国家和公民之间的权利，而私权则是关于公民相互之间的权利。法律说认为，公权通常是公法上所确认的权利，私权通常是私法上所确定的权利。[②] 此外，还有主体说、权力服从说等。事实上，第一种划分标准都有其优点和缺陷。德国学者拉伦兹有一个贴切的比喻："在公法与私法之间，并不能用刀子把它们精确无误地切割开，就像我们用刀子把一只苹果切成两半一样。"[③]正因如此，公法与私法的相互渗透无疑使得知识产权的权利属性更加难以判断，因而一些学者便认为私法公法化相应地导致了私权公权化。

应当说，私法公法化首先是西方世界主导下社会思潮的变迁在法律领域的反映。[④] 西方资本主义国家在长时间的发展过程中由于过度保护私权，就必然会产生一系列问题，这些问题主要集中在贫富差距加大，社会财富集中在少数人手中，不能物尽其用，由此导致许多社会矛盾，这种社会矛盾成了资本主义社会进一步发展的桎梏。为了缓和社会矛盾，一些新的理论便被提出来。私法公法化便是其中具有代表性

---

① ［意］彼德罗·彭梵得：《罗马法教科书》，黄风译，中国政法大学出版社 1992 年版，第 9 页。

② 吴汉东：《关于知识产权私权属性的再认识——兼评"知识产权公权化"理论》，载《社会科学》2005 年第 10 期。

③ ［德］卡尔·拉伦兹：《德国民法通论》（上册），王晓晔等译，法律出版社 2003 年版，第 175 页。

④ 孙海龙、董倚铭：《知识产权公权化理论的解读和反思》，载《法律科学》2007 年第 5 期。

的理论之一。

私法公法化的实质内容就是国家加强了对社会经济的干预。这种干预是以前被认为是私法领域内的被"私法自治"理念所"保护"的领域。国家对私法领域的干预一般认为会产生两个后果:一是限制了私法自治。二是产生新的法律部门,比如说劳动法,经济法。这些法律部门显然不是严格意义上的私法。

那么私法公法化会导致私权公权化吗?我们认为,国家公权力对知识产权的干预并不能改变知识产权的权利属性,只是对知识产权的一种限制而已。事实上,知识产权制度从其产生之初发展到今天,一直处于权利保护与限制的法律调整之中。将这种情形归结为现代法才有的"私权的公权化",并得出知识产权也是公权的结论是没有道理的。[①] 因此,知识产权作为一种私权,被限制后仍然是私权,不能也不会因为受到公权力的限制就有了公权的属性。

2. 对公权力的干预与权利限制问题的反思

关于公权力的干预与权利限制的影响,是必须深刻反思的现实问题,对于这一问题的认识不清,正是"知识产权的公权化"学说出现的根本原因。

(1)公权力干预

知识产权作为一种特殊的权利,其在各个环节都有公权力的存在。比如知识产权的产生要由国家公权力确认,知识产权的保护要有国家公权力的干预等。于是乎有些学者认为,知识产权不可避免地具有公权的属性。

公权力对知识产权的干预主要体现在知识产权的取得、变更、丧失要经过国家公权力部门的确认和审批;知识产权的保护不仅仅依靠民事救济,而在很大程度上要靠行政救济程序来解决;在现今社会,国家知识产权战略也是公权力对知识产权干预的方式之一。这些公权力对知识产权的干预措施在知识产权制度中体现的较为明显和充分,但是并不表明知识产权就具有公权属性,也并不表明其他民事权利中没有公权力的干预。在知识产权制度中,公权力的使命一旦完成,知识产权

---

① 吴汉东:《关于知识产权私权属性的再认识——兼评"知识产权公权化"理论》,载《社会科学》2005年第10期。

的权利属性就与其他民事权利一样，是完全的私权属性，其不能依据其权利产生时由公权力确认而具有公权的属性。“知识产权作为私权，不以该权利的发生是否办理相关登记手续，或经由政府部门以国家名义授权、注册、批准而改变。登记等做法是为了保障公平合理、有效充分地维护民事主体的利益，对可能发生的利益冲突，对正当合理的权利要求和主张进行审查、甄别、确认和公示的必要的行政行为。其本质并非将本属于政府的私权授予申请人，这种‘要式行为’不能改变知识产权的固有属性。”①

(2)权利限制

知识产权的权利限制主要有合理使用、法定许可、强制许可等。知识产权的权利限制一般是针对权利滥用等行为，为了保护社会公共利益而对知识产权的权利范围进行限制。有些学者据此认为知识产权有了公权力的影响便具有了公权属性。

我们认为，在法律范围内没有绝对不受限制的权利。如果权利不受限制，那它就不是法律层面上的权利，这种权利就超出了法律的范围而成为一种特权。任何一种法律上的权利都会有所限制。就算是私法神圣最为突出的传统民法领域中的物权、债权甚至人身权都会受到限制。如果知识产权受到权利限制因而有了公权属性，那所有的权利就都会有公权性质，这样一来，就没有绝对的私权领域了。另外，知识产权的权利限制本身就是其制度的一个特点。知识产权制度从产生的那一天起就充满了对权利的限制。知识产权制度设立的目的一是使权利人的私人利益得到保护，在此基础上其智慧成果要能最大限度地促进人类文明的进步和发展，即不能最大限度地保护权利人的利益，也不能最大限度地进行无限制的利用。这样，在保护和利用上都进行了限制，在社会公益性和私人利益性进行了某种平衡。如果认为由于知识产权权利的限制使得其具有了公权属性，那么此种公权属性也是从一开始就有了，而不是由纯粹的私权中发展出了公权属性。

3. 关于“社会公益性与利益平衡”问题的反思

“知识产权法是以利益平衡为基础的法，利益平衡构成知识产权法

① 刘春田：《知识产权解析》，载《中国法学》2003 年第 4 期。

的基石。"[1]"利益平衡原则在知识产权法上无处不在,以协调各方面利益冲突。"[2]利益平衡原则要求,"知识产权制度应当从兼顾个人利益和社会利益的要求出发,不仅应当维护企业间的竞争秩序,而且还应进一步考虑到消费者的选择商品的权利,使知识产权的各项制度之间保持内在的协调,实现两者的平衡"。[3]

利益平衡理论是知识产权制度的重要特点,强调的是社会公共利益与私人利益的平衡。利益平衡理论是从知识产权的本质目的出发,突出知识产权在促进社会进步与发展的前提下合理保护权利人适当权益,其中包含了禁止权利滥用原则。

利益平衡理论并不是知识产权独有的理论,其在知识产权制度中被重视的原因是因为其"合法的垄断"而导致的权利滥用的可能性远远超出了其他的民事权利,所以,利益平衡理论被常常提起也是非常正常的。

利益平衡理论主要是针对社会公共利益而言的。知识产权的社会公益性主要体现在它对"公平"和"效率"两方面的追求。[4] 就"公平"而言,任何一项智慧成果的产生,可以说是个人的劳动成果,但也可以说是全社会共同智慧的结晶。因为任何智慧成果都是在先前知识的基础上,利用公有领域的成果才被创造出来的,从这个意义上说,为了公共利益对权利人进行必要的限制也是合情合理的。就"效率"而言,对权利人来说具有一定的激励作用。这对全社会的进步与发展也起着良好的效果。知识产权制度要达到的利益平衡包含两个方面的内容,一是保护知识产权创造者的合法权益,这是对私权的一种保护;二是促进知识和技术的传播与利用,促进全社会的进步与发展,这是对社会利益的一种维护。

---

① 李昌凤:《知识产权保护的平衡原则及其构建》,载《理论学刊》2005 年第 9 期。

② 陈子龙:《知识产权权利冲突及司法裁量》,载《知识产权文丛》(3),中国政法大学出版社 2000 年版,第 22 页。

③ 《2005 年最高法院法官、国家专利复审员等参与的专利复审与行政诉讼研讨会综述》,载 http://www.chinaiprlaw.com/html/shenpanxinxi/20050714/1250.html,2015 年 12 月 5 日访问。

④ 李永明、吕益林:《论知识产权之公权性质——对"知识产权属于私权"的补充》,载《浙江大学学报》2004 年第 4 期。

利益平衡利用国家公权力来限制权利人的某些权利以保证社会公共利益的最大化,这也是一种公权力对私权的干预。但公权力的干预并不能改变知识产权的私权属性,这在上文中已述。

(三)"知识产权的公权化"理论可能引发的现实危害

一种理论的出现及其受到追捧,有其客观原因。但是,一种未经严肃论证的纯粹推理性学说所可能招致的现实影响,完全可能是负面的,而且可能是巨大的。"知识产权的公权化"理论影响的逐渐扩大,可能引发一系列的负面影响。

1. 危害之一:可能为行政权对私权的非法干预提供法理上的借口

在计划经济时代,以行政权推广私人发明创造、分配私人商标的使用权等做法曾以"国家利益"为旗号而大行其道,其所造成的后遗症至今仍在,如"金华火腿"、"杜康"等商标纠纷案,均源于计划经济时代的行政干预。这种错误的权利(权力)意识至今也还未完全消除,以部门规章垄断某类知识产权性权利证书或称号的授予、以政府的名义对私人知识产权客体的优劣或价值进行评判等现象仍冠冕堂皇地存在。①

2. 危害之二:可能会将知识产权理论研究引入错误的方向

虽说社会科学研究有"百花齐放、百家争鸣"的传统,但知识产权公权化理论对知识产权私权属性进行不恰当的发展,势必会动摇知识产权制度理论的根基,导致知识产权领域基本理论研究的混乱,这会对知识产权理论研究起非常不好的指引作用,把知识产权理论研究引入错误的方向。

3. 危害之三:可能是私权理念的一种倒退

私权理念在我国的发展可谓是一种并不顺利的过程。由于社会制度的原因,私有财产的保护在相当长的时间内没有引起有关方面的重视。《民法通则》的颁布实施可以说是私权保护的一面旗帜,从宪法的修正到《物权法》的颁布实施,私权理论在中国可以说逐渐深入人心。知识产权公权化理念把公权化思想加入到知识产权这个原本是私权保护的领域,可以说是一种巨大的倒退。

(四)知识产权作为"私权"属性的维护

知识产权的私权属性与其他民事权利一样,是一种共同的属性。

---

① 衣庆云:《知识产权公权化理论之批判》,载《电子知识产权》2007 年第 7 期。

但知识产权的私权属性又有自身的特点。传统的民事权利中私权是一种排他性的独占权,这种所有权人的权利是绝对性的支配权,并可以对抗所有人。从罗马法到近代民法,对于物权所有权的领域都认为是一个绝对的私权领域。而知识产权则不同,其在产生之初就是个人利益与社会公共利益的某种平衡。从各国对知识产权立法的态度来看,无疑不是在个人利益与公共利益之间划出一条明显的分界线,无非是这条分界线是侧重保护个人利益还是侧重保护社会公共利益而已。1787年美国宪法更是以根本法的形式规定了知识产权制度的三个原则:(1)“促进知识”(the Promotion of Learning),即知识产权的立法目标旨在促进知识传播;(2)“公共领域保留”(the Preservation of Public Domain),即知识产权被限制在一定的时间和范围之内;(3)“保护创造者”(the Protection of the Author),即宪法赋予创造者对其知识财产以专有权利。”①这就说明知识产权并不是一种绝对性的私权,其权利的独占性是有条件的、排他性是有限制的、时间性更加是附期限的。知识产权作为一种私权是由国家授予而产生的,但这种私权属性并不因国家授予而具有公权的特征或者说公权的属性。以权利产生的原因来界定权利的属性,这种界定方式似乎并不能服众。权利取得方式并不能影响或者改变权利的属性,知识产权的国家授予性并不能改变知识产权私人占有的基本性质。

从国家公权力介入的程度来看,知识产权法的确是国家公权力介入较多的法律。这主要是由知识产权的特殊性决定的:(1)知识产权的产生需要国家公权力来确认,也就是说确权由国家行政部门来完成。比如一项发明要获得专利必须要经过国家行政部门来确认是不是构成专利,需不需要专利权来保护。不像特权所有权,只需要实际占有就自然拥有所有权,可以对抗所有人。知识产权的流转、变更等也具有相类似的情形,都须经过国家公权力的确认才能生效。(2)知识产权的保护也需要行政权力的强有力干预。在中国现今社会,行政保护和司法保护对于知识产权保护来说都是不可或缺的方面,两者不能相互替代。

---

① L. Ray Patt erson Stanley & W. Lindberg, *The Nature of Copyright* : *A Law of Users? Right*, The University of Georgia Press, 1991, p. 45. 转引自吴汉东:《关于知识产权私权属性的再认识——兼评“知识产权公权化”理论》,载《社会科学》2005 年第 10 期。

行政管理机关用行政手段处理知识产权纠纷是效果最直接的保护方式,对违法者的责任追究也常常会追究行政责任,这说明行政机关的公权力干预作用是非常明显的。同时,国家制定和实施的知识产权战略也是影响知识产权的重要方面。在全球化大背景下,不论是发达国家还是发展中国家,基本上都会根据本国的国情制定国家层面的知识产权战略,实施知识产权战略可以保护本国高科技产业健康发展,最大限度减少国外企业对本国经济的负面影响。这种国家知识产权战略对知识产权的干预也是非常明显的。知识产权由于行政权力的广泛介入可能会有某些公法的痕迹,但并不能说知识产权因此具有公权的属性。在现今社会,没有公权力干预的法律可能已经不存在了,如果说只要有公权力干预就会改变其私权的属性,那么我们可能就见不到真正意义上的纯正的私权了,"如果假定成立的话,岂不是整个财产权制度皆具有公权和私权之属性,在这种情况下还有什么民事权利体系的同一性、独立性"?①

综上所述,知识产权作为一种私权,不会也不可能变为公权或者具有公权属性。知识产权的私权属性是知识产权作为民事权利的最重要的性质,如果其具有公权属性,将使得知识产权失去其应有的价值。

二、我国避风港规则适用的发展趋势

按照业务领域及其在信息传播链上的地位不同,网络资源提供者分为网络内容提供者 ICP(Internet Content Provider)和网络服务提供者 ISP(Internet Service Provider)。ISP 与 ICP 的不同之处在于,ISP 自身并不发布信息,而只是提供辅助工具或虚拟平台,帮助用户对信息进行检索与发布,进而促进信息的传播,典型者包括信息存储服务提供者、搜索与链接服务提供者。我国早期为了扶持互联网产业的发展,引入避风港规则限制 ISP 的著作权侵权责任,因而在一定程度上损害了著作权人的利益,但这一局面近年来得到了改观,避风港规则的应用展露出新的发展趋势。

(一)避风港规则概述

避风港规则(Safe Harbor),又称安全港规则,是指网络服务提供者

---

① 吴汉东:《关于知识产权私权属性的再认识——兼评"知识产权公权化"理论》,载《社会科学》2005 年第 10 期。

(ISP)在其链接、存储的相关内容涉嫌侵权,而能够证明自己并无恶意并且及时删除侵权链接或者内容的情况下,不承担赔偿责任。避风港规则包括两部分——“通知+移除”(notice-take down),即只有在被侵权人通知ISP且ISP未能及时移除侵权链接或内容时,ISP才需要承担相应责任。这一规则于20世纪90年代末源起于美国,而后被我国法律界引入。

1. 避风港规则在美国的源起

互联网产业发端于美国,20世纪90年代,美国对于网络版权侵权案件的认定标准在不断发展中逐渐成熟。在1993年判决的“花花公子公司诉Frena案”(以下简称Frena案)中,被告Frena设立了一个收费的BBS,有用户在该BBS上发布“花花公子”成人照片,原告花花公子公司即起诉Frena侵犯其著作权。该案法官采取无过错侵权归责原则,不考虑Frena的主观过错,认定Frena为直接侵权人。这一判决对于ISP而言无疑是灭顶之灾,而这种对著作权的极端保护也在之后的一些判决和政府立法中得以体现。之后,虽然“宗教技术中心诉Netcom在线通讯公司案”(以下简称Netcom案)和“花花公子公司诉Hardenburgh案”的法院认为,ISP只有在知晓侵权而不及时删除的情况下才承担帮助侵权责任,但由于此二案皆属于地区法院之判决,效力与影响力并未得到全国性的认可。在这种背景之下,美国国会于1998年颁布了《数字千年版权法案》(DMCA),通过提出免责条款的避风港规则,以纠正部分法院对ISP无过错归责之滥用。但是DMCA并未完全否定Frena案,而是杂糅了Frena案与Netcom案的判决观点。[①] 因此,避风港规则的所谓免责条款,实际上可以被认为是侵权实际成立后的例外情形,美国关于网络版权的保护总体上仍然是十分严格的。

2. 中国对避风港规则的引入

我国关于网络版权的规定始于21世纪初,借鉴了DMCA的避风港规则,先后体现在最高人民法院《关于审理涉及计算机网络著作权纠纷案件适用法律若干问题的解释》、《信息网络传播权保护条例》和《侵权责任法》之中。2000年最高人民法院《关于审理涉及计算机网络著作权

---

① 王迁:《〈信息网络传播权保护条例〉中“避风港”规则的效力》,载《法学》2010年第6期。

纠纷案件适用法律若干问题的解释》首次引入了避风港规则,其第5条规定,网络服务提供者在明知网络用户通过网络实施侵犯他人著作权的行为,或者经著作权人提出确有证据的警告,但仍不采取移除侵权内容等措施以消除侵权后果的,应承担共同侵权责任。2006年《信息网络传播权保护条例》对此进行了细化,其第14～17条明确了"通知—删除"的具体内容和过程,第20～23条模仿DMCA规定了网络服务提供商的免责情形,这标志着避风港规则在我国被正式以行政立法的形式予以确立。2010年《侵权责任法》将避风港规则提升至法律层面,其第36条规定:"网络用户、网络服务提供者利用网络侵害他人民事权益的,应当承担侵权责任。网络用户利用网络服务实施侵权行为的,被侵权人有权通知网络服务提供者采取删除、屏蔽、断开链接等必要措施。网络服务提供者接到通知后未及时采取必要措施的,对损害的扩大部分与该网络用户承担连带责任。网络服务提供者知道网络用户利用其网络服务侵害他人民事权益,未采取必要措施的,与该网络用户承担连带责任。"

3. 中国避风港规则的缺陷

如果说美国出台避风港规则是对过于严格的版权保护的纠正,那么中国引入避风港规则的目的则在于对网络产业的政策性扶持。在网络刚起步的阶段,为了呵护、培养这个新生命,立法与司法皆采取了宽松的网络版权保护措施,限制ISP的侵权责任,比如《信息网络传播权保护条例》中规定避风港规则的立法理由便是:"如果法律不规定哪些网络服务可以免责,就可能使网络服务提供者陷入无休止的侵权纠纷中,无暇顾及自身业务的发展,这对网络产业的发展十分不利的。"①在这一阶段,法律的天平无疑是向网络公司倾斜的,避风港规则几乎被滥用,沦为了网络公司的挡箭牌。这一倾斜同时造成了严重的后果:在美国,由于版权保护制度的完善与版权保护意识的深入人心,避风港规则仅仅起到纠偏的作用,法律对于著作权的保护依旧十分严格,因此著作权人利益所受到的冲击有限;而在中国,无论是版权制度还是版权意识都远远落后,此时引入避风港规则无异于雪上加霜,过去十年中网络盗

① 张建华:《信息网络传播权保护条例释义》,中国法制出版社2006年版,第77页。

版的猖獗已经对著作权人的利益造成了极大的损害。

（二）避风港规则的发展趋势：避风港规则的限制适用与红旗标准的广泛应用

随着我国网络产业的茁壮成长、政府对版权保护的日益重视以及各利益方持续不断的博弈与角力，避风港规则的应用出现了新的发展趋势，这一发展趋势表现为避风港规则的限制适用与红旗标准的广泛应用。我国在吸收避风港规则的同时也规定，网络服务提供者若“明知”网络用户利用其实施侵权行为，亦应承担共同侵权责任。所谓红旗标准，就是用于确认“明知”这一主观故意——当侵权行为明显到如同鲜艳的红旗一样时，基于一个理性诚信之人应当知道其所链接或者提供的内容是侵权的，网络服务商就应当被认定为“明知”，若不及时删除、排除，就将承担侵权赔偿责任。应当说，避风港规则与红旗标准是一个问题的两个方面，两者相辅相成，共同划定了网络著作权侵权案件的界限。只是在早期，法院本着保护网络产业的初衷，很少采用这一标准，但是随着时代的进步，红旗标准已经得到应用，并将在未来得到更为广泛的应用。

1. 在信息存储服务提供者侵权案中的发展趋势

信息存储服务提供者是 ISP 的典型类型，包括视频分享网站、文档分享平台等诸多形式，此类网站多由于用户上传盗版文件而被著作权人诉至法庭。其中，法院在判定视频分享网站构成侵权时，就采用了红旗标准而否认避风港规则的适用。

（1）红旗标准已经应用于视频分享网站侵权案

视频分享网站的原理是，网站自身并不主动发布视频，而由注册的网络用户上传视频分享给大家在线观看，网站仅负有审查视频合法性的义务。自 2005 年起，土豆网、优酷网、酷 6 网、56 网等视频分享网站在中国如雨后春笋般出现，并逐渐成为了互联网世界的“新宠儿”，点击量与营收额不断攀升。在获取巨大利润的同时，这些视频分享网站面临着持续不断的著作权侵权诉讼，因为网络用户经常向视频分享网站上传侵犯他人著作权的视频。作为 ISP，视频分享网站自然可以提出避风港规则进行抗辩，即声称自己无法识别海量的上传视频，只有在收到权利人通知的情形才能够删除侵权视频。但是，与此前 ISP 胜多败少的情况不同的是,视频分享网站在大多数案件中都被判侵权,承担赔偿责任,其原因正在于法院采用红旗标准确认了信息存储服务提供者具有“明知”的帮助侵权故意。以我国知名的视频分享网站土豆网为例,在2007年判决的“新传在线诉土豆网案”、2009年判决的“慈文诉土豆网案”、2010年判决的“森乐诉土豆网案”等大量案例中,法院都判决其败诉,主要理由在于:①网络用户上传至网站的视频文件均须先通过审核才能公开,而土豆网明知影视作品获得合法上传授权之可能性微乎其微;②影视作品有着明显区别于普通网络用户自拍视频的特征,视频网站能够轻易审核发现;③视频网站通常设立了影视、播客、娱乐、动画、音乐等多个频道,因此,就应针对“影视”等存有极大侵权可能的频道进行重点审核;④土豆网在播放视频前独立地播放广告,已经直接获得了经济利益。据此,土豆网明知网络用户上传了侵犯著作权的视频,而怠于行使审查与删除的义务,构成对著作权的侵犯。[①] 土豆网的败诉是中国整个视频分享网站处于不利法律境地的缩影,尽管有观点呼吁不能因一时的版权问题而扼杀了新兴视频分享产业的发展,[②]但这种曾经颇有说服力的观点如今已经遭到实务界与理论界的摒弃。中国法院在此类案件中坚持采用红旗标准认定其侵权,既体现了政府对于网络版权保护的决心,也表明了避风港规则将被限制适用的大趋势。

(2)红旗标准也应当应用于文档分享网站侵权案

与视频分享网站的命运相反,文档分享网站在著作权侵权诉讼中多为胜诉。以百度文库为例,在2010年判决的“贾佳诉百度案”中,原告贾佳发现自己的两本小说被上传至百度文库,于是通知百度公司进行删除,百度公司删除之后该小说又再次被用户上传,于是原告起诉百度侵犯其著作权。一审法院和二审法院都认为,作为信息存储空间服务提供者,百度文库对用户上传的作品是否侵权一般不负有事先进行主动审查的义务,原告不能证明本案涉案作品取得了相当的知名度和

---

① 上海市第一中级人民法院(2007)沪一中民五(知)初字第129号民事判决书、北京市第一中级人民法院(2009)一中民终字第4538号民事判决书、上海浦东新区人民法院(2010)浦民三(知)初字第174号民事判决书。

② 胡开忠:《“避风港规则”在视频分享网站版权侵权认定中的适用》,载《法学》2009年第12期。

影响力,涉案作品也未出现在百度文库的热门文档或者其他推荐页面中,而是需要通过准确地搜索才能获得,因此无法证明百度公司知道或有合理的理由知道百度文库中的涉案作品构成侵权,故驳回了原告的诉讼请求。[①] 与视频分享网站相比,百度文库的胜诉在于两个方面的因素:一是没有植入商业广告直接营利;二是对于文档的审查难度高于影视作品——影视作品绝大多数都是商业公司基于营利目的而制作的,因此著作权人必然不希望自己的作品在网络上大范围免费传播,而文字作品的作者可以是任何人,许多著作人在网络上主动地、免费地发布自己的作品,目的不在于赚钱,而在于让更多人读到自己的文字、了解自己的观点,此外还有大量无法认定著作权人的作品——如何区分不愿作品被上传的作者与愿意作品被上传的作者,是一个十分困难的问题,这也淡化了信息存储服务提供者的主观过错,导致法院的判决更有利于网络公司。然而笔者认为,这两个原因都不能成为百度文档免责的事由:第一,尽管在百度文库中没有被植入商业广告直接营利,但是其带来的巨大点击量带动了百度其他产品的广告收入,应当说实现了间接营利;第二,百度文库中的分类设置与视频分享网站中的频道设置性质相同,因此百度有义务对极可能存在侵权风险的分类(如文学)实施重点监控,作品未出现在推荐页面并不能成为合理的抗辩理由;第三,即使部分著作权人愿意免费传播自己的作品,但百度应当知道,用户上传的大部分文学作品都是违背著作权人意志的,作品没有名气亦不能成为合理的抗辩理由。随着国家对于网络版权保护的不断加强以及法院对于红旗标准的日益熟悉,百度文库也终将与视频分享网站有同样的下场,这一点是毋庸置疑的。

2. 在搜索与链接服务提供者侵权案中的发展趋势

搜索与链接服务提供者,即搜索引擎服务商,也是一种重要的网络服务提供者。它本身并不发布内容,而是通过所谓的“网络蜘蛛”抓取链接,用户使用搜索引擎后点击链接查看、下载内容。音乐搜索引擎是搜索与链接服务提供者的一种类型,用户可以通过它获取音乐链接,进行免费的试听与下载。在中国,百度 MP3 通过音乐搜索获取了巨大的

---

① 北京市第一中级人民法院(2010)一中民终字第 20479 号民事判决书。

流量,同时也一度遭受来自音乐界的猛烈抨击乃至起诉,但由于避风港规则的保护,至今并未遭受到真正意义的败诉。对于百度 MP3 之类的搜索引擎而言,避风港规则在未来终也将被限制适用。

(1)目前而言,引导性设链应被限制适用避风港规则

引导性设链,是指百度 MP3 对音乐资源进行了主动的分类与整合,比如按照歌曲风格、流行程度、歌手性别等标准制作诸如"歌曲排行榜"、"最佳男歌手"、"最佳女歌手"等不同的分类链接,引导网民通过链接下载盗版音乐。这种行为是否属于侵权,理论界与实务界持截然相反的观点。在"步升诉百度案"中,法院认为,"尽管被告在其关于搜索引擎的定义中并未给予明确,但鉴于此链接行为只涉及歌曲的名称和歌手的姓名,并不涉及歌曲的内容,而且有关的网页内容为目录分类,故不应视为侵权"。[①] 而越来越多的学者主张,此种引导性链接的存在,可以推断出百度具有"明知"的主观认识,实质性地帮助了其他网站侵犯音乐著作权人的相关权利,因此构成帮助侵权,[②]甚至有观点认为直接触犯了《刑法》第 217 条所规定的侵犯著作权罪。[③] 随着这一观点在学术界取得广泛的认同,可以预见在不久的将来,其也会得到司法机关的普遍接受。从另一个角度来看,尽管"步升诉百度案"没有解决引导性设链的侵权问题,但是该案一审法院认为百度 MP3 在音乐下载网页中的商业广告反映出其存在营利的目的,进而判决步升公司胜诉,其实也是对百度 MP3 的强烈警示。

(2)长远而言,传统关键词搜索也应被限制适用避风港规则

如果说带有主动色彩的引导性设链能够被排除避风港规则的适用,那么看似被动的关键词搜索是否也可以被排除避风港规则呢?从目前的法院判例来看,这一答案显然是否定的,比如在"泛亚诉百度案"和"正东诉百度案"中,法院认为,"搜索引擎对搜索内容的合法性不具有预见性、识别性、控制性","如果被链接网站没有建立禁链的协议,对搜索引擎服务系统而言,意味着对该网站可以互联互通、信息共享",

---

① 北京市海淀区人民法院(2005)海民初字第 14665 号民事判决书。注意:该案二审以调解结案,因此该一审判决并未发生效力。

② 王迁:《网络版权法》,中国人民大学出版社 2008 年版,第 105~118 页。

③ 于志刚:《传统犯罪的网络异化研究》,中国检察出版社 2010 年版,第 239 页。

"在原告不能证明被告的行为系明知或应知的情况下,将上传作品和下载作品的行为可能产生的侵权责任,由没有识别和判断能力的搜索引擎服务商承担,缺乏法律依据","搜索引擎的出现和发展是互联网发展的必然,搜索引擎服务商与权利人之间关系是互联网环境下形成的一种新的利益关系。在本案纠纷中,虽然存在诸多需要进一步研究和探讨的问题,其中亦包括被告现有的搜索引擎服务系统也存在诸多需要调整和完善的地方,但是,原告指控被告侵犯其信息网络传播权的主张,缺乏法律依据,本院不予支持"。① 在这两个案例中,法院通过强调搜索引擎的技术特性与搜索引擎服务商的监管难度,否决了直接侵权成立的可能性。笔者认为,尽管短期内其仍可以适用避风港规则,但从长远看来,这种传统的自动搜索模式同样难以避免被认定侵权的命运,理由如下:①对于"明知"的认定并非一成不变的,如果百度一直放任不管,终有一天作为著名"盗版音乐集散地"的百度 MP3 将不能再以"无法知晓"作为借口;②音乐作品与影视作品一样,绝大多数都由商业公司制作的,而那些被授权正版音乐的网站又往往会采取技术性手段阻却百度的链接,百度对于其所链接到的音乐资源多为盗版这一事实应当是"明知"的;③随着技术的发展,搜索引擎的预见性、识别性、控制性都在不断提高,比如包含淫秽或反动内容的链接就得到了较为有效的屏蔽,因此缺乏技术手段不再是其侵犯著作权的理由;④尽管百度 MP3 并未存储实质性侵权内容,但其链接行为已经属于帮助侵权,同样应当承担责任;⑤法院目前之所以判决百度胜诉,一个很大的原因在于,搜索引擎服务商与著作权人之间的新利益关系仍处于探索阶段,许多问题并不明朗,而随着对这些问题的不断深入研究,法院完全可以根据新的、成熟的认识重新厘定两者的关系,作出新的、更为正确的判决。

(三)避风港规则发展的后果:推动 ISP 正版化转型及与著作权人的合作

避风港规则的被限制适用与红旗标准的广泛应用意味着 ISP 已经或者将要失去"避风港"的庇护,这迫使它们纷纷踏上了正版化转型之路,寻求与著作权人的和解与合作。那些饱尝败诉苦果的视频分享网

---

① 北京市第一中级人民法院(2006)一中民初字第 6273 号民事判决书、北京市第一中级人民法院(2005)一中民初字第 7978 号。

站，在巨大的司法压力之下，被逼无奈地走向正版化之路，比如土豆网、优酷网等网站近年来都不惜重金购入大量电影、电视剧的网络播放权。而依旧处于诉讼优势地位的百度公司，也认识到了这一发展趋势难以阻挡，因此，未雨绸缪地主动实施了正版化转型战略——2011年，百度公司与中国音乐著作权协会及相关著作权利人达成了合作协议，实现了百度MP3的完全正版化；百度文库在遭受到风起云涌的各路围攻后，也顺势启动了文库正版化转型，2011年4月百度文库删除了99%的文学作品，2011年9月完全正版化的百度阅读开放平台正式上线。

人们曾经一度认为，ISP与著作权人之间是天然的利益对立关系。ISP通过侵犯著作权人的利益进行盈利、扩张，而文学市场、音乐市场将在网络的繁荣下逐渐走向萎缩。这种观点显然是不够长远的，从目前的趋势来看，网络的发达与版权的保护并非冰火不容，两者完全可以相辅相成、共同发展。以百度MP3与音乐著作权人之间的合作为例，对于百度而言，虽然支付给音乐著作权人一笔不菲的费用，但同时获得了在下载、试听页面植入广告的权利，实现了新的创收点；对于音乐著作权人而言，不仅仅获得了一笔来自网络点击的收入，而且百度MP3的巨大点击量能够有力地推广其音乐、提升其知名度、促进其他方面的营收。可见预见，这种利益均沾、合作共赢的互利模式，将出现在未来互联网的各个领域。更深入地讲，避风港规则在中国呈现出如此发展趋势的根本原因在于，中国的网络产业不再是那个羽翼未丰、嗷嗷待哺的幼鹰，它已经长出了强健的翅膀，开始翱翔天空、放眼世界。百度、土豆、优酷等一批国内ISP的佼佼者先后境外上市，一方面积累起了雄厚的资本实力；另一方面又承担起包括版权保护在内的更多法律责任，因此它们有能力也有责任推动网络版权的保护。中国的网络版权事业已经迈入新的阶段，中国的网络版权保护也正在翻开新的篇章。

三、微博的著作权保护

微博（MicroBlog）——一个仅能发送140个字的信息分享传播平台，正在改变着我们的生活，改变着我们的交流方式，也正在推动着一场前所未有的互联网信息传播革命。

过去的几年，Twitter（推特）是毫无疑义的互联网“明星”，在不到两年的时间里，其全球用户实现了“爆炸式”的增长，突破5000万人。中国互联网信息中心(CNNIC)调查结果显示,截至2011年12月底,中国网民规模突破5亿,达到5.13亿,手机网民规模达到3.56亿。据有关行业数据显示,2011年第4季度中国微博市场活跃用户规模达2.49亿,环比增长18.2%,同比增长146.5%。[①] 一种传播媒体普及5000万人,收音机用了38年,电视用了13年,互联网用了4年,而微博只用了14个月。[②]

微博自诞生之日起,就被想当然地认为是一道"免费的午餐",其著作权问题伴随着它的产生及成长过程。但当不断有人特别是一些名人不断在其微博上抱怨自己的微博内容被剽窃,侵犯了他们的版权,微博的著作权保护问题也越来越引起了人们的注意。

(一)微博著作权保护中的几个问题

关于微博的著作权保护,现在有许多不同的看法:第一,微博的作品属性难以界定;第二,微博转发是微博生命力的体现,是一个特定的功能,这就对微博自身的复制权造成了很大的冲击;第三,在当前的微博动作模式下,微博中的财产权较难实现,也就更谈不上对微博自身的保护了;第四,由于微博具有传播速度快的特点,现实中也不太可能征得创作人的同意,因为这样就会使微博的速度快的优势荡然无存,所以经过多次转发后,有可能就会失去原创作人的身份,在这种情况下,微博的著作权保护也就无从谈起。从这些问题中我们可以归纳出以下几个方面。

1.微博是否属于作品的范畴

著作权,"一般是指作者对其创作的文学、艺术和科学作品依法享有的专有权利"。[③] 由此可见,只有成为作品才能享有著作权,进而得到著作权保护。因此要确定微博的内容是否属于作品的范畴是判断其能否享有著作权的重要前提。我国《著作权法实施条例》第2条规定:"著作权法所称作品,指文学、艺术和科学领域内,具有独创性并能以某种有形形式复制的智力创作成果。""从总体看,著作权的客体是以一定的

---

① 转引自Enfodesk易观智库产业数据库发布的《2011年第4季度中国微博市场季度监测》数据。

② 胡卫夕、宋逸:《微博营销》,机械工业出版社2011年版,第8页。

③ 冯晓青:《著作权法》,法律出版社2010年版,第1页。

思想表现形式体现的通过创作行为产生的精神劳动成果。”[①]由此，微博内容要想成为作品，须具备下列条件：

（1）独创性

独创性是一件“作品”能否成为著作权法意义上的作品的核心要件。很多人置疑微博作品的属性大都是因为其字数的限制。当然，微博内容可谓是五花八门，相当一部分可能就是生活记录和一种心情的表达。比如“今天天气不错，下午准备去逛街”等诸如此类的内容，不具有独创性，当然不能视为作品。但是字数并不是确定微博内容是否成为作品的决定因素，我们可以从Twitter和中国具有代表性的新浪微博来比较一下各自的特点。

Twitter说自己要成为“地球的脉搏”。它提供最为快捷的传播平台，并通过最有影响力的人群把正在发生的事实向大众传递，即what is happening。之后又通过大量反馈、传播而加强了这些事实。“但在中国，微博不仅仅是脉搏，也是大脑。”[②]Twitter和微博都把信息内容限制在140个字，但Twitter指的是字符，但微博却是实实在在的汉字，再加上汉语本身的表达方式相比字母语言而言更为简洁生动，所以从表意量上来讲，微博和Twitter根本不是一个量级的平台。微博不仅具有what is happening的功能，而且更多的人用它来讲观点、写短文，还有人把长的文章转换成图片发到微博上，这就更增强了微博的创作空间。李开复说微博是一个“微媒体”。[③]这种说法不无道理。从这个意义上讲，微博不仅是个交流传播的平台，也已经成为一个创作的平台，而微博博主所创作的微博，也可能属于微作品。从一个字的诗歌[④]到几个字的网络原创流行语，[⑤]无不体现着作者的思想火花和原创性的智力劳动，当然具备独创性，140字的限制则足以保证其成为完整表达思想的

---

① 冯晓青：《著作权法》，法律出版社2010年版，第43～44页。

② http://www.yunkeji.com/?p=8752#comments，2015年4月24日访问。

③ 李开复的腾讯微博。

④ 我国最短的一首诗是诗人北岛的《生活》，全篇只有一个字“网”。

⑤ 2010年9月8日，孙钥洋在其实名认证的微博上发起投票，内容为“李刚、王军、卢俊卿、李双江。中国这四大爹，哪一个最牛”？随后，“四大名爹”的说法被多名网友使用。当天下午，孙钥洋在微博上发表声明称：“关于‘四大名爹’的提法，任何正规媒体（包括报纸、电视、网络等）不经本人授权，无权使用！孙钥洋保留对非法使用者追究法律责任的权利。”

文字作品。

(2)思想性

我国画画家冯国伟说“画是创作者心灵的窗户、情感的延伸、思想的结晶”。同样我们也可以说作品是作者思想及情感的延伸,它寄托着作者内心的感悟,作品则是其外在表达。微博内容必须有其思想性才能可能成为作品,但体现到著作权意义的保护上,思想并不能成为受保护的主体。“一般而言,某一作品中体现的思想可以以不同的表达方式来加以体现。针对同一思想的不同表达方式,不同作者可以分别获得独立的著作权。”①可以说,“作品国的思想可以自由地进行复制而不会侵犯著作权人的权利”,②而对表达方式的复制则可能会侵犯著作权的权利。对思想不受著作权保护也符合古老的自然法原则。自然法观念认为,在可以被占有的前提下,财产权才能被保护。而作品中体现出的思想不可能被个人占有,所以,无法做到也没有必要针对作品的思想设立著作权保护。

(3)合法性

合法性也是微博内容成为作品的重要条件,著作权法不会保护不具有合法性的微博作品。从广义上讲,合法性是指不违反宪法、法律及其相关规定,不得有反动、色情、暴力等言论,不损害公共利益。具体到微博作品上讲,各大微博运营商都针对自己的微博平台设定了相关的规定,基本上涵盖了关于合法性的相关法律法规和相关规定。

但并非具备以上条件的微博内容都享有著作权。比如《著作权法》规定,对于时事新闻的传播,由于独创性相对较低,而且具有较大的公益性,所以被排除在著作权法保护之外。

2.微博标题是否享有著作权

微博内容由于短小精悍,一般较少有标题。但是微博作品如果要突出其思想内容也会加上标题。对于微博作品的标题是否享有著作权

---

① 冯晓青:《著作权法中思想与表达二分法原则探析》,载《湖南文理学院学报(社会科学版)》2008年第1期。

② Howard B. Abrams, Clark BoardCallgham, *The Law of Copyright, a div-ision of Thomsopm* Legal Publishing Inc. 1992, USA, at 3. 转引自冯晓青:《著作权法中思想与表达二分法原则探析》,载《湖南文理学院学报(社会科学版)》2008年第1期。

保护还存在争议。从著作权法的意义上说,“作品标题无疑是作品的组成部分之一,对作品整体的著作权保护应当涵盖了对作品标题的保护。但是,对于作品标题是否应单独受到著作权保护或其他形式的法律保护,不同国家和地区规定不一”。[①] 有的国家规定不予单独保护,有的国家则规定可以单独保护,但认定较为严格。[②] 德国法学家雷炳德认为:“仅仅是某种将要表达的思想、某种思想的片段、某个广告语的关键字或者某个标题都还不是作品……很少情况下会用著作权法保护作品的标题。只有当标题在某种程度上体现了作者个人的独创性智慧时,才会涉及著作权保护问题。如果这种情况下标题仅仅包含了某个单个的或许属于原创性的思想,就没有满足这一条件。通常情况下,标题自身的正常长度并不能满足这里的必要条件。也就是说,通常情况下标题仅仅是作品的一个象征而已。……尽管帝国法院在理论上准许对标题进行著作权保护,但在具体的案件中却一一予以否定。”[③]由此看出,对作品标题的保护在现实中执行的较为严格。对于微博标题来说,应当严格执行独创性的标准对其进行认定,如果微博的标题极具特色,具有明显的独创性,就应当予以单独保护,排除他人使用。

3. 微博运营商是否享有著作权

关于微博运营商的著作权我们认为体现在以下几个方面:

(1)微博版面设计的著作权

每个微博运营商都设计自己独特的微博版面以区别和吸引博主。这不属于微博内容的著作权,故不再赘述。

(2)受让的著作权

如果微博博主注册时与微博运营商签订了相关协议,将自己的微博内容的权利让渡于微博运营商或者授权微博运营商代为行使,那么微博运营商就有了相关的著作权。

---

① 冯晓青:《著作权法》,法律出版社 2010 年版,第 45 页。

② 法国《知识产权法典》第 L. 112—4 条(1)规定:“具有独创性的作品标题,可以与其作品本身一样受著作权保护。”我国台湾地区 1985 年“著作权法”第 28 条规定:“未经著作权人同意或授权,用原著名称继续著作者,视为侵害著作权。”美国法院认为,标题不能根据其著作权法获得著作权保护。

③ M. 雷炳德:《著作权法》,张恩民译,法律出版社 2005 年版,第 531 页。转引自冯晓青:《著作权法》,法律出版社 2010 年版,第 45 页。

(3)作品的演绎权

有的运营商把较为精彩的博文汇编在一起出版发行,如果汇编时得到作者的同意,那么作者只对自己的文章享有权利,而运营商则对整个汇编集享有权利。不过如果获得收益应当将收益适当地分配给相关作者。

(二)知识产权法的价值与微博特性的冲突

只要确认了微博内容的作品属性,微博内容就纳入知识产权保护的范围之内,这是毫无疑问的。但是“知识产权制度中的知识产权人对智力产品的垄断和社会公众对其的合法需求构成了矛盾的两个方面。这种矛盾始终存在,知识产权制度从设计(立法)到实施都体现了这种矛盾的彼此消长”。①

产生微博抄袭大量存在的原因有很多,最主要的有两个方面:一是微博的游戏规则。二是商业价值的存在。通常微博运营商在微博中都设置了关注、评论、收藏、转发等几个功能。关注(Follow)这个功能是个非常奇妙的设计,它使每个微博用户都有他关注的对象,只要加关注,就成为别人的粉丝。反过来,每个人也都会被别人关注,也会有粉丝。这样一来,很多微博博主就会想尽办法吸引别人的注意,尽量聚集人气,增加粉丝数量。但相当多的微博博主们不可能每天都会有新鲜的想法或者时间去写原创性的微博以增加粉丝数量,在这个信息爆炸的时代,如果你不是名人,很快就会被淹没在在巨大的信息潮中。为了维持甚至增加关注度,有些人就会去引用别人微博的新鲜创意甚至是名人微博中的内容。更有甚者,一些精彩的微博评论也成了别人抄袭的对象。微博存在即时性、共享性、传播性等几个特性。而转载等功能也是维持微博特性的重要特点,否则微博就失去了存在的价值。

随着现代社会信息化进程的加速,知识产权专有权和社会公众对智力产品的合理需求同样在不断增长,两者始终处于矛盾的状态。“从国外几百年来知识产权立法的轨迹看,一方面,知识产权人的权利随着新技术的发展而在不断地扩张,另一方面则是公众的信息自由的范围

---

① 冯晓青:《知识产权法哲学》,中国人民公安大学出版社 2003 年版,第 236~237 页。

也在逐渐扩大。”[①]从平衡论的层面上来讲，要么是知识产权保护的力度过大，损害公众对智力产品利用的权利，要么是损害知识产权人的利益，导致智力产品创造的动力不足。这两个方面都违背了知识产权制度的根本目的：通过保护智力产品，激励有利于社会的智力产品的创造，同时也有利于社会公众充分利用这种智力产品。这种情况是现代知识产权制度所不能容忍的。对于微博作品的保护正处于这样一个两难的境地，“专有的成分太多，势必会给信息接近造成障碍，从而影响到公众对信息的获取以及信息的自由流动，最终将妨碍知识产权制度的目的的实现；公有的成分太多，则会形成知识产权的弱保护，可能导致对信息的生产原动力严重不足，从而造成信息的稀缺，最终也不利于社会效用实现最大化”。[②]

（三）微博侵权的种类

中国新闻出版研究院自2006年起对数字出版产业进行数据统计显示，5年来数字出版产业总体收入为：2006年213亿元，2007年362.42亿元，2008年556.56亿元，2009年799.4亿元，2010年1051.79亿元，数字出版在5年间增长了5倍，平均年增速度49.37%。但依靠电子书、数字报纸及期刊创造的收入不到25亿元。对于作家而言，所获得的数字版权收益更是十分有限。韩寒曾举例说，自己的图书累积10年所得到的数字版权收益不超过1000元人民币。专业的作家尚且如此，对于广大微博博主来说，想靠微博创作取得合理的收益更是难上加难。微博的重要特点就是传播速度极快，一个重要的原因是其特有的转发设置。微博之间的正常转发，在显示原始帖子内容的同时，也会显示原始发帖人的名称，与原创微博作品还是存在明显区别的。由于信息分享是微博的重要功能，因此，大家也都认同这种转发规则，一般情况下也不构成对著作权人合法权利的侵犯。但是除了合乎规则的转发，现实中还存在大量的对微博作品的侵权行为，大致有下列几种。

1. 抄袭

近期，一些名人在其微博上控诉其博文被一字不差地抄袭，且署名

---

① 冯晓青：《知识产权法哲学》，中国人民公安大学出版社2003年版，第237页。
② 冯晓青：《知识产权法哲学》，中国人民公安大学出版社2003年版，第235页。

还不是自己的。比如郑渊洁就在其微博上表示其创作的博文几乎一字不改地被带V(微博实名注册用户)的人拿走署上自己的名字发出。对这种明目张胆的微博内容抄袭现在有了一个专有名词“微抄袭”。分析目前抄袭的种类,有下列几种形式:

(1)直接抄袭

直接抄袭多发生在同一微博平台上的不同用户间,上述郑渊洁的博文被全文抄袭就是一个典型的例子。李开复也在其微博中说:“我随便找了一条我刚写的微博,发现居然有195人一字不漏地抄袭,几乎都没有标注来处!”微博特有的转发功能使微博内容原创作者的名称仍然会显示出来。但所有的这些抄袭的微博,都没有原作者的名称,有的甚至以抄袭者本人的名义发表出来。

(2)跨平台抄袭

跨平台抄袭曾“引爆”新浪、腾讯、搜狐等门户网站的争端。不久前,腾讯微博用户指责新浪微博抄袭其内容和图片——腾讯微博名人刘翔、莫文蔚的文字和照片,在新浪微博上搜索后,出现许多一模一样、未标注出处的微博内容。为此有网友戏称,“出现了300多位刘翔和200多位莫文蔚”。①

(3)整体性复制

《人民日报》曾经发文指出,从用户名到内容的整体性复制,是一种更为彻底的抄袭。2010年爆发过数十位新浪微博名人集体维权事件,声讨其他门户网站的微博复制。同年9月27日,作家罗志渊发表微博声明:“我发现搜狐等微博运营商复制了我的新浪微博,包括名字、头像、微博内容及图片。我在此声明:我只玩一个新浪微博,其他微博上以我名义发布的言论一概与我无关!”郑渊洁、经济学者韩志国等也发表过类似的声明。②

2. 引用(转载)

转载并不是指合乎微博游戏规则的转发,而是指不加任何说明的拿来就用。转载一般发生在纸媒体引用数字作品上。对于网友个人出于非营利目的的转载,微博作者常常是持较为宽容的态度。但随着微

① 邹德萍:《微博版权浮出水面》,载《上海信息化》2011年10月版。

② 邹德萍:《微博版权浮出水面》,载《上海信息化》2011年10月版。

博影响力的日益扩大,传统纸质出版商也对微博产生了浓厚的兴趣,微博中的各种内容被大量引用,有的还汇编成册出版发行。据业内人士表示,出版社在选用网络稿件时,首先会与相关的网站取得联系,商谈著作权问题,并寻找作者。如果找不到作者,就会在著作权机构登记,将稿费交由该机构统一进行管理和发放。所以,网络上的长篇作品,实体的盗版并不多,但由于一些汇编作品因转载次数过多,确定谁是最终原创作者存在一定技术难度,从而容易忽略微博作者的权益。因此有人说:"微博是一种新的网络信息技术,具有即时更新、转载、传播与分享的特征,如果如同传统版权转载的方式,需事先征求著作权人同意,将面临海量授权的困境,并且也会阻碍微博的发展,使其失去存在的意义。"①姑且不论此说法是否正确,但也从另一个侧面说明了微博转载面临着很多不易解决的难题。

现实中有相当一部分人,打着合理使用的旗号,行抄袭、转载之目的。但法律对合理使用或正当引用的规定又是如何呢?

美国在《版权法》第 107 条中规定,在任何特定情况下,确定对一部作品的使用是否是合理使用,要考虑的因素应当包括:(1)要看有关使用行为的目的,即看是否为商业目的而使用;(2)要看享有版权的作品的性质,不同类型作品的版权利用形式不同,合理与否的界限也不同,比如仅复制一份有版权的文章,可能被视为合理使用,按照其他人独创建筑物再造一座建筑物,就不能被视为合理使用;(3)要看所使用的作品中,被使用部分与整个作品的比例是否适当,比例失当则不能视为合理;(4)要看有关的使用行为对作品潜在的市场价值有无重大不利影响,有这种影响,就不能算合理。

我国台湾地区"著作权法"第 65 条规定判断标准是:一是利用的目的和性质,包括是否为商业目的或者非营利教育目的;二是著作物的性质;三是所利用部分在全部著作物中所占的比例;四是利用结果对著作潜在市场与现在价值的影响。

我国《著作权法》第 22 条中也有类似的规定。综合起来可以归纳为四点:一是是否用于商业目的;二是原作者是否同意其作品被引用;三是

① 北京市百瑞律师事务所律师谢宇红在接受中国知识产权报记者采访时所说。

是否明确标明被引用文字的作者、来源等;四是引用比例是否合理。

从上述法律规定可以看出,打着合理使用的旗号进行抄袭或者引用是站不住脚的。根据法律规定,著作权人对自己的作品具有发表权、复制权、信息网络传播权、保护作品完整权等权利。未经著作权人许可,他人不得侵犯这些权利。只有满足"合理使用"之情形,才能免责。如果严格按照法律的规定,直接引用微博作品的全部内容或者实质部分,则构成侵犯著作权的行为。2011 年 3 月 9 日,北京市海淀区人民法院根据近期几个微博侵犯著作权案,给出了两项微博著作权侵犯认定标准:一是转发者在主观上应当具有"显而易见"的恶意;二是转发行为应当发生了"显而易见"的后果。法院指出,一旦侵权认定,微博运营商也应承担相应法律责任。[①] 这表明司法实践也开始重视侵犯微博著作权的行为。

3. 微博运营商是否负连带责任

根据《侵权责任法》第 36 条的规定,网络用户、网络服务提供者利用网络侵害他人民事权益的,应当承担侵权责任。网络用户利用网络服务实施侵权行为的,被侵权人有权通知网络服务提供者采取删除、屏蔽、断开链接等必要措施。网络服务提供者接到通知后未及时采取必要措施的,对损害的扩大部分与该网络用户承担连带责任。网络服务提供者知道网络用户利用其网络服务侵害他人民事权益,未采取必要措施的,与该网络用户承担连带责任。这也是国际上通用的"避风港原则"和"红旗标准",此规定在《信息网络传播权保护条例》第 20 ~ 23 条有更为详细的规定。"避风港原则"简单地说就是网络服务商可以简单地以"不知者不为罪"或者仅凭迟到"通知——删除"义务就可以主张免责。由于网络海量信息监控的困难,在实践中很难鉴别哪篇文章是侵权。因此在这种情况下,就可以给一个豁免:网络运营商只要把这些东西及时拿掉就可以免责。另外,国家版权局、信息产业部于 2005 年发布的《互联网著作权行政保护办法》第 12 条亦规定:"没有证据表明互联网信息服务提供者明知侵权事实存在的,或者互联网信息服务提供者接到著作权人通知后,采取措施移除相关内容的,不承担行政法律责

---

① 《微博时代浮现著作权"阴影"》,载《北京商报》2011 年 3 月 3 日版。

任。”而“红旗标准”则更进了一步，当有关的侵权行为的事实已经像一面红旗一样飘扬在面前，处于相同情况下的理性人都能够发现时，网络服务商就不能采取“鸵鸟政策”而装作看不见，这种情况下就可以认定网络服务商至少“应当知晓”侵权行为的存在，不能适用“避风港原则”而主张免责。在当前的一些司法实践中，已经有一些案件在审理过程中开始采纳“红旗标准”。这也就在一定程度上加大了网络服务商的注意义务。

（四）应对措施

从上文论述中可以看出，判断微博侵权并不十分困难，关键是我们如何应对。笔者看来，可以从以下几个方面着手。

1. 制度上的应对

（1）完善现有法律法规

微博的兴起给著作权制度带来了不小的冲击，也相应产生了一些著作权法律空白。针对微博这个新鲜事物，我们没有必要制定新的法制进行规范，完全可以在现有的法律规范基础上加以完善，进一步健全我国的网络法律体系。

（2）行业自律

中国互联网协会于2007年8月21日在北京正式发布的《博客自律服务公约》对于现阶段微博运营商的规范经营有很大的借鉴作用。此公约旨在通过规范博客服务商的经营与服务来推动博客的健康发展，受到博客服务商的大力支持，也对博客著作权保护有相当的影响。微博从字面意义上讲也是一种博客，只不过过于微小。此公约对于当前的微博运营也有很大的借鉴意义。微博运营的规范经营和自律可以显而易见地减少侵权行为的发生，更加可以改善服务形象。

（3）著作权集体管理

著作权集体管理在这方面可以借鉴一下中国音乐著作权协会和中国音像著作权集体管理协会的办法，建立一个“微著协”或“微集协”的会员制度组织。微博的著作权人自愿建立，并把著作权授权给该组织，并由该组织集中管理著作权的许可授权、费用收取及分配等。这样一来，著作权人针对海量授权海量支付等耗费精力的工作就不用亲自办理，可以专心搞创作。

2. 技术措施

(1)微博运营商可采取的措施

鉴于很多用户不愿意以实名发微博,可以采用“后台实名,前台自愿”的方式进行微博实名登记。这样一来,既可以解决微博用户身份信息的真实,又可以解决微博用户匿名发文的意愿。如此一来,不管是侵权主体还是被侵权主体,在发生微博侵权行为的时候,可以很快确定,微博确权的进行也相对容易很多。北京市在此方面走在了前面。2011年12月16日,《北京市微博客发展管理若干规定》对外公布,明确要求微博用户后台实名注册。这在某种程度上可以将微博管理模范化,但另一个方面,后台实名注册的一个弊端也不可忽视。这个弊端就是身份及密码信息的泄露问题,去年开始爆发的网站大规模用户密码泄露事件使微博用户有理由担心自己的个人信息的安全问题。因此,是否能保证微博用户注册信息的安全问题也是微博实名注册能否顺利实施的一个关键问题。

(2)技术支持

当今的信息技术已经可以说是突飞猛进。比如说在微博版面上传统的关注、评论、转发等的基础上设置诸如支付稿费、禁止转载等功能符号,这样就可以很方便地使微博用户或转载方作出自己的选择,也可以在一定程度上减少不必要的争议。另外,微博运营商也可以考虑设立独立的栏目,专门曝光那些恶意转载用户。

3. 增强著作权保护意识

可以说,社会公众的著作权保护意识如何在某种程度上可以反映这个国家的著作权保护水平。所以,微博著作权保护不仅要依靠法律制度的健全,也要依靠社会公众的著作权保护意识。据有关数据显示,2010年我国18~70周岁国民的版权认知度为75%。[①] 这样的水平虽然比2009年略有增加,但距离大多数国家还是有不小的差距。因此,不管是微博权利人还是微博内容使用人都要增强著作权意识。一方面,要加强对自己微博作品的著作权保护意识。另一方面,更要尊重他人劳动成果,在转载或引用时要合乎游戏规则。只有这样才能塑造文明

① 中国新闻出版研究院2011年4月21日公布的第八次全国国民阅读调查数据。

的微博传播理念、营造良好的微博传播氛围。

微博正在改变着人们的生活，也势必改变相关的法律规范。数字时代的著作权法律已不可能只涉及有利益关系的部分社会群体，它调整的范围远远大于以往任何时候。完善相关著作权法律不能只依赖于少数专家学者，它更需要社会公众的积极参与。新一轮著作权法修订工作已经启动。我们对著作权法律的未来走向满怀期待。

四、软件产品知识产权保护的技术手段优先性

与其他应受知识产权保护的作品相比，软件永远是一个"过程性而非最终完成的作品"。[①] 而且随着软件发展到诸如开放源代码、copyleft[②] 这种新的形式，以及软硬件绑定销售和软件升级只限于特定硬件这类新的商业模式的出现，侵犯软件知识产权的行为有了新的变化。在这个前提下，与法律保护的手段相比，从技术手段上保护软件产品的知识产权反而更具优先性。因此，在与其他应受知识产权保护对象进行比较的基础上，本章就软件产品的特殊性进行了分析。同时，针对软件产品开发以及市场运作过程中的新情况，对侵犯软件知识产权新的行为方式进行了说明。最后，作为结论，本章就保护软件知识产权技术手段的优先性进行了论证。

---

① Jon Crowcroft, Copyright, Piracy and Software, in Lionel Bently, *Copyright and Piracy: an Interdisciplinary* Critique. Cambridge University press, 2010, p. 210. 对此有相同论述的有于志刚:《网络刑法原理》，元照出版有限公司 2007 年版，第 27 页；Jürgen Ensthaler: Gewerblicher Rechtsschutz und Urheberrecht. Springer, 2009, 3 Aufl, S. 44; Ahrens Hans-Jürgen: Gesetzgebungsvorschlag zur Beweisermittlung bei Verletzung von Rechten des geistigen Eigentums. In: GRUR 2005, S. 837 ff; Bork Reinhard: Effiziente Beweissicherung für den Urheberrechtsverletzungsprozess-Dargestellt am Beispiel raubkopierter Computerprogramme. In: NJW 1997, S. 1665 ff。

② Copyleft 很难找到一个合适的中文名字，它是随着自由软件运动形成的概念，是一种利用现有著作权体制来挑战该体制的授权方式。在自由软件许可证方式中增加 copyleft 条款之后，该自由软件除允许使用者自由使用、散布、修改之外，还要求使用者修改后的衍生作品必须要以同等的授权方式释放出来以回馈社群。Copyleft 授权方式与常见的著作权授权模式不同：选择 copyleft 授权方式并不代表作者放弃著作权，反而是贯彻始终，强制被授权者使用同样授权发布衍生作品，copyleft 许可协议不反对著作权的基本体制，却是透过利用著作权法来进一步地促进创作自由。提出并使用 Copyleft 观念的是 GNU 计划，具体的发布条款包含在 GNU 通用公共许可协议、GNU 宽通用公共许可协议和 GNU 自由文档许可协议里。

(一)作为作品的计算机软件——在创作方式和结果上与其他作品的不同

作为应受知识产权保护对象的作品,软件在创作方式和创作结果上与其他作品存在很大的差异。

1.软件产品的可替代性和在产品市场上的被支配性

与书籍、音乐和影视作品相比,软件开发中,从源代码形式转换为可执性代码形式的过程始终不是一劳永逸的。从这个意义上来说,软件产品就是一件永远也不算完成的新颖作品。另外,在软件开发过程中,由于程序性源代码并不对用户开放,因此绝大多数软件都需要开发者维护这些源代码,而且通常会根据客户的需要不断地更新这些源代码。这主要有两方面的原因:其一,软件本身不可能是完美的,任何程序都包含有诸多的漏洞;其二,对软件来说,用户希望软件开发者能够不断地推出具有新特征的版本。如文字处理软件中的拼写检查功能,客户要求该软件既能对美式英语也能对英式英语进行拼写检查。因此,这就要求开发人员能够进入该软件的源代码,而且他们需要知道如何修正这些漏洞和提供更多的功能。与其他作品相比,创作者一旦完成了创作,如小说或者诗歌等,他们很少对这些已经推出的作品进行有实质意义的修改。

另外,软件产品之间具有可替代性。对功能相同且处于竞争地位的软件来说,正是它们之间具有相互替代性,这才给消费者提供了更多的选择机会。比如除 Windows 以外,用户还可以使用苹果的 Mac OS X 或者 Linux 的操作系统;对文字处理软件来说,除 Word 以外,我们还可以选择 WPS、iWork、LaTeX 等,又如除 IE 浏览器以外,我们还可以选择 Firefox 或者 Safari 等。软件产品之间的这种可替代性使其与音乐、影视、游戏、图书以及其他受知识产权保护的作品之间存在差异,因为这些作品不可能被另一个创作者完美地替代。比如舒曼的小夜曲,尽管可能因为制作 CD 的技术和质量之间存在差异,我们可以买到该小夜曲不同价位的 CD,但我们却不能买到该小夜曲的其他替代性产品,比如用舒伯特小夜曲来替代舒曼的小夜曲。由此可见,与其他应受知识产权保护的作品相比，软件产品之间是具有可替代性的。[①]

同样，尽管软件产品都是独立存在的，但如果离开硬件它们根本就没有任何作用，而且有时候软件还需要与其他软件相互配合才能够在计算机上运行。因此，从整个产品市场来说，计算机软件一直是处于配件市场的地位。[②] 对用户来说，除了购买软件以外，他还必须购买运行这些软件的硬件设备。但其他应受知识产权保护的作品，功能的发挥就不必然需要借助其他产品。比如消费者购买了一本书，他就不需要非得购买一把可以躺着看这本书的躺椅，从而使自己的阅读体验更舒适。但对软件的消费者来说，他购买了 FaceTime 这个软件后，他只能在购买了苹果产品后才能在该设备上运行该程序，不然他购买的这个软件就没有任何意义。由此可见，计算机产品在市场上仅处于零配件的地位，它们既需要计算机硬件，有时候也需要其他软件相互配合才能够运行。

2. 软件开放资源的出现——保护知识产权在软硬件保护上具有等置性

正是因为软件产品的可替代性和在市场中处于配件的地位，用户才希望软件能够在一个开放的系统下运行，这样他们才有更多的软件可供选择。因此，运行程序的特定硬件平台必须能够相互兼容。比如 AMD 和 Intel 处理器就是一个具有兼容性的硬件平台，这样同一个操作系统或者同一款软件才可能在不同硬件平台上完美运行。由此可见，运作的平台是否对不同软件竞争者开放，是决定用户是否可以选择不同软件产品的关键。[③] 为了增强竞争性，软件行业通行的做法就是有意地使用隐蔽性的界面或者通常在短期内不断升级硬件，其目的就是使

---

① Hector Macqueen, *Contemporary Intellectual* Property, Oxford University Press. 2007, p. 868; Bandi-Dohrn: Probleme der Rechtsverwirklichung beim Schutz von Software. In: CR, 1987, S. 835ff; Büllesbach Alfred/Büchner Wolfang: IT doesn't matter!? -Aktuelle Herausforderungen des Technikrechts-Jahrestagung der Deutschen Gesellschaft für Recht und Informatik, 2005, Köln, 2006.

② Dreier Thomas: Verletzung urheberrechtlich geschützter Software nach der Umsetzung der EG-Richtlinie. In: GRUR 1993, S. 781 ff.

③ James Boyle, The *Public Domain*, Yale University Press, 2008, pp. 76 – 82.

提供可兼容性的竞争者中能够有力地阻止其他商业竞争对手。[①]

同时在互联网时代,软件在用户和网络服务商之间,不但两者形式上有别,而且在信息传递中,软件在两者之间的作用也并不对称。用户一般使用简单的软件,比如IE浏览器,就可以通过互联网从供应商那里获得信息,但对Amazon、Google、Facebook这些网络服务商来说,它们却必须使用非常复杂的软件系统才能满足大量用户的需要。由于用户使用的这类软件,其开发和维护的成本比较低,因此实践中软件开发者一般都向客户赠送这类软件。这就造成软件行业的商业模式发生了转变,从出售软件本身到从各种服务中回收成本,比如从服务商提供的广告、支付的下载服务等方面来获得利润和回收软件开发的成本。这就导致了软件开放性资源的出现,因为对软件开发者来说,随着网络经济的发展,通过直接出售软件来获得利润的方式已经显得并不重要了。而且现在很多电子类产品都将软件直接和硬件绑定在一起销售,用户在购买硬件的时候已经支付了相应软件的费用。对一些比较昂贵的软件来说,现在的软件开发者更愿意将软件绑定到硬件上,从而通过所谓的硬件升级来获得相应的利润。

由此可见,随着软件开放资源的出现,如今软件产品在市场上完全是以另外一种全新的形式在竞争。在很多情况下,软件都内嵌到了相应的硬件中,这样就使软硬件紧密地联系在一起,而且随着计算机技术的发展,硬件领域也发生了很大的变化,设计人员只要借助特定的软件就可以对硬件进行描述。[②] 而且软件的升级和后期的维护,也更需要硬件的配合和同步发展。因此,传统软硬件之间的关系如今已经发生了新的变化,软硬件之间完全是你中有我,我中有你。[③] 在这个前提下,要有力地保护软件产品的知识产权,相应的规定在软硬件上应该具有同

---

① Sharath Udupa: Deobfuscation: Reverse Engineering Obfuscated Code. 12th Working Conference on Reverse Engineering. 7 – 11 Nov. 2005, pp. 1095 – 1350.

② 比如借助Verilog这个特定的程序语言,设计人员就可以对硬件进行描述。它是目前应用最为广泛的硬件描述语言。设计者可以用它来进行各种层次的逻辑设计,也可以进行数字系统的逻辑综合,仿真验证和时序分析等。

③ Martin Schmidhuber: Verhaltenskodizes im nationalen und grenzüberschreitenden elektronischen Geschäftsverkehr. Peter Lang, 2004, S. 129; Rotraud Gitter: Softwareagenten im eletronischen Geschäftsverkehr. Nomos, 2006, S. 208.

等的价值。[1] 同时,网络的迅速发展也使这一要求变得越来越紧迫,因为在得到授权许可或者进行相应的支付后,软件就可以直接下载到新的硬件上。在这种情况下,软件就变成了一种开放性的资源。随着网络的发展,非法复制软件和升级的行为变得越来越容易,这无疑给软件知识产权保护提出了新的挑战。[2]

(二)源代码的"再使用"和"逆向工程"——侵犯软件知识产权行为的新形式

随着软件开放源代码以及软件新的市场竞争形式的出现,传统侵犯软件知识产权的行为方式也发生了很大的变化。目前针对软件产品的侵权行为主要包括复制源代码和"逆向工程"(Reverse Engineering)。[3]

由于大部分软件都绑定在硬件上,用户在购买硬件的同时事实上已经支付了相应软件的费用,包括之后软件升级的费用。因此以牟利为目的大规模复制操作系统软件的传统盗版行为,如今已不再属于威胁软件产品的主要侵权行为了。[4] 但随着软件源代码的出现,个人用户复制源代码的行为逐渐成了如今软件产品主要的侵权行为方式。[5] 尽管社会,包括很多软件开发企业已经认可了对源代码的"再使用"这种侵权方式。在软件开发中,一些企业直接用他人的源代码主要基于两个目的:其一,现有软件已包含有诸如需求捕获和解决,以及设计测试等软件编写开发的重要内容,复制源代码在开发新的软件时可以节省诸多的投入和费用;其二,现有软件的技术一般在实践中都已经比较成

---

① Ernst Stefan: Die Verfügbarkeit des Source Codes-Rechtlicher Know-how-Schutz bei Software und Webdesign. In: MMR 2001, S. 208 ff; Thomas Gniadek: Die Beweisermittlung im gewerblichen Rechtsschutz und Urheberrecht. Duncker und Humblot, Berlin, 2011, S. 85.

② Albrecht/Grafe/Kilchling: Rechtswirklichkeit der Auskunftserteilung über Telekommunikationsverbindungsdaten nach §§ 100g, 100h StPO. Duncker und Humblot, Berlin, 2008, S. 203 – 211.

③ Reverse Engineering 或称"反向工程",是指对软件的结构、流程、算法、代码等进行逆向拆解和分析。在原创者不愿公布硬件或软件产品技术特征的情况下,竞争者可以利用"反向工程"进行仿制生产,而配套产品生产者则也希望通过"反向工程"生产出在技术上与原产品兼容的设备。对此可参见 Raja Vinesh/Fernandes Kiran J: Reverse Engineering-an industrial perspective. Springer, 2008, p. 2; Wego Wang, *Reverse Engineering-Technology of Reinvention*, Taylar & Francis Press, 2011, p. 27.

④ Michael Spence, *Intellectual Property*, Oxford University Press, 2007, p. 308.

⑤ Reto M. Hilty: Urheberrecht. Stämpfli Verlag AG Bern, 2011, S. 301; Fallenböck/Galla/Stockinger(Hrsg.): Urheberrecht in der digitalen Wirtschaft. Manz, 2005, S. 192.

熟,而且软件自身的漏洞和不足也比较少,因此直接复制这些源代码就可以充分利用该软件业已成熟的技术和优势。[①] 比如目前被广泛使用的编程语言 C + +,其实该语言就是建立在 C 语言的基础之上,因为该语言基本已解决了人们遇到的很多实际问题。由此可见,这种实际情况影响着人们对重复使用他人源代码的基本态度。同时,受开放源代码运动的影响,不同社会对"再使用"源代码的理解也存在差异。[②] 因此,持续不断地使用源代码中开创性解决问题方法,以及编写代码成熟的技术在软件开发行业就显得非常普遍。由此可见,与直接拷贝操作系统这种传统侵犯知识产权的行为不同,通过"再使用"源代码成熟的技术以及开创性解决问题的方法,在整个软件行业以及社会尽管现在接受了,但这已经是实质上构成了对软件产品知识产权的侵犯。

针对复制源代码的行为,尽管软件开发商都能容忍这种实质性的侵权行为,但他们却并不希望源代码被大规模地复制。[③] 在现实中,这种大量复制源代码的侵犯知识产权的行为主要发生在个人用户这个范围内。因为他们认为有些软件过于昂贵,而且开发这些软件的企业都是垄断性行业。这种态度决定了年轻人就像对待盗版音乐一样毫无顾忌地通过复制源代码的形式大肆使用盗版软件。[④] 这种情况目前并非仅发生在中国,即便在对知识产权保护观念深入人心的欧美国家,现实中大量用户并没有遵守知识产权的法律规定,大量的商业盗版软件在这些国家的个人或企业的设备上运行着。[⑤] 因此,对软件源代码"再使

---

① Ludwig Delp:Das Recht des geistigen Schaffens in der Informationsgesellschaft. 2 Aufl,C. H Beck Müchen,2003,S. 285;Philipp D. Bollacher:Internationales Privatrecht,Urheberrecht und Internet. Peter Lang,2005,S. 15.

② Ernst Stefan:Die Verfügbarkeit des Source Codes-Rechtlicher Know-how-Schutz bei Software und Webdesign. In:MMR 2001,S. 177.

③ Till Evert:Anwendbares Urheberecht im Internet. Verlag Dr. Kovac,2005,S. 207;Hoeren Thomas:Internet und Recht-Neue Paradigmen des Informationsrechts. In:NJW 1998,S. 2849 ff;Felix Banholzer:Die Internationale Gerichtszuständigkeit bei Urheberrechtsverletzungen im Internet. Peter Lang,2011,S. 152.

④ Axel Metzger:Urheberrechtsschranken in der Wissensgesellschaft:„Fair use" oder enge Einzeltatbestände? In:Matthias Leistner(Hrsg.)Europäische Perspektiven des Geistigen Eigentums. Mohr Siebeck,2010,S. 101.

⑤ Nicola Lucchi:Digital Media and Intellectual Property. Springer,2006,p. 62;Fallenbäck-Galla-Stockinger(Hrsg.)Urheberrecht in der digitalen Wirtschaft. Manz,2005,S. 191 – 198.

用”的行为逐渐成为当今主要的侵犯软件知识产权的行为。

除“再使用”源代码这种侵犯软件知识产权的行为以外，另一个主要的行为就是通过“逆向工程”（Reverse Engineering）对软件的侵权了。[①] 因为在绝大多数国家，对程序代码的计算并不受法律保护，他们主要认为这些代码本质上就是一种数学的计算而已。[②] 但如果某软件开发企业的竞争对手从相关程序中推导出该程序代码的计算方式的话，那么该竞争对手完全可以设计出与对方竞争的产品来，但其行为却并不构成对对方知识产权的侵犯。而且在很多情况下，这种“逆向工程”甚至是直接对某个正在运行程序的代码进行拆卸或反编译，这就造成在软件社区系统内，这些通过“逆向工程”被破解的软件源代码可以在计算机之间任意传播。而且在现实中，软件开发者在没有任何合作的情况下，仅通过“逆向工程”就可以从软件竞争者那里获得文件编制的相关内容，但这种情况反而不构成侵权。[③] 尽管这样，软件开发技术人员完全可以从获得的文件编制内容中推出该软件是如何运行的，并进而编制出更具有竞争性的软件产品，因为详细的软件编制文件从某种程度上就是软件程序的源代码。因而在软件开发过程中，如果能在他人开发软件的基础上对程序进行合理优化或者功能扩展，那么该软件产品无疑就会更具竞争优势，而且诸如 BSD 这类授权开放源系统也是这样做的，这也从另一个方面推动了这种实质上侵犯软件知识产权行为的泛滥。[④]

（三）软件产品知识产权保护技术手段的优先性——对新侵权行为方式的回应

对知识产权的保护，既需要保护所有人的权利，也需要为知识能够共享从而服务大众提供保障，从而促进知识的创新和发展。[⑤] 但是随着

---

① Peter Lutz：Grundriss des Urheberrechts. C. F Müller，2009，S. 165.

② Matthias Pierson，Thomas Ahrens und Karsten Fischer：Recht des geistigen Eigentums. Verlag Vahlen，2007，S. 29；Samuelson，Pamela；Scotchmer，Suzanne，The Law and Economics of Reverse Engineering，*Yale Law Journal*，Vol. 111，No. 7，May 2002，pp. 1575 – 1664.

③ Ulrich Loewenheim：Handbuch des urheberechts，2 Aufl，2010，§ 9，Rn. 186 – 188.

④ Birner Cornelia：Die Internet-Domain als Vermögensrecht. Zur Haftung der Internet-Domain in Zwangsvollstreckung und Insolvenz. Mohr Siebeck，2005，S. 67.

⑤ Olenhusen Albrecht Götz von：Digitale Information-und Wissensgesellschaft und das Urheberrecht. In：ZRP 2003，S. 232 – 235；Metzger Axel：Richtlinie zum Urheberrecht in der „Informationsgesellschaft“ – Privatkopie trotz technischer Schutzmaßnahmen？MMR 2002，S. 139.

新型侵权方式的不断出现,从新的视角来思考保护的角度和力度,应当予以重视。

1. 软件产品知识产权保护的难题:软件产品的封闭性与开源社区的开放性

随着新的侵犯软件产品知识产权行为的出现,以及开放性开源社区的形成,如何对相对封闭的软件产品在开放性开源社区情况下进行知识产权保护是各国共同面临的一个难题。[①]

尽管早在 20 世纪 30 年代,邱奇 - 图灵命题(Church-Turing thesis)[②]就已经明确提出了所有计算机程序的等价性。因此对那些处理同一事项的软件来说,无论编程人员使用的哪种编程语言开发的,它们都被视为“图灵等价”(Turing Equivalent)。[③] 尽管如此,软件产品仍应作为知识产权保护的对象予以保护。但随着大量复制软件源代码以及“逆向工程”这种新的侵权行为的出现,以及开放性开源社区的形成,在对软件知识产权保护上遇到了新的难题。[④]

针对软件产品知识产权保护的方式,自由软件基金[⑤]通过通用许可

---

① David Berry:Copy,Rip,Burn:*The Politics of Copyleft and Open Source*,Pluto Press,2008,p. 177; Joshua Gay, Free Software, Free Society: Selected Essays of Richard M. Stallman, *CreateSpace*,2009,p. 202;Schwarz,M.;Takhteyev,Y. (2010),Half a Century of Public Software Institutions:Open Source as a Solution to the Hold-Up Problem,*Journal of Public Economic Theory* 12(4),pp. 609 - 639.

② 邱奇 - 等价命题(Church-Turing thesis)是指一切直觉上的可计算的概念,都等价于图灵机可计算的概念。或者换句话说,任何捕捉了直觉上可计算性的计算模型的计算能力都和图灵机等价。参见 Rafal Urbaniak,How Not To Use the Church-Turing Thesis Against Platonism,*Philosophia Mathematica*(2011)19(1),pp. 74 - 89。

③ 图灵等价(Turing Equivalent)有两个意思:一个是指两个计算系统在可计算性上计算能力相同;另一个也是常用的一个,是指一个系统的计算能力与通用图灵机计算能力相同(在可计算性的意义上)。对此可参见 Colin P. Williams,Explorations in Quantum Computing,*Spinger*,2010,p. 427。

④ Grosheide Willem:Durchsetzung von Urheberrechten im Wege einstweiliger Maßnahmen. GRUR Int. 2000,S. 310 - 324;Haberstumpf/Helmut:Handbuch des Urheberrechts. 2 Aufl,Neuwied,2000;Philipp D. Bollacher:Internationales Privatrecht,Urheberrecht und Internet. Peter Lang,2005,S. 64.

⑤ 自由软件基金会(Free Software Foundation,FSF)是一个致力于推广自由软件的美国民间非盈利性组织。它于 1985 年 10 月由理查德 · 斯托曼建立。其主要工作是执行 GNU 计划,开发更多的自由软件。

证(GPL)的模式,[①]从而对编程人员编写的代码进行保护,并能确保该代码保留在公有领域。[②] 但这种模式在软件行业通常被视为一种"被感染的病毒",如果编程人员在开发其他软件的时候遵守了GPL要求的话,那么该软件开发人员就"中了GPL的毒"。也就是说,该软件开发人员只能将其自己新开发的代码置于共有领域。因此,对按照通用许可证模式开发软件的编程人员来说,当该软件进入商业领时,他们却发现就连他们自己都不能进入属于他们自己的GPL代码。这也是软件企业的一项政策,比如微软。

对软件产品进行知识产权保护的另一种方式具有知识共享的特征,在保留所有权和不保留任何权利这个传统著作权的两个极端之间,知识共享(Creative Commons)的方式则试图在两者之间保持某种弹性。这就使创作者可以"保留部分权利"。[③] 因为知识共享提供了多种可供选择的授权形式及条款组合,所以创作者可与大众分享创作,尽管他授予了其他人再散布的权利,但他对该作品仍能保留某些权利。知识共享的诞生是为了避免现代知识产权以及版权法在信息共享方面的问题。比如对获得授权使用Unix操作系统的软件开发人员来说,因为他们也公开了相应的代码,他们当然也希望能够由此获得相应的利益。这种授权使用操作系统的做法在实践中非常普遍,而且对那些市场占有率比较高的操作系统来说,比如BSD等,[④]由于当今主流的系统大部分是建立在开放源社区代码基础上的,因此,它们通常都是通过授权使

---

① 我们很熟悉的Linux就是采用了GPL。GPL协议不同于BSD、Apache Licence等鼓励代码重复使用的许可。GPL的出发点是允许代码的开源、免费使用以及引用、修改、衍生代码的开源和免费使用,但不允许修改后和衍生的代码作为闭源的商业软件发布和销售。GPL协议的主要内容是只要在一个软件中使用GPL协议的产品,则该软件产品必须也采用GPL协议,既必须也是开源和免费。这就是所谓的GPL的传染性。

② 传统的著作权通常为两种极端:一端是"保留所有权利",另一端则是"不保留任何权利"(即公有领域,public domain)。

③ Andrew M. St Laurent, Understanding Open Source & Free Software Licensing, *O'Reilly Media*, 2004, p. 63; Sharonk Sandeen, Intellectual Property Deskbook for the Business Lawyer: A Transactions-Based Guide to Intellectual Property Law, *Amer Bar Assn*, 2008, p. 201.

④ BSD(Berkeley Software Distribution,伯克利软件套件)是Unix的衍生系统,由加州大学伯克利分校开发和发布。历史上,BSD曾经被认为是UNIX的一支——"BSD UNIX",因为它和AT&T UNIX操作系统共享基础代码和设计。在20世纪80年代,衍生出了许多变形的UNIX授权软件,比较著名的如DEC的Ultrix及Sun公司的SunOS。

用的方式提供给用户的。比如 Sun Microsystem、Citrix、IBM 以及其他一些比较重要的系统都是在 BSD 授权代码的基础上被广大用户所接受的。因此,从授权使用这个意义上来说,这些系统相对来说也是封闭的软件产品。

但由此引发的问题是,在相对封闭的软件产品和开放的开源社区两者之间到底存在什么差别呢? Eric S Raymond 认为在开放性源社区内部,从 GPL 和 BSD 这两个授权模式之间就可以很清楚地看出这种差异。① 支持 GPL 并由其提供的 copyleft 能够为开放源的开发者提供有力的保护,因为根据它的要求,在同一个授权下,其他开发者必须不间断地向其他人公布他们自己所做的修改。与此相反,以 BSD 为基础的开发者却并不需要将这种变更在公共社区里向原开发者开放。② 因此,目前大部分软件开发商都是根据 BSD 这个开放源模式开发自己的软件代码,从而是在市场上经营自己的软件产品,比如 Red Hat 和 Citrix。对这类软件的开发商必须在公有领域维护这些软件,而且数量庞大的程序开发人员也需要不断地为该软件的升级和功能改进提供帮助。事实上,很多软件公司不但允许自己的员工使用该类软件而且也鼓励他们为这些软件的升级和改进提供帮助。目前,在文学界以及影视界也都出现了这种趋势,比如粉丝贡献文学(fan-contributed Literature)的出现。③ 由此可见,开放源社区的形成已经成了软件产品发展和经营的主要形式。同时,开放源代码形式的出现,无疑提高了软件的开发效率,降低了软件自身漏洞的风险,但这也给传统知识产权保护的模式提出了很多挑战。

2. 软件产品知识产权保护技术手段优先性的论证

基于以上分析,随着软件开发和市场运行发生的变化,软件侵权行为出现了新的特征。与对软件知识产权保护的法律手段相比,某种程

---

① Eric S Raymond, The Cathedral and the Bazaar-Musings on Linux and Open Source by an Accidental Revolutionary, *O' Reilly Media*, 2001, pp. 16 – 19.

② Karl Franz Fogel, Producing Open Source Software: How to Run a Successful Free Software Project, *O'Reilly Media*, 2005, p. 35.

③ 对此有深入研究的是 K. F. Lawrence,参见其 The web of community trust-amateur fiction online: a case study in community focused design for the semantic web. Ph. D. Thesis, *University of Southhampton*, 2007, p. 217。

度上技术手段反而是一种更为有效的途径。

针对软件产品通过"逆向工程"受到侵权的事实,技术上的预防手段主要有两种,即编写混乱代码和加密技术,其目的都是增加复制软件的成本和难度。① 相对而言,编写混乱代码并不是非常有效的方法,因为它只是对释放的代码重新改写,在此基础上编写出使人不容易识别的代码。而加密的方法却更具有实用性,因为释放的代码只有用户能够提供密匙的情况下才可以使用该软件。而且在之后的使用中,用户还要求开发者能够提供进一步的授权密码。但在实践中,一般这类后继密码都内嵌于某些特定的硬件上,比如软件保护器,或要求在主要处理器上放置某种可信平台模块(TPM)。这种模块要求只有在拥有密码的情况下才允许该软件运行。目前,通过将可信平台内置于新一代处理器上,从而避免在无授权情况下使用软件的方法越来越普遍。② 这种措施增加了盗版复制的困难和成本,从而为软件产品的知识产权提供了有力的反盗版保护。

就依靠加密技术保护软件知识产权的这种手段来说,一般都需要一个能将软件授权使用密匙分发给不同用户的附属系统,而且这种系统通常属于所有数字版权管理(DRM)技术的一大部分。③ 因此,正像大多数软件可以被"逆向工程"一样,这类对软件保护起着重要作用的附属程序也很容易被复制和变更,而且就连数字版权管理系统自身在实践中都因为人为的错误而很容易遭到破坏,这就造成通过技术手段对软件知识产权保护的困难和无奈。④ 因此除技术手段以外,软件知识

---

① Fallenböck-Galla-Stockinger(Hrsg.)Urheberrecht in der digitalen Wirtschaft. Manz,2003,S. 238;Jürgen Ensthaler:Gewerblicher Rechtsschutz und Urheberrecht. 3 Aufl,2009,S. 106 - 106.

② Steven Kinney, Trusted Platform Module Basics Using TPM in Embedded Systems with CDROM:Using TPM in Embedded Systems, *Elsevier*, 2006, p. 23.

③ 数字版权管理(Digital Rights Management,DRM)指的是出版者用来控制被保护对象的使用权的一些技术,这些技术保护的有数位化内容(如软件、音乐、电影)以及硬件,处理数字化产品的某个实例的使用限制。该概念容易和版权保护混淆。版权保护指的是应用在消费电子产品上的数字化媒体内容上的技术,版权保护技术使用以后可以控制和限制这些数字化媒体内容的使用权。

④ Jennifer Davis, Of plots, *puddings and draught-excluders: the law as it applies* to the infringement of *computer programs. In: Lionel Bently/Jennifer* Davis: Copyright and Piracy: an *Interdisciplinary critique*, Cambridge University Press, 2010, p. 230.

产权保护有时候还需要借助法律手段才能实现保护的目的。这种现状导致了美国于 1998 年通过了《数字千年版权法》(The Digital Millennium Copyright Act),[①]从而对破坏数字版权管理系统(DRM)技术的行为进行处罚。该法案适用于所有侵犯数字版权管理系统的行为,而不仅限于计算机软件,但一些团体认为该法案并不合理,因为在保护软件知识产权的同时,该法案也将对计算机安全进行合理的研究行为挡在了门外。[②] 因此,从技术手段上对软件知识产权进行保护,目前为止仍然具有优先选择性。[③]

在技术层面来说,对软件知识产权保护除了上面两种技术以外,还有另一种删除的技术,也就是删除未经授权的非法软件,从而阻止对软件的侵权。为了达到这个目的,很多开放系统性操作软件的供应商都利用网络监控用户使用软件的情况,尽管这些网络也是用户获得该软件的途径。但对通过网络获得该软件使用许可的用户来说,只有部分非常高端的用户才有能力阻止软件供应商获得自己使用软件的情况。但这对绝大多数普通用户来说,他们并没有办法阻止软件使用情况通过网络传输到开放系统的供应商那里。尽管通过这种方式,软件供应商尽管可以确定客户是否使用了盗版的软件,但这种行为明显侵犯了别人的隐私权,与隐私权的保护理念存在冲突。[④] 因此当今很多国家都禁止开放系统的供应商通过网络来获得用户使用软件的行为。[⑤]

最后,通过使用富有创见性的标码方案,从而可以对复制软件的行

---

① 该法通过国内立法的方式,对网上作品著作权的保护提供了法律依据。这一法案是数字时代网络著作权立法的尝试,亦是网络初期著作权利益冲突各方折衷的产物。其主要特点体现在以著作权人为中心,加强对其权益的保护,同时又对网络服务提供商(Internet Service Provider,ISP)的责任予以限制,以确保网络的发展和运作。

② Jürgen Nützel:Digital Rights Management. In:Frank Fechner(Hrsg.)Die Privatkopie-Juristische,Ökonomische und technische Betrachtungen. Universitätsverlag Ilmenau,2007,S. 29 – 35.

③ Dorothee Krutisch:Strafbarkeit des unberechtigten Zugangs zu Computerdaten und-Systemen. Peter Lang,2003,S. 66.

④ Hans Peter Bull:Datenschutz,Informationsrecht und Rechtspolitik. Duncker und Humblot,Berlin,2005,S. 117 – 181;Pelopidas Konstantinos Donos:Datenschutz-Prinzipien und Ziele. Nomos,1998,S. 56;Jan von Knop/Martin Zilens(Hrsg.):Datenschutz-Im Spannungsfeld zwischen Sicherheit und Privatheit. W. Bertlsmann,2005,S. 15.

⑤ Andreas Seling:Schutz der Privatsphäre durch das Strafrecht. LexisNexis,2010,S. 82.

为进行追踪。这个技术就是将这种标码方案内嵌于特定程序或者其他软件的数据内部，然后使用秘密性标码，或数字性水印的办法从而发现被复制软件的源头。依靠这种技术的帮助，软件开发者就能够分清哪些软件是被非法复制的，哪些软件是得到授权后允许被复制的。这在实践中就可以很好地确定软件被非法复制的源头。

作为结论可以看出，与其他应受知识产权保护的作品相比，软件开发商在开发出软件之后需要投入更多的时间去维护和升级该软件产品。从这个意义上说，软件产品永远是一个“过程性而非最终完成的作品”。而且软件作品的可替代性和在产品市场中的被支配性，构成了软件在创作方式和结果上与其他应受知识产品保护作品的主要区别。随着软件开放性源代码的出现以及开放性源社区的形成，侵犯软件知识产权的行为方式也发生了很大的变化，因而传统知识产权保护方式在这种情况下面临着各方面的挑战。在这个前提下，对软件产品知识产权通过技术手段进行保护应该具有优先选择性。

五、“陷阱取证”未必非法

近年来知识产权诉讼案件越来越多，但在实践中，经常会由于举证不足或者不完整，导致当事人正当权益得不到应有的保障。在这种情况下，知识产权的公证证据保全就显示出重要的价值，并日益成为知识产权诉讼实践当中一种有效的证据保全方法。

公证证据保全应当是一种保护当事人权益，维护社会公平正义的合理的法律制度。在一些法律无禁止性规定的证据收集方式上，公证证据保全应当作为一种常态的证据收集方式，在一些涉及查封、冻结等公权力才能实施的地方，把法院职权主义的证据保全方式作为补充，既体现了职权主义和当事人主义的统一，又赋予当事人相当程度的自由度。

对于公证证据保全，可以理解为当事人的一种私力救济措施，这种方式体现最基本的民事权利原则，尽量不引入公权力，使之保持相对独立的私法化风格。这种私力救济方式的启动权在当事人，可以在当事人认为最适当的时候向公证机构提起，最大限度地维护自身的合法权益。

但是公证证据保全过程中会遇到一系列取证方式上的问题，其中最大的争议就是“陷阱取证”问题。最高人民法院《关于审理著作权民事纠纷案件适用法律若干问题的解释》第 8 条第 2 款规定:“公证人员在未向涉嫌侵权的一方当事人表明身份的情况下,如实对另一方当事人按照前款规定的方式取得的证据和取证过程出具的公证书,应当作为证据使用,但有相反证据的除外。”这似乎承认了这种取证方式下获得的公证证据保全的有效性,但在司法实践中,有法院虽然未否定这种取证方式获得的证据效力,却将这种取证方式认定为非法。以至于此种取证方式合法与非法的界限较为模糊。例如,在著名的北大方正诉北京高术天力公司的著作权侵权案件中,方正公司让下属公司职员以普通用户身份与高术公司进行交易,并由公证人员陪同进行公证取证,并以此为证据提起诉讼。但法院在审理过程中对于此种“陷阱取证”的方式采取了不同的态度。一审法院肯定此种取证方式,二审法院却不认可此种取证方式,最高人民法院再审认定取证方式合法有效。不同法院对于“陷阱取证”方式采取不同的态度也使得此种取证方式缺乏一定的认定标准。

最高人民法院在 2001 年颁布的《关于民事诉讼证据的若干规定》第 68 条规定:“以侵害他人合法权益或违反法律禁止性规定的方法取得的证据,不能作为认定案件事实的依据。”由此我们可以认为,最高人民法院强调取证方式只要排除“以侵害他人合法权益或违反法律禁止性规定的方法取得的证据”的情形就不视为非法证据。这里有一点需要明确的是,“不视为非法”与“必须合法”是有很大的区别。

“陷阱取证”引起争议的最大问题是在进行取证的过程中当事人或者公证人员通常需要隐瞒自己的真实身份,整个过程的目的是获取证据,所以有一定的欺骗性。有的法院以公平、诚实信用等法律的基本原则作为判断标准来进行评价。但我们认为,只要法无明文禁止,就应该认定其行为合法有效。在上述案例中,原告“陷阱取证”的行为,目的具有合法性,行为也并未损害他人合法权益或违反法律禁止性规定,应当认定其合法性。由于知识产权侵权行为的即时性以及多隐蔽性等特点,相关侵权证据往往只存在于一定的时间段内,在这种情形下,知识产权公证证据保全更能体现出快速、灵活的优势,依当事人的申请,能够及时固定、保全证据。因此,知识产权公证证据保全过程中的“陷阱取证”也许不是最好的方法，却是最可行的方法，不仅不违背现行法律之规定，而且在很大程度上可以提升知识产权保护水平。

六、行业协会在知识产权保护中的地位与作用

2008年，国务院颁布《国家知识产权战略纲要》把“知识产权战略”作为提升自主创新能力、建设创新型国家的核心。这是中国运用知识产权制度促进经济社会全面发展的重要国家战略，《国家知识产权战略纲要》是这一战略的纲领性文件，也是今后较长一段时间内指导中国知识产权事业发展的纲领性文件。

《国家知识产权战略纲要》强调，要“增强立法透明度，拓宽企业、行业协会和社会公众参与立法的渠道”。“充分发挥行业协会的作用，支持行业协会开展知识产权工作。”这说明了行业协会在国家知识产权战略中占有重要地位并可以发挥重要作用，引起了我国政府的高度重视。行业协会应该充分利用我国目前经济社会快速发展的有利条件，发挥在知识产权保护中的优势条件，构建合理和完善的行业协会内部结构和积极的监督制度，更好地发挥其在知识产权创新和保护中的应有作用。

（一）行业协会在知识产权保护中的优势

对于行业协会的表述，国内外有许多不同的表达，从其本质来看大同小异。一般认为行业协会是由单一行业的竞争者所构成的非营利性组织，其目的在于在促进和提高该行业中的产品销售并在雇佣方面提供多边性援助服务。① 从上述表述中我们可以得出一些行业协会的基本特征：非营利性、②成员的单一性（也可以说是同行业性）、成员间有竞争性、自愿性、自律性、中间性③等。这些特征使得行业协会在知识产权

① Joseph F. Bradley, *The Role of Trade Association and Professional Business Society in America*, University ParkPennsylvania, 1965, p. 4. 转引自鲁篱：《行业协会限制竞争法律规制研究》，北京大学出版社2009年版，第1页。

② 有学者认为非营利性包括公益性和互益性，而行业协会并不具备公益性特征（详见叶明：《行业协会限制竞争行为的反垄断法规制》，法律出版社2010年版，第13页，其他更为具体的论述可以参见张俊浩：《民法学原理》，中国政法大学出版社1998年版，第169页；魏振瀛：《民法》，北京大学出版社2000年版，第79页；龙卫球：《民法总论》，中国法制出版社2001年版，第337页），如果这种说法合适的话，那么本书所提及的非营利性不包括公益性。

③ 需要说明的是，行业协会的中间性与中介组织的中介性有相似之处，但并不相同。详细论述可参见叶明：《行业协会限制竞争行为的反垄断法规制》，法律出版社2010年版，第18页。

保护中具有一些自己独特的优势。

1. 非政府性使行业协会在知识产权保护中的灵活性更大

行业协会是一种民间组织,其非政府的性质在保护知识产权中有很大的灵活性。在某些情形下,政府或者企业的身份不适合出面,行业协会就担任重要的作用。特别是在WTO贸易框架下,政府职能受到了极大的限制,企业单独作战又势单力薄,不能发挥团体的力量。行业协会就起到非常大的作用。在国外,行业协会也是保护知识产权的重要组织,事实上,关于涉及知识产权问题的反倾销诉讼等基本上都是由行业协会作为主要组织者来提起的。由于行业协会的非政府性,我国的行业协会在知识产权保护中将起到越来越重要的作用。

2. 成员自愿性使行业协会在知识产权保护中的效果更好

行业协会是一个行业大多数企业基于对彼此共同利益的关切和追求而形成的集体性组织。在大多数情况下,其代表了该行业绝大多数企业的共同利益,为了使行业协会运作更有绩效,成员企业往往通过章程等方式授予行业协会对成员企业一定的管理权力,而这也是行业协会自治权的重要来源之一。[①] 从大的视角和背景来看,我们就会得出这样一个结论:行业协会还享有一定的市场规制的权力。[②] 由成员自愿组成的行业协会可以根据协会章程对于行业内部的竞争行为进行管理和自律,而且行业协会的规章在很大程度上可能也会弥补国家立法方面的一些天然的不足或缺陷。在面对千变万化的市场行为时,成文法制定的规则肯定是有其局限性的,而行业协会的规章却可以不断加以调整。所以,行业协会的自愿性使其在知识产权保护中的效果更加明显。

3. 成员单一性使行业协会在知识产权保护中的效率更高

行业协会的成员一般都是同行业企业,决策机关都来自本行业,因此,相对于其他的管理部门,行业协会对于行业内的事务更加具有专业性,熟悉程度更高,所以其决策更能及时把握和理解市场的动向。在一些专业性较强的情形出现时,其他管理部门由于缺乏相应的专业知识较难处理企业间的纠纷,行业协会因其职业性的特质往往能正确判断和及时处理。此外,由于成员企业基本上都处于生产经营的最前沿,发

① 鲁篱:《行业协会限制竞争法律规制研究》,北京大学出版社2009年版,第6页。

② 关于行业协会具有市场规制的权力的正当性和合理性,下文将详细论述。

生问题也能以最快的速度作出处理，这也明显优于其他的管理部门。最重要的是，行业协会的规章是同行业企业间协商通过的规则，得到大多数企业的认同和支持，所以实施起来也容易得到执行。综合而言，成员的单一性使行业协会在知识产权保护中具有更高的效率。

4. 非营利性使行业协会在知识产权保护中更积极

行业协会的宗旨是促进本行业的共同利益。① 当行业利益与社会利益出现冲突时，行业协会通过与政府和其他利益集团的博弈，力争维护和实现行业利益的最大化。② 这说明行业协会存在的目的不是维护社会公共利益，也不是营利，它的性质决定了其目的是维护行业协会成员的共同利益。行业协会代表的是本行业企业的共同利益，所以在知识产权纠纷中，行业协会会比其他管理部门更加积极地去维护行业和成员的利益，同时也可以起到企业所不能起到的积极作用。

5. 中间性使行业协会在知识产权保护中具有桥梁和纽带作用

传统经济学认为，市场这只“看不见的手”自发地调节着经济行为，政府行使公权力对经济进行干预，双方相互作用形成运行良好的市场经济模式，防止市场“失灵”或政府“失灵”情形的出现。在良好运行的经济环境下，出现市场“失灵”的情况概率较小，如果政府的权力在监督不力的情形下极有可能被滥用或不作为，从而出现千万政府对市场经济的不当干预或者不干预。在此种情况下，行业协会作为政府与市场主体之间的一种特殊组织就能发挥重要作用。行业协会的中间性使其具有政府和企业之间沟通的桥梁，并在此基础上可以形成某种程度上的良性互动。行业协会可以帮助政府完成对经济的某些干预，也可以代表企业对抗政府对市场主体的不正当的干预等。行业协会存在于政府和企业之间对于政府和企业来讲也是一个极大的缓冲，在一定程度上也可以加深双方的理解和信任，共同创造一个良好的市场经济氛围。

（二）行业协会在知识产权保护中的地位

从行业协会的性质来看，行业协会不同于企业，不以追求利润最大

---

① 尽管从理论上讲，行业协会因其成员的广泛性和协会的影响力等因素并不一定能代表整个行业的利益。

② 叶明：《行业协会限制竞争行为的反垄断法规制》，法律出版社 2010 年版，第 14 页。

化为目的，而是为协会成员提供服务，但是不得将利润分给会员；它也不是政府机构和事业单位；它们具有利他性，代表行业整体的利益，但不是慈善机构和社会福利机构，是一种中间组织，其公共性程度较慈善机构、福利机构弱；它不等同于工会，并不是雇主或工人的成员组织，它所代表的是行业利益；不是政党，也不是宗教组织，一般不参与公共权力的瓜分，也不传播某种宗教理念，但是不一定不参加政治活动（不同的国家的行业协会参与政治活动的形式、程度是有差异的）。①

从以上的说明我们大致可以对行业协会给出一个定位，但是我国现阶段处于经济社会的转型期，一些行业协会还存在具有我国“特色”的地方，比如“政府指导性”和“营利性”大量存在于一些行业协会中间，这与真正意义上的行业协会相去甚远。但我们不能否定这种行业协会在特定时期发挥的巨大作用。随着市场经济的逐步发展和完善，相信我国的行业协会必定朝着健康发展的方向前进。

这种情形下我们还是较难给行业协会一个准确的定位，但是并不妨碍我们对行业协会在知识产权保护中的地位给出一个准确而合适的结论。因为不论我国现阶段的行业协会存在什么样的不足，但是其在知识产权保护中的作用是不可忽视的，也是不可替代的。我们去明确行业协会在知识产权保护中的地位在很大程度上可以加强和扩大其在知识产权保护中的作用和影响力，使之更好地为企业服务、为市场经济服务、为政府服务。

1. 中国知识产权保护的思路分析

在全球化背景下，知识产权保护制度已经成为国家与国家之间特别是发达国家与发展中国家之间最具利益分歧的争议焦点之一。

经济全球一体化已经是一个不可逆转的过程。中国在全球化过程中总体上来讲是既得利益者，所以从本质上来说是全球化进程的积极推动者，但从另一个方面来说，中国知识产权领域又处于弱势地位，从整体上看，全球化对于中国知识产权来说是负面影响大于正面影响，但一个国家的总体上的知识产权战略要服务于国家的整体经济战略，既要为国家的经济发展作出贡献，同国家的经济发展水平相适应，又要顺

---

① 王名、刘培峰等：《民间组织通论》，时事出版社 2004 年版，第 186 页。

应全球一体化的潮流，这就要求国家知识产权的总体战略要体现本国特色。

随着全球化的加速进行，中国经济、文化、科技方面的实力不断增强，技术、商品出口规模进一步扩大，已经成为一定意义上的贸易大国，在世界上的影响力不断加强，中国每年专利申请量也呈几何数量增长，但在国际范围内中国拥有知识产权的绝对数量还是占极少数，且大都是外围专利，涉及核心专利的内容就更显单薄。这与中国的贸易大国的地位是很不相符的，在国际贸易中就极易受制于人，从而严重阻碍了企业的发展。

现行的国际知识产权制度更多地体现了发达国家的利益，发达国家利用知识产权制度掠夺发展中国家的资源，利用发展中国家的廉价劳动力，输入高科技产品，赚取高额利润。发展中国家只能被动接受。要改变这一不平等的状况，发展中国家只能变主动为被动，积极从立法和司法方面争夺话语权，改变国际知识产权不平等的局面，使发展中国家能真正从知识产权制度中获益。

2. 行业协会在知识产权保护中的地位分析

从企业层面上讲，实施知识产权战略有利于构建创新的制度环境和市场环境，促进创新成果的大量涌现和广泛运用，从而鼓励中国企业以更积极的态度进行知识创新，从根本上提高国际竞争力、打破发达国家企业的技术垄断。对于已经具有一定生产和技术优势的中国企业来讲，完全可以利用现有的知识产权（专利权、商标权等）作为进攻国际市场的基础，以局部的优势参与世界范围产业链的整合，进而获得互补性资源，并全面提高综合竞争实力和在世界产业链中的地位，实现在国际经济中的跳跃式发展。①

加强知识产权意识是企业国际化进程中的重要环节。我国企业虽然在技术创新方面取得了很大成绩，但其国际化程度还有待提高。若不熟悉知识产权的国际协议、标准，则可能在很多方面与国际市场脱轨。在全球经济一体化的大背景下，要求我们要尊重国际化的游戏规则，重视制定知识产权的企业战略，这样才能保证企业在参与全球竞争

---

① 焦捷：《知识产权战略对中国企业国际化的五大作用》，载《科技日报》2008 年 7 月 6 日版。

中不受到不合理的损害。而行业协会可以在这方面起到非常明显的作用,行业协会可以帮助每一个成员企业量身打造最适合自身的知识产权保护策略和实施计划,使企业可以专业生产、经营,不至于因专业知识的缺乏而在国际贸易中遭受不平等待遇。

从国家层面来讲,如何选择合适于自身的知识产权保护战略、如何制定知识产权保护制度、如何合理利用知识产权保护制度获取最大利益是很重要的方面。值得欣慰的是,中国已经认识到知识产权保护的重要性并积极推动立法研究和探讨,并出台了《国家知识产权战略纲要》。而行业协会在其中扮演重要角色。比如可以积极参与有关立法工作、发挥自身优势和特点,在国际知识产权规则制定中争夺话语权,争取寻求有利于自身的规则等。

由此我们不难得出:不论在企业层面,还是国家层面,行业协会在知识产权保护中都应具有重要的地位。

(1)政治地位

政治地位并不是我国特有的产物,在国外,行业协会参与政治活动是它的一项重要功能。行业协会在西方国家的政治生活中占有非常重要的地位,其通过参与政治活动以实现对自己有利益的经济政策,帮助行业营造良好的发展氛围。

在我国,行业协会作为一种民间组织,其政治地位并不是通过参与政治活动来体现的。由于我国政治体制的现实情况,我国行业协会的政治地位主要是通过提高自身在经济活动中的影响力以达到提升政治地位的需求。因为行业协会与政府关系的协调本身就是一项重要的功能和现实需要,协会的政治地位高,跟政府处理相关事务就有许多便利条件,会使企业赢得一个良好的政策环境,有利于行业的长远发展。

目前行业协会的发展受到了国家政策层面的关注,特别是《国家知识产权战略纲要》的出台,更是把行业协会的政治地位提升到了前所未有的高度。行业协会要充分认识并利用好这样的机遇,运用自身的优势,带动整个行业在知识产权保护领域发挥积极的作用。

(2)社会地位

在国外,行业协会已经渗透到社会生活的个方面,并成为整个国家社会生活的一部分，发挥着重要的作用。在很大程度上，这些行业协会凭借自己在社会中的影响和作用得到了承认，也获得了相应的社会地位。

在中国，行业协会的社会地位大部分都是通过民众的认知程度和认同程度来获取的。如果行业协会在服务成员企业的同时关注社会公共利益并有所付出，那么其将会获得较高的社会地位，这种社会地位的获得并不是以行业协会在经济领域中的影响力来决定的。

(3)经济地位

任何行业协会在经济领域或者说经济运行中都会有一定的地位，这是与行业协会本身具有较大的影响经济的功能分不开的。行业协会已经在国家的经济运行中发挥重要的作用，不管这种作用是否对经济运行有利，它已经成为国家经济体制中的一个重要组成部分，其利用自身对市场经济的规制能力，影响着国家的经济运行。但是这种经济地位还是有所不同，行业协会如果要提升自己的经济地位，充分发挥在保护知识产权中的作用或者影响力，那就要充分利用自身的功能优势顺应并符合国家的宏观经济战略，只有这样，才能保障行业协会的长久发展。

(三)行业协会在知识产权保护中的作用

在全球化的大背景下，知识产权保护对于企业甚至于国家来讲都是至关重要的，而行业协会则由于自身的独特地位起着非常重要的作用。

1.行业协会对于知识产权制度的完善起到了极大的促进作用

行业协会对于完善知识产权制度的促进作用主要体现在立法和执法两个方面。

(1)行业协会在知识产权立法中的作用

《国家知识产权战略纲要》强调，要“增强立法透明度，拓宽企业、行业协会和社会公众参与立法的渠道”。明确了行业协会对立法工作的重要性。行业协会可以通过以下几种途径发挥其在知识产权立法方面的重要作用。

第一，直接参与知识产权立法活动。由于我国目前立法体制所限，行业协会直接参与知识产权立法活动主要体现在地方性法规和规章方面。地方性立法机关进行立法活动时一般都会邀请各行业的代表，而行业协会则是行业的重要代表。在进行知识产权立法时,行业协会的代表可以根据所代表的行业的整体诉求进行表决,这在一定程度上是对知识产权立法活动的一种直接参与。而有些政府规章制定工作常常需要委托一些行业组织进行前期调研、草案制定等工作,这更是行业协会对知识产权立法活动的直接参与。

第二,代表行业对知识产权立法提出建议。上文所述,中间性使行业协会在知识产权保护中具有桥梁和纽带的作用,这种作用的一个方面就是代表行业向政府反映企业的一些需求,表现在知识产权立法方面就是代表行业向立法部门提出反映行业整体利益的意见和建议。这也是立法部门在立法前期调研工作中的一个非常重要的步骤。特别是涉及所属行业的法律法规的立法,更应当听取相关行业协会的意见和建议。只有这样,才能使立法工作不会脱离实际。

第三,行业协会专业性的规范性文件可以为知识产权立法工作提供借鉴。在市场经济体制下,政府"干预"经济往往过于"刚性",这种干预的后果是可能会伤害市场经济本来就十分脆弱的资源配置方式。相对于政府而言,企业离市场更近,更熟悉生产和市场,反应更为敏感和迅速。由企业成员组成的行业协会在长期的习惯和传统上,形成了一些行业自治规范。这种由行业协会制定的自治规范在现代市场经济社会已经是一种普遍现象。行业自治规范对法律规范起到了补充和发展的作用,并有利于推动稳定、有序、健康的市场交易秩序的建立,对于推动市场经济的健康发展起到积极作用。①

发达国家的民商事法律不同程度地承认行业自治规范的效力。如《意大利民法典》规定,民法的法源包括法律、条例、行业规则和惯例,行业规则是指行业条例、集体经济协定、集体劳动契约和劳动法院作用的有关集体争议的判决,但不得与法律的强制性规范和条例相抵触。在法律和条例调整的范围内,惯例在法律的条例援引的情况下发生效力,且行业规则的效力优先于惯例。②

---

① 屠世超:《行业自治规范的法律效力及效力审查机制》,载《政治与法律》2009 年第 3 期。

② 《意大利民法典》,费安玲、丁玫译,中国政法大学出版社 1997 年版,第 3 ~ 4 页。转引自屠世超:《行业自治规范的法律效力及效力审查机制》,载《政治与法律》2009 年第 3 期。

我国法律未对行业协会规范性文件的效力作用有过明确的规定。但行业自治规范一般是由行业协会大多数成员同意并支持的,对当事人具有很大的约束力。行业自治规范毕竟不是正式的法律,但是行业协会的规范性文件可以为知识产权立法工作提供必要的借鉴。

(2)行业协会在知识产权执法中的作用

中国目前正处于经济社会的转型期,由于受到宏观经济战略的影响,我国对于知识产权保护的执法力度并不是很强,在执法过程中还存在许多问题,而行业协会可以在知识产权执法过程中扮演重要的角色。

第一,行业协会在知识产权执法中可以起到协助作用。

执法机关在知识产权执法过程中经常需要调查、收集一些必要的信息或者需对整个行业进行某些方面的数据统计工作。行业协会在这些方面有巨大的优势,因为很多有关行业的数据信息收集、统计等工作也是行业协会的重要职能之一。这些信息可以有助于执法机关在进行知识产权执法时作出正确判断,另外,执法机关自身节省了大量的人力物力进行调研,也是对当事人的一种时间上的节约,可以在很大程度上提高执法的效率。

第二,行业协会在知识产权执法中可以起到补充作用。

执法机关在进行知识产权执法时最大的困难就是执法力量的不足,最明显的表现就是人员和机构的缺乏,这会直接导致执法达不到理想的效果。可支配资源有限是我国的现实国情,而这种情况的必然结果就是执法资源的不足。如果想在这种现实情况下提高知识产权执法效果,则可以充分发挥行业协会在知识产权执法中的补充作用。

第三,行业协会在知识产权执法中可以起到监督作用。

对于执法机关在知识产权执法中存在的一些问题,行业协会由于有着领域内的高度专业性,所以,能及时发现这些问题,针对这些问题对知识产权执法工作所提出的意见、建议更加合理和容易接受,有利于知识产权执法工作合理合法顺利地进行。

2. 行业协会对于知识产权创新起到了极大的推动作用

随着经济的不断发展,我国很多企业都意识到知识产权在企业发展过程中的重要作用,相当一部分企业都建立了自己的技术研发部门,把知识产权作为企业的核心竞争力。但与发达国家相比,我国的大部分企业都缺乏必要的知识产权储备,还没有形成真正的核心竞争力,这对于企业的发展壮大是相当不利的,更不利于在国际市场上同强大的跨国企业进行竞争。企业要想在“一穷二白”的基础上形成完善的知识产权储备不是一朝一夕就能完成的,这需要长时间和大量的投入才能见到效果。而行业协会则可以在企业的知识产权创新过程中起到极大的推动作用。

(1)行业协会可以在企业知识产权信息共享中起到平台作用

第一,行业协会可以成为数据信息服务的平台。

行业协会作为一个企业共同利益的代表,一个重要的职能就是信息服务。包括行业内的信息和行业外的信息,并对这些信息进行数据分析,提供给成员企业共享。这些信息包括专利、商标等数据信息,重点领域的技术创新和产业发展趋势的数据信息,对这些数据信息进行统计分析,建立完善的知识产权信息数据库,能使成员企业更好更快地顺应市场形势和发展趋势,为成员企业的知识产权创新提供可靠的数据信息服务。行业协会通过信息的收集与统计、分析等工作也可以更方便地为企业推广知识产权成果,利用信息优势促进技术成果的推广应用。

第二,行业协会可以成为成员企业交流的平台。

行业协会可以经常通过各种方式举办成员企业间的交流,成员企业之间可以很方便地进行探讨与交流,互通有无,间接地促进知识产权创新思想的形成。

(2)行业协会可以在跨企业联合研发中起到桥梁作用

在企业管理圈子一直流传着这样一句话:三流公司做产品,二流公司做品牌,一流公司做标准。所谓三流企业做产品,是指通过加强产品质量的提高,获得产品的竞争优势,但保持这种优势比较困难,受到标准、其他大品牌的打压和制约。二流企业做品牌,是指在该行业的标准之下,通过营销、加强内部管理、质量管理树立品牌,品牌优势需要长时间不断地进行品牌培育,但一旦行业标准改了就需要再次适应新的标准,属业内竞争优势(例如国内的海尔品牌)。一流企业做标准,即做标准的企业就是行业的标杆和“领头羊”,它是制定游戏规则的,只要你在这个行业,就得按该行业的标准(游戏规则)来做,所以做标准的企业有绝对的领先优势，可以通过提高门槛、提高标准来限制其他企业的准入，削弱对手的优势（例如欧洲的汽车排放标准、材料标准）。

在经济全球化的不断推进特别是我国入世后，国际市场部分的关键不再是关税壁垒，而是技术壁垒、技术标准壁垒、知识产权壁垒，而技术和技术标准也只有以知识产权保护为法律依托，才能真正成为壁垒。[①] 这就要求我们的企业要有自己的核心技术，也就是自主知识产权。只有走创新之路，掌握核心技术，才能在国际竞争中保持依靠优势。国内很多企业，很多情况下不是没有人才和研发能力，而是研发投入与生产投入之间的矛盾没有解决。如果下定决心搞投入搞研发，就很有可能在短时期内损失大量利润并有可能失去市场。企业间的联合研发是一个解决问题很好的途径，企业能在尽量少投入的情况下完成技术研发，又不会损失太多的利润，保住自己的市场份额。而行业协会则会在企业联合研发中起到一个最合适的桥梁作用。

3. 行业协会对于营造良好的知识产权保护环境起到了极大的促进作用

知识产权保护环境包括制度环境和市场环境，良好的环境可以促进创新成果的大量涌现和广泛运用，从而鼓励中国企业以更积极的态度进行知识创新，从根本上提高国际竞争力、打破发达国家企业的技术垄断。对于已经具有一定生产和技术优势的中国企业来讲，完全可以利用现有的知识产权（专利权、商标权等）作为进攻国际市场的基础，以局部的优势参与世界范围产业链的整合，进而获得互补性资源，并全面提高综合竞争实力和在世界产业链中的地位，实现在国际经济中的跳跃式发展。[②]

行业协会可以在以下几个方面有助于营造良好的知识产权保护环境。

（1）协助行业间的联合研发或建立产业联盟及跨产业联盟

同行业共性技术的外部效益较大，通常单个企业既无实力又不愿意进行共性技术的研究开发投入，因此根据市场需要，有组织地进行联合研究开发和共享技术。加强相关企业在技术方面的合作，在必要时

---

① 陈武：《行业协会在实施知识产权战略中的作用》，载《电子知识产权》2005 年第 6 期。

② 焦捷：《知识产权战略对中国企业国际化的五大作用》，载《科技日报》2008 年 7 月 6 日版。

组成战略联盟,设立公共技术平台,实现资源共享,在联盟内相互优惠使用彼此的专利技术,这样不仅可以交流先进技术,也可弥补自己较为薄弱的技术,各方都可提高自己的技术水平并有效节省研究开发经费。[①] 而一些跨行业的技术则可以建立跨产业联盟,共同研发,分享技术,这样就可以较快地建立和完善企业的核心知识产权体系,提高企业的核心竞争力,促进产业的繁荣。

在一般情况下,中国的企业跟外国跨国公司相比,都存在规模较小、实力较差等不利因素。如果相同行业或相近行业组成行业联盟,或者上下游行业或关联行业组成企业联盟,则可以积聚力量,形成利益共享,分担风险的作用。

企业间战略联盟的作用在于使企业能够充分利用各自的技术优势进行整合,形成一种强大的企业间技术支持,这种机制可以充分利用现有资源,以最小代价合理利用别人的资源,达到自己的战略目的。比如"专利池"就是一种知识产权的联盟,它是企业间相互将自己的专利许可对方使用而结成的专利联盟。在联盟范围内互相分离专利池内的所有专利,共同阻止联盟范围外任何主体使用这些技术。

行业协会在企业联合研发和产业联盟的建立过程中起到重要的作用。这种作用是其他机构或者平台无法代替的。

(2)行业协会在技术交流、人员培训、宣传教育等软环境建设中的作用

不管是行业内的技术交流,还是行业间的技术交流,都对知识产权的保护和创新起到了很大的促进作用。行业协会在这种技术交流中起到非常重要的作用。行业协会可以利用自己的网站、刊物等方式提供一种交流学习的平台,也可以组织各种活动支持这种交流活动,为知识产权保护创造良好的条件。

宣传和教育也是知识产权保护过程中可以采用的重要方式。行业协会可以通过网站、刊物等形式进行宣传,提高成员企业和公众对于知识产权保护的认识,形成保护知识产权的良好氛围,也可以增进知识产权知识的传播,有利于从智力上保护知识产权。

---

① 陈武:《行业协会在实施知识产权战略中的作用》,载《电子知识产权》2005 年第 6 期。

行业协会由于其在知识产权保护领域内的专业性较强，对于本行业内的知识产权人才状况和需求情况较为了解，因此，在知识产权人才培养方面具有更强的针对性、更合理的培养模式、更专业的培训方法。

目前我国针对知识产权人才的培养方式主要通过单位内部、高校和一些社会专门的机构进行培训。这种人才培训模式已经不适应我们对于知识产权专业人才的需求。随着政府职能转变，行业协会和其他专门机构在知识产权人才培养方面会有很大的发展空间。

(3)行业协会在知识产权维权中的作用

在激烈的市场竞争中遭遇到知识产权纠纷几乎是不可避免的事情，特别是在国际市场竞争中，知识产权更是发达国家在贸易中的一项有力武器。国内企业面临这样的知识产权纠纷时，自己没有能力或力量太过弱小，而政府又不方便出面，这时，行业协会就是最合适的代表企业进行知识产权纠纷解决的组织，而且也比较符合国际惯例。再加上我国企业在国际贸易中产生的知识产权纠纷往往也不是单个企业的事件，更多的纠纷是国外跨国公司针对我国的某一产业的行业性知识产权纠纷，所以行业协会代表企业出面解决更为有利。行业协会在处理此类知识产权纠纷时可以发挥自己独特的作用积极应对知识产权纠纷。比如制定应对各种知识产权纠纷的不同策略；积极跟政府相关部门沟通，提供建议、意见和必要的信息；关注国际行业动态、趋势，向有关企业及时发出警示；适时组织集体维权，参与诉讼阶段的各种事务。

4. 良好的知识产权保护环境对企业也有利于企业的健康发展

(1)可以有效限制知识产权滥用，保护企业利益不受侵害

知识产权滥用，是指知识产权人在行使其权利时超出了正当的范围或者界限，损害他人利益或社会公共利益的行为。知识产权滥用或许在形式上并不违背现行的有关法律和国际公约，但它是对权利的不正当使用，显然是对法律立法精神的亵渎。知识产权人必须在合理的范围内行使其权利，不得滥用其权利，否则将会对社会的进步和发展起到阻碍作用，同知识产权的立法目的相悖。一般来说，知识产权滥用最常见的表现方式是一些跨国公司凭借其知识产权方面的优势，为了限制输入国企业的技术研发，保证其在输入国的垄断地位和垄断利润，从而在不违反法律和国际公约规定的条件下，超过合理的范围和界限行

使知识产权,严重损害社会公共利益的行为。这种知识产权滥用行为大多针对发展中国家。著名的美国思科系统公司诉中国华为公司技术侵权案就是最明显的例子。这种行为在实践中严重阻碍了我国企业的技术进步,实质上就是知识产权的滥用,但是由于我国知识产权制度的不完善,导致这种情况大量存在却无法加以规制。在思科诉华为案中,华为凭借自己强大的实力,使得双方最终达成和解。但又有多少企业能像华为这样得到一个还算不错的结局呢。在实践中,很多企业在手持专利大棒的国外专利权人及其相关企业的大举进攻之下,很快败下阵来。

行业协会在防止知识产权滥用方面相比单个企业来讲有着无法比拟的优势。行业协会可以在信息共享、集体维权等方面为企业提供强有力的支持,为防止跨国公司针对我国企业的知识产权滥用起到不可替代的作用。

(2)避免恶性竞争、减少企业间的内耗

行业协会是一个企业之间的自律性组织,在减少行业间的恶性竞争、提升行业整体优势发挥重要的作用。

一般来讲,在市场竞争作用下,同行业之间为了各自的市场份额和利益而产生的知识产权侵权纠纷较为常见。这种现象多表现为"搭便车"、假冒或模仿名牌、不合理低价竞争等行为。

但这种企业间的知识产权摩擦是一种企业间的内耗,对企业双方来说都是一种短视行为,不利于企业的长期稳定和发展。而行业协会可以充分发挥自律性组织的特点,通过一些积极的措施约束行业内的不规范行为,减少不必要的知识产权纠纷,避免一些行业内的诉累和内耗,给企业创造一个良好稳定的发展环境。

(四)行业协会在知识产权保护中出现的问题及其规制

行业协会在知识产权中发挥着重要的作用,但由于特殊的职能,其在知识产权保护过程中有可能出现一些"失灵"的情况。我们有必要分析这些问题的形式及成因,这样才能有助于知识产权协会从根本上预防和控制这些问题的产生。

1. 行业协会市场规制权力

要分析行业协会在知识产权保护中出现的问题及其规制,首先要分析其市场规制权力的正当性与合理性。

市场经济之所以是人类历史上迄今为止最有效率的经济体制,其根本原因就在于通过市场竞争实现社会资源的优化配置。因而,大凡实行市场经济的国家和地区,无不把保障竞争秩序的自由和公正作为构建市场经济的首要任务和主要宗旨所在。① 所以传统的国家管理模式越来越不适合市场经济的生存和发展,改革政府的行政管理思路,让一些成熟的社会组织来承担一些管理职能变得势在必行,让市场这个"看不见的手"和政府管理之外出现的"第三只手"来承担一部分管理职能也成为一种新的管理模式。而行业协会就是可以充当这"第三只手"的社会组织。

进行市场规制必须享有一定的权力,这种市场规制的动力是否有正当性和合理性呢?我们有必要做一个理论分析。

第一,行业协会市场规制权力正当性分析。一是行业协会市场规制权力来源的正当性。如前所述,行业协会是一个行业内的大多数企业基于对共同利益的关切而形成的一个行业组织。所以行业协会代表了该行业大多数企业的共同利益,成员企业通过章程授予行业协会一定的管理成员企业的权力,并且也认同这种权力。按照传统的治理理论来讲,一切治理行为包括对经济的治理是以政府为中心,但并不限于政府机构,公共的和私人的机构只要其行使的权力得到了公众的认可,就都可能成为在各个不同层面的权力中心。如果这些管理方法能更好地完成管理职能,那政府就有责任利用好这种管理方法并加以引导和控制。现代的经济学理论和管理学理论也逐渐接受并认同行业协会等自治性组织的社会经济治理功能。这说明行业协会的市场规制权力是有其正当性的,而且政府要善加利用并积极引导和控制。二是行业协会市场规制权力行使的正当性。行业协会的存在是以成员企业自愿接受行业协会自治性规范的监督、管理和与之相联系的一系列的后果,包括惩罚措施等为前提的。也就是说,一旦企业加入了行业协会,就承认并接受了行业协会这样一种管理企业的权力,且要承担后果。这是因为行业协会最高宗旨是为了维护全行业的共同利益,保护整个行业的繁荣也是保护了行业内各个企业的繁荣,这才是行业协会的生命力所

① 鲁篱:《行业协会限制竞争法律规制研究》,北京大学出版社 2009 年版,第 4 页。

在，也是行业协会存在的价值。在这个大环境下，行业协会在章程的范围内行使权力是有其正当性的。

第二，行业协会市场规制权力合理性分析。一是行业协会具有市场规制权力的现实需要。市场经济的运行有其自身的规律，而企业作为一种主要的市场主体相比远离市场的政府管理部门而言，更接近市场，更能发现和掌握市场规律，从“商人自治”的传统到现今的“意思自治”原则，都体现了一种维护市场经济本身发展运行规律的传统，而政府只是起到及时“干预”的作用。在这种情况下，企业更需要一个能代表企业间共同利益的非政府组织来承担一定的管理职能，而且这个组织要比政府管理部门更加熟悉市场运行的基本规律，行业协会的产生就有其合理性。二是行业协会自治规范是对市场规制法律法规的一种必要的补充。在实行市场经济的国家中，往往会制定必要的法律、法规去规范市场经济行为，但是这种法律、法规有其不可避免的缺陷，如成文法与千变万化的市场经济行为之间的矛盾。这种矛盾是不可避免的，因为法律要保持一定的稳定性，不可能朝令夕改，这样普通的法律、法规就无法应对新的市场经济行为，这样就会不断地产生法律的真空，这对于成熟的法律规范来说是一个缺失。而行业协会的自治性规范则基本不存在这样的问题，其可以根据市场经济行为的变化而发展，不断地保持着对市场经济行为最合理的规制，这是行业协会的天然优势，对市场法律法规是一种必要的补充。

2. 行业协会在知识产权保护中可能出现的问题

行业协会在知识产权保护中可能出现的问题较多，我们不可能一一列出，只能从具有代表性的问题入手，分析其内在机理以更好地确定其规制方法。

(1)限制竞争

行业协会可能促进竞争，在一定条件下也有可能会限制竞争。这是也由行业协会的特殊功能决定的。

第一，限制竞争行为的表现形式。一是生产、销售、价格控制行为。行业协会对于生产、销售、价格等的控制行为属于常用的一种限制竞争行为的方式。行业协会因为拥有较高的市场集中度，行业内市场垄断性较高，很容易通过形成价格联盟等方式限制竞争。在经济学中，这种联盟被称为"卡特尔",一般发展于企业成熟期。这是一种在特定的行业或商品中获取更高利润的联合,是一种变相的垄断行为,其能使一个竞争性的市场变成一个垄断市场。市场竞争最大的优势就在于资源配置的最优化,而这种最优化配置的前提就是自由的市场竞争机制。而"卡特尔"将严重阻碍这种自由竞争的环境,为了寻求利润最大化而对生产、销售、价格等进行控制,实现最优化的"组合"。而行业协会由于代表着成员企业的共同利益,是进行形成这种联盟的最合适的组织。二是信息交换行为。信息是现代社会最为重要的资源,信息的不完全和不对称是造成市场不完全和资源配置无效率的一个重要原因。[①] 一方面,现代社会的市场竞争激烈异常,如果一个企业对于市场相关信息了解不够,那么这个企业就不会有长远的发展前景。行业协会作为成员企业共同利益的代表者,进行相关信息的建设为成员企业提供相应的服务是一项基本功能。成员企业可以更加快捷地得到所需要的市场信息,以灵活应对变化万千的市场环境。另一方面,信息交换在提高成员企业市场反应速度的同时,也可能引发一系列限制竞争的行为,比如成员企业间的相互信息交流形成的价格联盟或者一种相互默契的行为。三是集体抵制行为。随着行业协会在市场经济中的作用逐渐显现,其常常以集体行动来显示力量,而集体抵制行为便成为一种常见的举措。集体抵制更多的被当做一种制裁手段,是行业协会通过一定的形式拒绝与第三方(成员企业或非成员企业)进行交易,使第三方处于一种非常不利的竞争地位。作为一种制裁手段,集体抵制在行业协会的管理企业的过程中必不可少,有其合理性,但是其限制竞争的效果却是显而易见的,所以集体抵制具有更为突出的两面性。四是标准和认证行为。在现代社会,技术高度发展、商品生产的专业化程度和专门性越来越高,所以相关产品的标准及论证越发显的重要。目前在许多国家,行业协会由于其专业化方面的优势,承担了原先由政府部门进行的标准制定和论证工作。但是由于行业协会的最高宗旨是维护成员企业的最高利益,所以当社会公益与企业利益相冲突的时候,不可避免地会选择成员企业的利益。那么,行业协会利用标准制定及认证的手段去

① 樊纲:《市场经济与经济效率》,三联书店 1992 年版,第 118 页。

限制竞争,从而维护成员企业的利益。最常见的方式就是以标准化淘汰不符合标准的企业、通过设置标准门槛限制竞争者进入等。

第二,限制竞争行为的特点。一是两面性。双面性就是既有有利的一面,又有危害的一面。具体到行业协会在知识产权保护中的限制竞争行为的两面性来讲,它既有有利于行业的健康动作,体现行业协会的管理功能,表现出一定的正当性与合理性,又在一定程度上限制了市场的自由竞争,具有某种程度上的社会危害性。二是社会危害性大。行业协会成员一般都由在行业内占据优势地位的企业组成,一些成熟的行业协会,其成员企业在一个区域内行业的覆盖率能达到9成以上。行业协会所进行的都是成员企业的集体行动,所以相比单个企业来讲,其一些行为对社会的侵害性就会更加明显。三是隐蔽性。行业协会进行限制竞争行为时往往都打着合理的旗号,采用各种伪装手段躲避政府的审查和监督,比如价格联盟的建立往往是通过战略合作协议等名义实施的。这样的方法往往具有欺骗性。另外,行业协会也可以通过一系列的机制或措施防止个别成员企业违规,保证其内部协议的秘密性。

第三,限制竞争行为的原因分析。在针对行业协会限制竞争的行为,我们有必要分析其动因,这样才能从中寻找其解决的方案。一是自利性。之所以用自利性这个概念是因为非营利性或者互益性都不能完全表达行业协会在限制竞争行为中的性质。正如前文所述,行业协会是代表一个行业的共同利益,而不是代表社会公共利益,在社会公共利益和成员企业的共同利益发生冲突时,行业协会会毫不犹豫地选择维护成员企业的共同利益,这一点是毫无疑问的。行业协会的宗旨就是追求成员企业利益的最大化,因此如果限制竞争行为能为行业带来高额利润,那么行业协会就有足够的“理由”去运作。二是本身的功能。前文所述,行业协会一些功能本身就具有两面性,这些功能如果在运作时发生偏离的话,就会导致一些对市场经济健康运行具有危害的行为。但如果失去这样功能的话,那行业协会就失去存在的基础了。因为这些功能都是行业协会有效运作的前提和基础,是行业协会进行管理的基本手段和方法。三是不易监管。正如前文所述,行业协会进行限制市场竞争的行为隐蔽性较强,不易监管,这在另一方面也间接导致了行业协会限制市场竞争行为的大量涌现。行业协会可以通过各种方法把限制市场竞争的行为进行伪装和隐藏，这在很大程度上可以逃避国家有关部门的监管和查处。国内外已经有很多案例表明在查处此类案件时很难搜集到相关证据。

（2）“寻租”行为

一般来讲，行业协会在知识产权保护过程中是代表行业的共同利益，所以它会用所有可能的手段来进行运作，以保护成员企业在知识产权保护中的优势地位，其中，寻租行为就是一种被经常使用的手段。行业协会是特殊利益集团的代表，天生就是最适合进行寻租的机构和典型的寻租装置。[①] 行业协会的一个重要的职能就是与其他的团体进行沟通和交流，维护本行业良好的发展环境，而与政府部门进行沟通与协调更是一个关键的方面。行业协会通过种种方式促使政府的政策有利于本行业的发展，在政府对于技术创新，培训等方面的公共向本行业倾斜等。

第一，寻租行为的福利意义。我们以一个案例来说明寻租行为的福利意义。

某市电子行业协会有一个企业联合产品专利，该专利产品质量较好，但价格在市场中不占优势。在这种情况下，该市的电子企业用该产品在政府公共采购投标中就失去了竞争的最大优势。因为外市的企业能提供质量尚可但价格更低的同类产品。行业协会为了改变这一局面，就通过各种手段，多次与政府沟通与协调，最终成功达到目的：提高项目招标的产品标准要求。我们可以想象得到，这种规定实际就是一种变相提高了产品的准入门槛，把一些研发能力弱、生产水平低下的企业排除在外，显然对该市的企业是非常有利的。

该市电子行业协会的这种做法明显就是一种寻租行为。从结果来看，本地企业获得了更大的市场份额，这对企业是某种程度上的激励，可以促进企业加大创新能力的建设、提高产品质量等，保证以后在类似政府的采购中继续获得优势地位。从这一方面来看，虽然行业协会这样的行为是一种寻租，但其结果对企业来讲是一个积极的结果。

---

① 石碧涛：《转型时期中国行业协会治理研究》，暨南大学2011年博士学位论文。

从另一个角度来看这种行业协会寻租的行为,我们可以发现,相对来讲,政府招标行为只是在价格控制方面起到一定作用,但却不能保证政府采购的质量水平,因为政府不太可能去了解每一个竞标人的真实状况,在了解竞标人情况时也缺乏必要的专业性。政府采购中价格只是一个因素,更重要的是要在保证服务水平的情况下价格尽可能地合理。假如政府通过行业协会了解到所管理的企业生产和服务水平的真实情况,那么就有可能设定一定的准入门槛去排除水平较差的企业。

在上述案例中,如果是单个企业进行这样的寻租活动,那么综合起来,这样的寻租行为成本就大为提高,显然是一种社会福利的流失。与单个企业的寻租行为相比,行业协会寻租在一定程度上节约了巨大的社会成本的效率。另外,单个企业只维护自己企业的利益,影响力不够,要想获得一定程度上的垄断地位,一般情况下只能通过贿赂等方式。但行业协会可以通过公开的、形式上正规的方式去影响政府的决策,使自己的目的得以实现。所以,在某种程度上,相对于单个企业的寻租行为,行业协会的寻租也具有一定的正面意义。

第二,寻租行为的危害性。一是导致市场竞争效率低下。行业协会的寻租行为一般是通过各种方式去影响政府部门的决策或政策以获得在竞争中的优势地位。虽然行业协运作寻租行为时所采用的方式有时候看起来是合法或正当的,但这种行为必然会使竞争的范围变小,客观上影响了自由竞争,造成了市场资源配置的扭曲。而且寻租行为不管通过什么样的手段,都或多或少地造成了社会资源的浪费,另外,这种寻租行为很可能会引起其他团体的效仿,造成更大的社会资源的不合理浪费。二是损害社会福利。行业协会的寻租行为可能会对所属利益团体造成很大的利益,但这种利益的获得是以牺牲其他企业的利益甚至是公共利益为代价的,因此从宏观上看,行业协会的寻租行为还是会造成社会福利的总体性减少。

(3)行业协会的营利倾向

作为一种非营利组织,行业协会的所有活动都是在成员企业的共同利益服务这个宗旨下进行的。如果失去了非营利性这个性质,那么行业协会的服务及组织协调的职能将会大大弱化甚至被抛弃,丧失了存在的价值。

第一,营利倾向的原因分析。一是缺乏激励。行业协会要保持正常的运作必须要有一定的启动资金和维护日常工作的经费,这些资金一般都是通过向会员收取适量的付费来解决的。在运作的过程中有些特殊的服务也可能收取一定的服务费。但这些费用一般只能够维持组织的日常运转,却不能够使管理人员甚至普通的工作人员得到足够的物质利益。在这种情况下,工作人员可能没有足够的热情去努力工作。行业协会要想提高管理水平和服务功能,必须要有专业性强的工作人员和优秀的管理者,这些高素质的工作人员如果其收入达不到一定的同类工作条件下的平均薪酬,那么显然不利于保持队伍的稳定,更使得相关工作人员缺乏工作热情。行业协会的这种特殊的结构和机制就决定了其通过额外收入解决这一问题的愿望异常强烈。二是开展活动。行业协会向会员收取的会费一般只能解决工作人员的薪酬和维持最基本的运作,但是要对外开展一些活动,就显得力不从心了。比如前文所述的寻租行为,行业协会要投入相当数量的活动经费才能实现其目的。而如果没有额外的收入进行弥补,要进行这样的对外活动是不可能完成的。调查显示,相当数量的行业协会财务状况不佳。这种情况只会使行业协会的服务功能大打折扣,甚至不能维持下去,所以行业协会会想尽办法保持财务方面的盈余以实现各种基本职能的正常运转以及顺利开展各项活动。三是扩大影响力。资金充盈的行业协会在举办各类活动、开展各项服务时会得心应手,其对会员的服务也就越到位。相应地,运作良好的行业协会其影响力也会不断提高,并会吸引更多的企业加入,形成良性循环。

第二,营利倾向的内在机理分析。从上文分析可以看出,行业协会的营利行为可以解决经费问题,更好地为会员提供优质服务,也可以向外开展一些活动,扩大行业协会的影响力,更好地为行业的共同利益服务。但从行业协会的宗旨来看,营利行为会导致诸如原始功能的弱化等一系列恶果,使得行业协会最终丧失其本质而管理“失灵”。一是产权关系的复杂化。作为由全体成员企业共同建立的行业协会,其权利所有者应该是全体会员。行业协会的章程一般都规定协会的最高权力机构是全体会员大会,这也说明了行业协会的权力来源和归属,所以全体会员对行业协会的所有财产的用途及处分有决定权。如果行业协会的营利性收入比例过高，导致其付费收入可以忽略不计的话，则会使行业协会的产权关系变得复杂。会员以交纳会费而对行业协会的控制权会明显减弱，这种情况造成的结果就是行业协会独立性增加，相应地，导致其服务及组织协调的功能会大大弱化甚至边缘化。而行业协会也会丧失民主治理的机制，最终导致管理"失灵"。二是丧失公信力。行业协会的公信力分为对内的公信力和对外的公信力两种情况，不管哪种情形，都需要行业协会通过长期的积累才能形成。行业协会的建立是以会员企业共同的利益为基础的，如果过于注重其营利性，其原本依赖会员会费维持运作的状态会转变为能够独立运行，且具有自己单独利益的商业化的组织。在这种情况下，行业协会在为会员进行服务时就不再能准确地把握自身的定位，造成协会与会员的一种利益的冲突，影响行业协会内部治理结构，最终导致管理"失灵"。

3. 行业协会的规制

行业协会在知识产权保护中出现的问题不只上文所述，要想从根本上减小甚至杜绝此类问题的出现，就要从内部和外部两个方面同时下手，只有这样，才能保证行业协会的良性发展。

(1)内部规制(自律)

行业协会自律指的是行业协会根据协会的章程，建立健全完善组织的制度和规则和可以互相制约的运行机制，对行业协会的行为进行约束，以保障组织的健康良性发展态势。作为一种自治性的组织，行业协会自律是决定其是否健康发展的第一位问题。一般来说，行业协会是一种非营利机构，本身没有资金方面的优势，也没有拥有公权力的政府机构之强势地位，那么其只能通过加强管理能力，提高社会公信力来保证它的长期发展。

第一，合理的行业协会内部治理结构。面对社会公众和政府部门及其他机构监督的压力，同时也是为了更好服务于成员企业，维护行业的共同利益，行业协会有必要营造一个合理的组织内部治理结构。

行业协会内部治理结构最重要、最关键的就是理事会的构成。因为行业协会一般都是采用理事会决策下的领导负责制。理事会作为行业协会的最高决策机构一般只决定行业协会的战略方向，而日常管理等具体事务由实际管理人员进行处理，理事会只起到监督的作用。这种理事会监督是相当重要的,因为它可以进行决定协会章程的修改、预算的审核批准、管理人员的任免等重要事项的监督。所以理事会的构成应该具有广泛性、专业性等特点,这样才能充分发挥理事会的监督职能,更好地保障行业协会的健康长远发展。

第二,完善的规章制度。完善的规章制度能有效预防和控制行业协会的各种违规行为的发生。合理的规章制度应该包括规章制度本身和它的运行程序。只有从制度和运行两个方面都得到保证,才能从根本上预防违规行为的发生。

从国外行业协会发展的经验来看,成熟并健康运行的行业协会一般都在战略管理、财务管理、人力资源管理、志愿者管理、项目管理、营销管理、筹款管理、信息资源管理以及绩效评估等方面建立了相对完善的规章制度,尤其以财务活动为重点,从制度、技术等各方面确保理事及管理者正确有效地行使职权,而不是滥用职权。① 我国的行业协会应该借鉴国外行业协会的成熟做法,建立合理并完善的规章制度,从制度和程序上保证行业协会的正常运行。

第三,健康的组织文化。成功的大企业一般都具有自己独具特色的企业文化。企业文化是一种企业的核心价值观,它具有较为强大的导向性和约束力,能够给予企业员工强烈的归属感和凝聚力,极大地激发人的能动性和责任感。行业协会应该借鉴这样成功的企业文化,建立自己的组织文化,在行业协会内部形成一种自觉自愿的自律行为,促进行业协会高效和健康地运行。这种组织文化应该大体包括无私奉献、公共道德、社会公平、诚实信用等内容或原则。

(2)外部规制(他律)

行业协会自律也有局限性,尤其是当外部约束缺失的时候,自律就会因失去支撑条件而流于形式。而支撑条件来自他律,在某种意义上甚至可以说没有他律就没有自律,他律对自律具有促进作用。② 因此,为了保证行业协会的健康运行,他律对于行业协会是非常重要的外在监督力量。他律对行业协会的监督是有某种程度上的强制性的监督方式,是约束行业协会健康运行的重要保障手段。

---

① 程昔武:《非营利组织治理机制研究》,中国人民大学出版社 2008 年版,第 226 页。

② 程昔武:《非营利组织治理机制研究》,中国人民大学出版社 2008 年版,第 229 页。

第一,法律规制。目前我国针对行业协会的立法工作比较滞后,到目前为止,并没有有关行业协会的专门法。《反不正当竞争法》中有一些规定可以适用于行业协会,但只是针对限制竞争的行为,针对性较强。而《社会团体登记管理条例》只是一部登记管理类的规定,其他的有关行业协会的管理规定多散见于各部门的规章和文件中,这种情形对行业协会的健康发展十分不利,也不利于对行业协会进行规范的管理。随着行业协会在知识产权保护中重要作用的日益体现,特别是行业协会对整个社会经济的促进作用,有必要制定专门的法律对行业协会进行法律规制。

第二,行政规制。目前我国对行业协会是实行双重管理的体制。根据《社会团体登记管理条例》的规定,民政部门是社会团体的登记机关,而业务主管部门是由其他部门担任(如工商联)。根据条例的规定,登记管理机关履行下列监督管理职责:一是负责社会团体的成立、变更、注销的登记或者备案;二是对社会团体实施年度检查;三是对社会团体违反本条例的问题进行监督检查,对社会团体违反本条例的行为给予行政处罚。而业务主管单位履行下列监督管理职责:一是负责社会团体筹备申请、成立登记、变更登记、注销登记前的审查;二是监督、指导社会团体遵守宪法、法律、法规和国家政策,依据其章程开展活动;三是负责社会团体年度检查的初审;四是协助登记管理机关和其他有关部门查处社会团体的违法行为;五是会同有关机关指导社会团体的清算事宜。行政部门应该根据被授予的监督管理的权力对行业协会进行监管,对行业协会在知识产权保护过程中可能出现的问题进行遏制,对已经出现的问题进行处罚,维护健康的经济社会发展环境。根据反不正当竞争法等相关法律的规定,针对行业协会具体的行政措施包括罚款、责令改正、撤销登记、直接负责人的行政处分等。合理而完善的行政处罚机制是对行业协会的一种警示和和惩罚,也是对社会经济健康发展的一种保障。

第三,监督。对行业协会的监督可以分为公共监督和第三方机构监督两种情形。

一是社会监督。社会监督包括舆论监督和大众监督等方式。舆论监督是指大众传播媒介的监督。一方面,大众媒体可以提供行业协会违规行为的信息；另一方面，媒体也可以对行业协会的违规行为进行“曝光”，给行业协会造成舆论压力。大众监督主要是指普通群众对行业协会的违规行为的监督。随着信息技术的不断发展，网络监督的力量逐渐成为人民群众对各种社会不法现象进行监督的重要舞台。群众可以随时把所知道的信息通过论坛、微博等形式上传到网络，形成强大的公众压力，使行业协会对自己的违规行为有所收敛。二是第三方机构监督。第三方机构监督是通过中间机构进行的监督。通常这类机构都具有一定的资质，具有相当的专业性和权威性，公正性较强。这种专门性的监督机构通过鉴定、评审等方式对行业协会的项目或人员进行评定，形成相应的鉴定结论，并把结论提供给政府机构或进行公布。

CHAPTER 09 >>

第九章

网络知识产权犯罪制裁体系的实效检视和未来建构

人类文明延续至今,经历了农业经济时代、工业经济时代而如今已经进入知识经济时代,知识产权作为知识经济环境下最为活跃的新兴权利,极大地推动了知识经济的发展和整个社会的进步,然而由于知识产权本质属于无形的精神财富,较之有形的物质财富,其更容易被不法行为所侵害。信息技术推动了知识经济的发展,是知识经济的重要组成部分。然而技术总是中立的,信息技术的发展同样给知识产权的保护带来了难题。传统的知识产权侵害仅限于现实环境下的物理性接触,但信息技术使通过网络对知识产权进行虚拟的接触成为可能,这在有利于知识产权的应用和传播的同时,也带来了脆弱的知识产权更容易被侵害的客观现实。如何应对网络和知识产权的结合,正视网络时代知识产权刑法保护所面临的挑战,积极地进行理论回应进而指导刑事立法和刑事司法实践,及时填补网络知识产权犯罪这一新生犯罪现象所造成的刑法制裁真空,是目前网络知识产权保护中最为迫切的问题。

一、当代网络知识产权犯罪的罪名体系和实效考察

知识产权是新型的智慧财产权,同传统的人身权、财产权等权益相比,知识产权在 20 世纪 60 年代才被普遍承认,而网络同样是全新的事物,从诞生至

今仅仅20余年,而网络知识产权结合了两种全新的事物,如何对网络知识产权进行刑法保护,刑事立法和司法甚至刑法理论界对其的认识和经验都存在着天生的"短板"。在目前的刑事法律体系中,网络知识产权犯罪的罪名体系依然处于模糊的地带;而在司法实践中,网络知识产权犯罪的制裁依然过度依赖非侵犯知识产权罪罪名。

(一)网络知识产权犯罪罪名体系——特殊保护和一般保护并存

我国《刑法》分则第三章第七节规定了侵犯知识产权罪,共包含七个具体侵犯知识产权犯罪罪名,然而上述七个侵犯知识产权罪罪名的外延过窄,只能满足对部分网络知识产权的特殊保护,并不足以涵盖现实社会中的全部网络知识产权犯罪行为,因此,必须引入其他罪名对网络知识产权进行一般保护,特殊保护和一般保护并存成为网络知识产权犯罪罪名体系的显著特性。①

1. 网络知识产权犯罪的特殊罪名

侵犯知识产权罪并没有对所有侵害知识产权的行为都进行了保护,《刑法》分则第三章的侵犯知识产权罪实际上仅对侵害其中三种知识产权的行为进行了制裁,换言之,刑事立法之初从全部知识产权中设定了部分知识产权进行特殊的刑法保护,具体来看体现在以下四种特殊知识产权中:(1)网络著作权特殊保护罪名,包括侵犯著作权罪和销售侵权复制品罪。网络著作权特殊保护罪名所制裁的是以营利为目的,直接指向侵犯著作权中的复制、发行权、美术作品的署名权的行为;(2)网络商标权特殊保护罪名,包括假冒注册商标罪、销售假冒注册商标的商品罪和非法制造、销售非法制造的注册商标标识罪。网络商标权特殊保护罪名,保护的是注册商标的专用权,《商标法》第57条规定的七种侵犯注册商标专用权的行为,网络商标权特殊保护罪名对其中四种行为进行了制裁;(3)网络专利权特殊保护罪名,包括侵犯专利罪、网络专利权特殊保护罪名,保护的是专利权的标识权、实施许可权和转

① 知识产权犯罪罪名体系和网络知识产权犯罪罪名体系之间的关系,从刑事立法和刑法理论上来看,前者是后者的上位概念,后者是前者的一部分。然而,由于网络的虚拟性和技术性同知识产权的"无形财产"属性,所具有的天然的契合和联系,几乎所有知识产权犯罪都可以通过网络犯罪的方式实施,因此从司法实践中来看,知识产权犯罪罪名体系和网络知识产权犯罪罪名体系基本上是一致和重合的。

让权等其他权利未予以保护;(4)网络商业秘密特殊保护罪名,包括商业秘密罪。网络商业秘密特殊保护罪名,对商业秘密的保护比较全面,《反不正当竞争法》第10条所规定的商业秘密侵权行为全部纳入了刑法的保护范围。

2. 网络知识产权犯罪的一般罪名

我国知识产权相关立法进程起步于1980年向世界知识产权组织递交加入书,1983年的《商标法》标志着中国知识产权法律体系开始着手建构,时至今日我国已经建立了初步的知识产权法律体系,但是我国目前尚未颁布统一的知识产权保护法,因此知识产权的权利范围实际上是由民法通则、著作权法、商标法等一系列零散的立法所宣示的。①

(1)特殊权利保护的补足——生产、销售伪劣商品犯罪和非法经营罪

由于侵犯知识产权罪罪名存在知识产权保护的种类过少、保护面过窄的客观现实,司法实践中必然存在大量的严重侵害网络知识产权的行为,无法以侵犯知识产权罪罪名评价,然而,由于侵犯网络知识产权犯罪往往同非法市场行为相联系,因此对于以下两种网络知识产权犯罪行为可以通过其他经济犯罪罪名进行评价,扩展刑法对网络知识产权的保护范围:其一,对于以生产、销售未经授权的商品,侵犯网络知识产权的,可以视为属于以假充真、以次充好、以不合格商品冒充合格商品,运用生产、销售伪劣商品类罪名进行制裁;其二,对于通过经营行为,侵犯网络知识产权的,可以视为侵害了网络知识产权权利人的合法权益,扰乱了市场自由、公平、对等的秩序,运用非法经营罪进行制裁。

(2)手段行为的制裁——计算机犯罪罪名

网络知识产权犯罪属于网络犯罪,在犯罪的实施过程中,必然借助

① 需要指出的是,我国相继加入了《保护工业产权巴黎公约》、《专利合作条约》、《商标国际注册马德里协定》、《商标注册用商品和服务国际分类尼斯协定》、《商标国际注册马德里协定有关议定书》、《与贸易有关的知识产权协议》、《国际植物新品种保护公约》、《保护文学和艺术作品伯尔尼公约》、《世界版权公约》和《保护录音制品制作者防止未经许可复制其录音制品公约》十余个国际条约,在理论上上述国际条约所规定的知识产权也应当属于我国知识产权法律保护的范围,但是在缺乏相应国内法规定的情形下,直接适用国际条约在司法实践中是极为罕见的,在刑法保护层面则更是由于《刑法》第9条而于法无据。

或利用了网络空间的资源，而这种利用网络计算机技术实施的严重侵害知识产权的行为，其利用网络计算机技术的行为本身就有可能单独成立刑法分则第6章第1节的计算机犯罪罪名。不过，由于此时该行为属于侵害知识产权行为的手段行为，在侵害知识产权行为本身可以成立其他罪名时，手段行为所涉及的罪名一般不再单独评价，而是作为量刑情节考量，然而由于目前我国的网络知识产权犯罪罪名体系还存在较大的不足，网络侵害知识产权的目的行为往往没有具体的罪名进行制裁，此时，可以对属于计算机犯罪罪名的手段行为进行制裁，从而达到间接上实现制裁犯罪保护网络知识产权的刑法功能。

（二）网络知识产权犯罪罪名体系的实效考察

网络知识产权犯罪，在世界范围内被公认为是知识产权犯罪全新的发展趋势和新时期最为严重的威胁，[①]需要指出的是，知识产权犯罪罪名体系和网络知识产权犯罪罪名体系之间的关系，从刑事立法和刑法理论上来看，前者是后者的上位概念，后者是前者的一部分。然而，由于网络的虚拟性和技术性同知识产权的"无形财产"属性，所具有的天然的契合和联系，几乎所有知识产权犯罪都可以通过网络犯罪的方式实施，因此从司法实践中来看，知识产权犯罪罪名体系和网络知识产权犯罪罪名体系基本上是一致和重合的。因此，尽管我国目前缺乏对网络知识产权犯罪的统计数据，但我们可以从知识产权犯罪一般趋势中，去发现和反思网络知识产权犯罪的特征和趋势。[②]

1. 近8年知识产权犯罪的宏观数据分析

根据2005年至2012年我国知识产权犯罪的宏观数据显示，整体上来看，我国的知识产权犯罪形势严峻，知识产权案件数和人数逐年增加，同时知识产权犯罪中共同犯罪趋势却有所回落。

---

① 毛庆：《互联网成知识产权侵权重灾区》，载《南京日报》2013年4月24日版。

② 本章中所使用的知识产权犯罪数据，如未做特殊说明，全部来源于《知识产权白皮书》（1998～2012年，版权所有人：中国国家知识产权局，来源：http://www.sipo.gov.cn/zwgs/zscqbps/）和《中国法院知识产权司法保护状况（2009年）》，来源：《人民法院报》2010年4月10日第2～3版；《中国法院知识产权司法保护状况（2010年）》，来源：《人民法院报》2011年4月19日第2～3版；《中国法院知识产权司法保护状况（2011年）》，来源：《人民法院报》2012年4月19日第2～3版；《中国法院知识产权司法保护状况（2012年）》，来源：《人民法院报》2012年4月23日第4版。

(1)犯罪案件和犯罪人数量逐年上升

知识产权犯罪作为新型犯罪最初并未受到足够重视，虽然我国从1998年开始发布知识产权白皮书，但是对于知识产权犯罪的统计却是从2005年才开始的，然而知识产权犯罪的发展速度却极为迅速，从图1中可见，犯罪数量从2005年的3529件、5336人到2012年的12,794件、15,518人，增长了近3倍，尤其是近几年知识产权犯罪的数量以近乎直线的幅度上升。知识产权犯罪近年日益严重，其中原因自然是复杂的，但网络和知识产权犯罪相结合后，网络知识产权犯罪爆发出的巨大负能量亦不容忽视，我国司法机关也开始关注到网络知识产权犯罪日益泛滥，多地司法机关指出，目前的知识产权犯罪中，侵犯著作权犯罪最多，而其中大部分又都与网络相关。① 因此，网络在促进知识产权迅速发展的同时，也带来了巨大的知识产权犯罪问题。

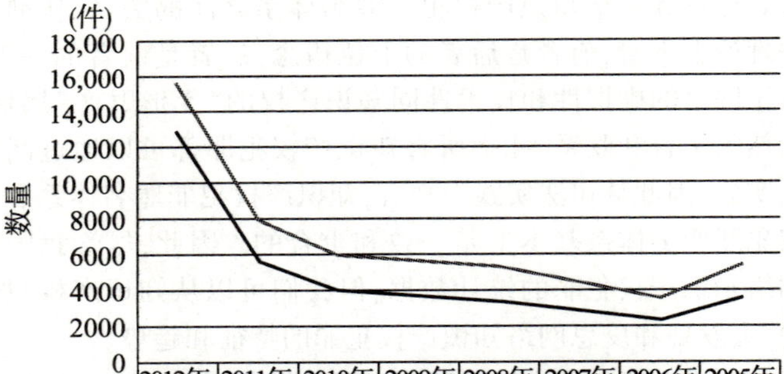

	2012年	2011年	2010年	2009年	2008年	2007年	2006年	2005年
— 案件(单位：件)	12,794	5504	3942	3660	3326	2684	2277	3529
— 犯罪人(单位：人)	15,518	7950	6001	5836	5388	4328	3508	5336

图1 2005～2012年法院一审知识产权犯罪案件和犯罪人数量

(2)共同犯罪数量趋势整体下降

通过犯罪人总数和犯罪总案件数之间的比例(以下简称共同犯罪比例系数)，我们可以知道某种犯罪类型，在司法实践中是单独犯罪为主还是共同犯罪为主。从图2中我们可以发现，知识产权犯罪在整体

① 许婧、陈静：《知识产权犯罪网络化受关注 苏浙沪3地同声应对》，载 http://www.chinanews.com/cul/2012/04-26/3849358.shtml，2015年8月4日访问。

上呈现出共同犯罪的趋势下降的趋势，自知识产权犯罪开始统计开始到2010年，共同犯罪比例系数从未低于1.5，在2008年曾经达到1.62，然后开始逐年下降，尤其在2011年首次跌破1.5，而在2012年则达到1.21的历史最低点。

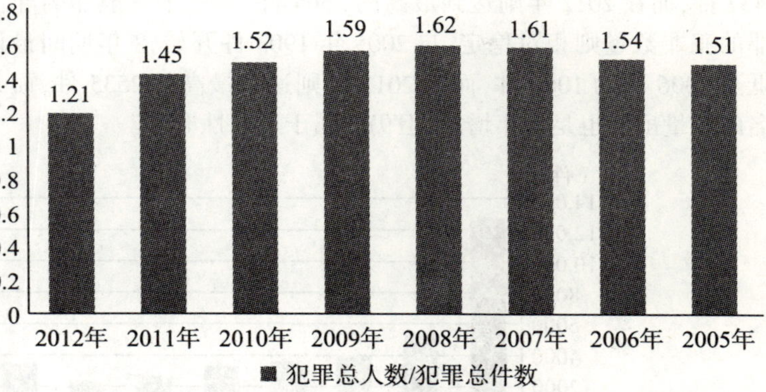

图2　2005～2012年法院一审知识产权犯罪总件数和总人数之比

知识产权犯罪共同犯罪的趋势下降，应当说同知识产权犯罪越来越充分地利用网络资源有密切的联系，在传统知识产权犯罪中，对于知识产权的侵害，往往需要通过一定的物质载体，需要实施制作、销售、传播书籍、光盘、印有假冒商标、专利号的产品等行为，因此往往需要多人分工协作共同实施，而在网络空间中，网络的虚拟性推动了知识产权的信息化，脱离了物质载体，而网络的技术性则为实施知识产权犯罪提供了技术支持，侵害知识产权犯罪的实施更为简单、便捷，而这种技术帮助和支持的获得，往往在帮助人和侵害实行行为人之间不具有共同的犯意，因此不能视为传统的帮助犯，因此目前的网络知识产权犯罪单独犯罪的趋势逐渐明显。

2. 知识产权犯罪具体罪名的分布特征

根据上文对我国知识产权犯罪罪名体系的划分，对知识产权犯罪具体罪名进行统计。图3显示了2005年至2012年作为特殊罪名的侵犯知识产权犯罪，作为一般罪名，具有侵犯知识产权情节的生产、销售伪劣产品犯罪和非法经营罪，以及具有侵害知识产权情节的其他罪名的案件数量。其中，作为特殊罪名的侵犯知识产权犯罪的数量，从2005年的505件逐年增加直至2012年的7684件，短短8年期间增长15倍有余；而作为一般罪名的生产、销售伪劣商品犯罪案件数量，则呈现出不规律的态势，自2005年1121件开始，8年期间最低曾经低至2006年的437件，而在2012年则达到最高的2504件；另一个一般罪名非法经营罪的犯罪数量则相对稳定，自2005年1903件开始，8年期间最低曾经低至2006年的1066件，而在2012年则达到最高的2535件；而其他罪名的数量虽然也是逐年增加，但仍然属于边缘性罪名。

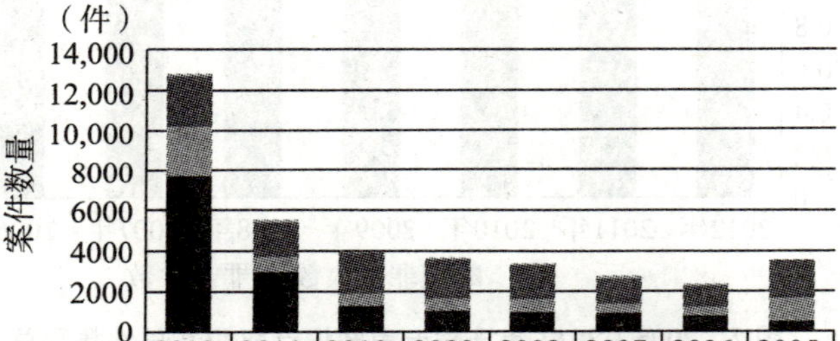

	2012年	2011年	2010年	2009年	2008年	2007年	2006年	2005年
其他罪名	71	52	25	34	13	7	5	0
非法经营罪	2535	1735	2054	1973	1707	1296	1066	1903
生产、销售伪劣商品犯罪	2504	750	609	646	610	477	437	1121
侵犯知识产权犯罪	7684	2967	1254	1007	966	904	769	505

图3　2005～2012年法院一审知识产权犯罪罪名分布数量

图4则显示了2005年至2012年上述四类罪名的分布比例，从中可以发现，从整体上来看，作为特殊罪名的侵犯著作权犯罪，在全部知识产权犯罪的比例呈上升趋势，2005年仅占全部案件数量的约14%，2012年已经达到了约60%；而生产、销售伪劣商品犯罪案件数量在2005年曾经达到最高的比例约32%，随后几年一直在14%～20%徘徊；而非法经营罪则长期属于知识产权犯罪案件中主要适用的罪名，从2005～2010年基本上都占据了全部案件数量的50%以上，最高在2005年和2009年都曾经达到约54%，然而，从2011年开始非法经营罪所占的比例有了大幅的下跌，到2012年所占的比例仅为约20%；而其他罪名一直处于明显的边缘位置，所占的比例从未超过1%。

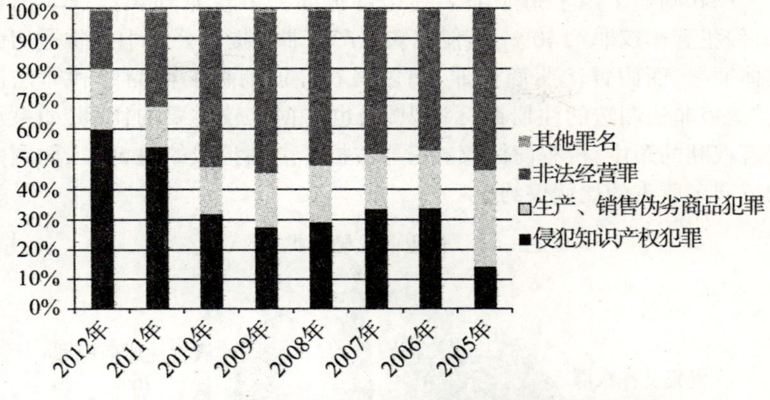

图4　2005～2012年法院一审知识产权犯罪罪名分布比例

3. 殊权利保护罪名的分布特征

根据图3和图4的数据，我们可以发现作为特殊保护罪名的侵犯知识产权罪罪名，从2011年起在整个知识产权犯罪中在数量上开始占据主要部分，为了进一步明确侵犯知识产权罪内部罪名的分布，笔者以2012年全国检察机关提起公诉的侵犯知识产权罪罪名数据为基础进行了统计。如图5所示，在全部侵犯知识产权罪中，侵犯著作权罪的数量最多达到了3154件；随后依次是侵犯注册商标权的3个罪名，假冒注册商标罪2068件，销售假冒注册商标的商品罪2061件，非法制造、销售非法制造的注册商标标识罪578件；余下的3个罪名在数量上明显较少，从高到低依次是侵犯商业秘密罪、销售侵权复制品罪和假冒专利罪。

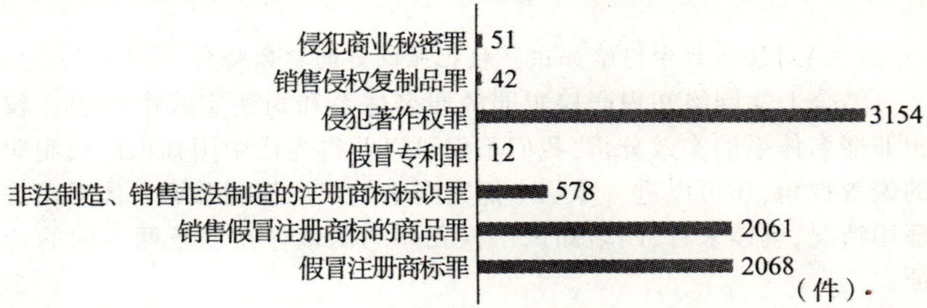

图5　2012年检察院提起公诉侵犯知识产权罪罪名数量

图6则显示出了每个罪名在全部提起公诉侵犯知识产权罪的比例,侵犯著作权罪约40%,是侵犯知识产权罪中提起公诉中最常适用的具体罪名,而假冒注册商标罪,销售假冒注册商标的商品罪和非法制造、销售非法制造的注册商标标识罪,也占据比较重要的比例,如果从侵害权利的角度,侵犯商标权的犯罪占据了全部犯罪的约59%,而剩余的三罪名所占的比例仅约2%。

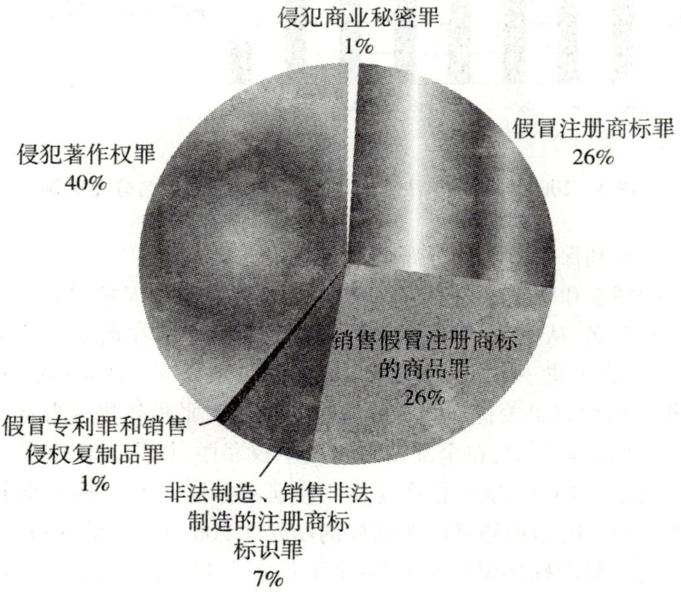

图6　2012年检察院提起公诉侵犯知识产权罪罪名比例

(三)司法实践中网络知识产权犯罪制裁的整体特征

结合上文网络知识产权犯罪的罪名体系和司法实践中知识产权犯罪罪名体系的实效分析,我们不仅可以获得当代中国知识产权犯罪的宏观视角,还可以进一步从中探究网络知识产权犯罪罪名体系司法适用情况,整体来看,网络知识产权犯罪的制裁存在以下两方面的特征。

其一,网络知识产权犯罪的特殊罪名适用比例较低,网络知识产权的犯罪罪名体系分为了一般罪名和特殊罪名,依照立法原意,刑法分则

第三章的侵犯知识产权罪应当是制裁包括网络知识产权犯罪在内的所有知识产权犯罪的主要罪名体系，而生产、销售伪劣商品罪和非法经营罪，作为一般罪名，应当属于"拾遗补缺"性质的兜底性罪名或者是补充性罪名，但是却长期成为主导性罪名，直至2012年才有所改观，但应当指出的是，2012年的改观是由于侵犯著作权罪的突然爆发性适用由密切的联系，2011年是侵犯著作权罪的适用数量达到历史的最高点仅为610件，2012年突然适用该罪名达到了惊人的3154件，增长了近5倍。而实际上，著作权、商标权和专利虽然是知识产权的三大主要权利与核心权利，长期以来商标权犯罪占据了侵犯知识产权犯罪的主要部分，2000年至2004年，全国公安机关共破获侵犯知识产权犯罪案件5305起，涉案总金额近22亿元人民币，抓获犯罪嫌疑人7100人。其中破获侵犯商标专用权案件4269起，涉案总价值11.8亿余元人民币，抓获犯罪嫌疑人5564人。[①] 由此可见，2000年至2004年期间，商标权犯罪占侵犯知识产权犯罪的近80%，这种局面虽然在近年来已然有所改观，侵犯知识产权罪中专利权犯罪适用一直在低位徘徊，这种侵犯知识产权罪中内部罪名之间适用的不协调值得我们思考。

其二，作为制裁网络知识产权犯罪手段的一般罪名，计算机犯罪相关罪名在知识产权犯罪司法实践中几乎不存在。需要注意的是，上文所探讨的网络知识产权犯罪罪名中第二种一般罪名即计算机犯罪罪名，在统计数据中几乎未曾出现，这也说明了基于法条和刑法理论的论证，同司法实践往往存在较大的差异，因此，我国目前的计算机犯罪罪名，并未能像生产、销售伪劣商品罪和非法经营罪一样，在网络知识产权犯罪的制裁中起到积极的补充性作用。

二、网络知识产权刑法保护的不足——网络知识经济时代背景下的反思

人类社会目前处于信息时代和知识经济时代的双重时代背景之下，知识产权同网络技术有着天然的"契合性"，两者相融合后在极大地推动着社会发展的同时，也对知识产权的法律保护带来了全新的挑战。网络特征已经以其迅捷的发展速度渗透进知识产权犯罪各个层面，而

---

① 国务院新闻办公室：《中国知识产权保护的新进展》白皮书，载 http://news.xinhuanet.com/zhengfu/2005－04/21/content_2858983.htm，2016年3月7日访问。

从上文对网络知识产权犯罪罪名体系及其司法适用的考察来看,传统的刑法保护体系在应对网络知识犯罪时,却还是处于进退失据、手足无措的局面。网络空间中侵害知识产权的行为,给相关的权利人带来了巨大的损害,网络知识产权被大量侵害的背后,凸显了网络知识产权刑法保护的不足。

(一)法益基础问题:知识产权刑法保护的范围过窄

我国尚未规定统一的知识产权保护法,而网络知识产权的刑法保护是通过刑法条文对侵害具体知识产权法益的行为予以刑事制裁而实现的,因此刑法保护了多少种具体的知识产权法益,则成为知识产权刑法保护的基础。然而,我国目前侵犯知识产权罪中所保护的具体知识产权无论是在数量还是程度上,都存在严重的不足,因此,在司法实践中只能依赖非法经营罪等一般罪名进行保护,刑法对于具体知识产权保护范围的过窄已经成为不争的事实。

1. 刑法特殊保护知识产权种类的空白

整体来看,我国相关法律和法规共规定了以下 12 种具体的知识产权:著作权、邻接权、商标权、企业名称权、专利权、发现权、商业秘密权、植物新品种权、集成电路设计布图权、地理标志权、技术措施、特殊标志权。① 上述知识产权都是我国相关法律法规所明确规定的,权利人可以享有的知识产权种类,对于侵犯上述知识产权的行为,法律应当予以制裁,必要时应当予以刑事制裁。然而,我国的侵犯知识产权罪,仅对其中 4 种具体知识产权的部分内容进行明确的保护,构建了知识产权的特殊罪名体系,刑法所保护的具体知识产权仅占全部知识产权的 1/3,部门法之间的不协调已经极为明显。

目前有 8 种具体知识产权则被立法所忽视,只能依靠一般罪名进行保护,然而无论是非法经营罪还是生产、销售伪劣商品罪都不是为了专门制裁侵犯知识产权犯罪而制定的罪名,只具有辅助性和补充性质,

---

① 其中,著作权、商标权、专利权、发现权、企业名称权由《民法通则》所宣示,邻接权是由《著作权法》所宣示;商业秘密权由《反不正当竞争法》所宣示;植物新品种权由《植物新品种保护条例》所宣示;集成电路设计布图权由《集成电路布图设计保护条例》所宣示;地理标志权由《商标法》所宣示;技术措施由《著作权法》以侵权行为方式宣示;特殊标志权由《特殊标志管理条例》所宣示。

不能对知识产权提供充足的刑法保护，然而通过上文已知，目前知识产权犯罪司法实践中存在过度依赖一般罪名的情况，这也是由于立法上纳入特殊罪名保护范围的具体知识产权种类过少而造成的司法尴尬。

2. 刑法特殊保护知识产权程度的缺陷

已经被纳入刑法特殊保护范畴的著作权、商标权、专利权和商业秘密权，侵犯知识产权罪也并未对其进行充分、全面的保护，而是有选择性地保护了上述权利的一部分，具体来看：(1)从著作权的刑法保护来看，对于著作权的保护实际上限定在复制权、发行权和美术作品的署名权，而《著作权法》则对著作权规定了16种具体的权益，还规定了兜底性的"应当由著作权人享有的其他权利"，而《著作权法》第47条明确规定了8种应当追究刑事责任的侵犯著作权的行为，而侵犯著作权罪实际上仅制裁其中4种，并且还是部分制裁，如《著作权法》第47条规定的"制作、出售假冒他人署名的作品的"侵害署名权的行为，在刑法的侵犯著作权罪中则被限定为"制作、出售假冒他人署名的美术作品的"，即刑法仅保护美术作品的署名权；(2)从商标权的刑法保护来看，新修正的《商标法》第57条规定了6种具体的侵犯商标权的行为，还规定了兜底性的"给他人注册商标专用权造成其他损害的"条款，但是侵犯知识产权罪中的商标犯罪罪名，仅制裁了其中的3种具体行为；(3)从专利权的刑法保护来看，侵犯知识产权罪中对于专利权的保护是最弱的，仅仅保护了专利权的标识权，而对于专利权中最为核心的许可权和转让权却不加以保护，上文统计数据中，侵犯专利权的犯罪在全部知识产权犯罪中的比例不到1%，这同刑法对于专利权保护范围过窄有直接的关系；(4)从商业秘密的刑法保护来看，刑法对于对商业秘密的保护比较全面，《反不正当竞争法》第10条所规定的侵害商业秘密的行为全部纳入到了刑法的制裁范围，然而，对于商业秘密的全面保护则进一步体现出对于其他知识产权权益保护的不足，《反不正当竞争法》规定了部分的智力成果权益保护规定，关于知识产权法和反不正当竞争法的关系，尽管存在一定的争议，但是通说还是认为反不正当竞争法是对知识产权提供保护的补充功能，是对知识产权法律规定未能充分保护的权利，予以补充性的保护。[①] 而现行的刑法无疑是将作为补充性权利规定的商业秘密权进行了全面的保护，而对于更为重要的著作权、商标权、专利权等权益实行弱化保护，更加凸显了刑事立法对于知识产权保护选择的不合理。

（二）行为定性问题：网络知识产权犯罪认定的混乱和缺失

网络知识产权的保护由于刑法本身保护范围的狭窄而被弱化，而在现有的罪名体系下，知识产权犯罪一旦同网络因素相结合，往往会对现有的刑事立法体系带来严峻的挑战。司法实践中的网络知识产权犯罪的认定普遍存在以下三个方面困难：其一，定性难。侵权行为和合法行为、合法所得和非法所得混杂在一起，难以认定侵权金额。其二，调查难。电子数据易复制，难以认定最初侵权的嫌疑人。其三，法律适用难。侵权犯罪在网络上发生异化，传统立法难以与网络犯罪相适应。[②] 因此，由于对于网络侵犯知识产权行为定性的混乱和缺失，使网络知识产权刑法保护的弱化更加明显。

1. 知识产权犯罪网络异化后的认定混乱

信息时代的到来，深刻地改变了社会结构和人与人之间的联系，给法律体系带来了全新的挑战，传统犯罪的网络异化就是其中的典型，由于网络技术性和虚拟性的介入，传统犯罪的行为方式、危害后果都产生了异化，传统的刑事法律是否能够涵盖这些异化之后的犯罪事实，如何自圆其说，成为司法机关适用刑法时必须思考的问题，而同一般传统犯罪相比，知识产权犯罪实质上亦属于新型犯罪，司法机关的实践经验本身就较少，因此知识产权犯罪在网络异化后，司法实践中的迷茫和混乱亦更加严重。

（1）网络知识产权新型侵害方式的认定混乱

尽管知识产权属于无形的智慧财产，但是在现实社会中依然无法脱离物质载体而存在，传统的知识产权犯罪的侵害方式都是指向知识产权的物质载体，信息时代的到来使知识产权终于挣脱了物质载体的束缚，可以自由扩散和传播，而网络知识产权犯罪的侵害方式开始多样

---

① 吴汉东：《论反不正当竞争中的知识产权问题》，载《现代法学》2013 年第 1 期。

② 柳树康：《2006 年专项行动新动态　打击网络侵犯知识产权犯罪》，载《人民日报》2006 年 4 月 12 日版。

化、虚拟化，而传统的刑法罪名显然对此措手不及。

以侵害著作权罪为例，刑法条文的规定实际上是以制裁非法复制、发行行为为中心，重点保护著作权的复制权、发行权，刑事立法之初并未能顾及著作权的信息网络传播权，而实践中大量的网络著作权犯罪正是通过侵害信息网络传播权而实现的，但是，由于侵犯著作权罪的罪状中未做规定，司法机关在面临此类案件时无所适从，不得已2004年颁布《关于办理侵犯知识产权刑事案件具体应用若干法律问题的解释》（以下简称《具体应用法律问题解释》），将"通过信息网络向公众传播他人文字作品、音乐、电影、电视、录像作品、计算机软件及其他作品的行为"涵盖在侵犯著作权罪的复制发行之中。然而，信息网络传播权实质上是独立于复制权、发行权的新型权益，有着自己独特的内涵和权利行使方式，《著作权》《信息网络传播权保护条例》等相关法律中已经予以明确，司法机关强行将其放在复制、发行下理解，必然使对信息网络传播的认识出现混乱。例如，司法实践中目前常见的架设游戏私服非法牟利的行为，是一种典型的侵害信息网络传播权的行为，但是司法机关对其能否属于复制发行则产生了争议，部分司法机关不承认其属于复制发行，对于此类行为以非法经营罪定罪处罚；[①]而部分司法机关则认为其应当属于复制发行，以侵犯著作权罪定罪处罚。[②]

（2）网络知识产权危害结果的评价困难

危害结果的评价是知识产权犯罪网络异化后所带来的另一个难题，由于网络的虚拟性和技术性，信息化后的知识产权可以在网络空间中被任意重组、分割、集合，一个压缩文件中可以包含大量的侵害知识产权的信息，传统侵犯知识产权罪罪名中作为评价犯罪危害结果常用的侵权物质载体数量、违法所得数额、非法经营数额的认定都产生了不同程度的异化。

以侵犯知识产权犯罪中的"违法所得数额"为例，"违法所得"是多个侵犯知识产权罪罪名危害结果的评价标准，然而，传统知识产权犯罪中违法所得大部分来自出售侵权物质载体。

在网络空间中，通过侵犯知识产权的行为获取收益的行为方式更

① 湖南省洪江市人民法院（2012）洪法刑初字第152152号判决书。

② 湖南省新宁县人民法院（2012）宁刑初字第543543号判决书。

加多样化。例如,通过在网站上发布侵犯他人著作权的作品、侵犯他人商业秘密权的商业秘密等,增加网站的点击量,吸引广告商获得收入。此时,行为人在网站上向社会公众提供侵犯他人的知识产权信息是免费的,广告收入能否视为"违法所得"?如果不视为违法所得,有放纵侵犯知识产权的行为之嫌;如果视为违法所得,随之而来问题更为复杂,网站上全部内容都是非法传播的作品或者非法披露的商业秘密还比较好认定,但是当网站上传播的作品既包含合法的作品又包括非法的作品,可能同时还包括商业秘密时,上述综合的网站信息共同吸引了大量的点击率,网站所有人获得了大量的广告费用。如何区分哪些是合法所得,哪些是侵犯著作权罪的违法所得,哪些是侵犯商业秘密罪的违法所得,无疑是个更加困难的司法难题。

2. 网络知识产权犯罪中帮助行为制裁的缺失

网络是一个"技术为王"的空间,没有一定的技术支持,任何简单的网络行为都无法实施,如收发电子邮件的行为看似简单,但实际上如果脱离了网易、新浪、谷歌等电子邮件客户端运营商的技术支持,必然难以实现。网络知识产权犯罪亦是如此,犯罪行为的实施必然要依托于一定的网络技术支持,网络技术支持成为实施犯罪最为关键与核心的步骤。例如,通过互联网提供收费下载盗版电影的行为,必须依托于网络信息的存储、网络下载工具等的支持。然而,对于此类故意为网络知识产权犯罪提供技术支持的行为,由于网络空间中帮助行为的异化,传统刑事法律实际上往往难以有效制裁该行为。

(1)网络知识产权犯罪技术帮助行为和实行行为的相分离

在传统刑法理论中,帮助行为的刑事制裁是通过共同犯罪来实现的,即对帮助行为进行制裁的前提是共同犯罪的存在,主观上具备共同的犯意,客观上具有共同的行为。然而,由于网络空间中人与人交往的虚拟性和便捷性,网络知识产权犯罪中提供技术支持的帮助行为人同直接实施侵害知识产权的实行行为人之间,往往并不成立共同犯罪,主要表现在:其一,行为人之间主观上并不具有必然联系。在互联网时代,网络空间中的主体都是虚拟的,他们各自独立地利用网络共享资源,实施帮助行为的行为人只是网络空间中无数提供帮助行为个体中的一个,获得技术帮助实施侵害技术措施的行为人在绝大多数情况下与向其提供帮助的主体不认识,不需要有主观上的联系,二者主观上的联系具备与否不影响实质上的帮助行为的实施和帮助行为的接受。其二,行为人之间的目的不要求一致性。虽然帮助行为和实行行为客观上共同促成了侵害知识产权的事实,但是二者的目的和动机往往不同,实行行为人的目的一般是非法地利用相关知识产权权益,而帮助行为人,则可能出于牟利、炫耀技术等多种目的。其三,行为人的客观行为并不必然统一。网络知识产权犯罪的实行行为同帮助行为之间并不具有统一性,两行为之间的联系极为松散,在信息高度发达的现代,技术帮助行为往往是通过一种广泛传播方式来进行的,而实行行为人获得帮助并不具有必然性,有时实行行为人是同时寻找多种技术帮助,从中选择最为适合自己的方式。

因此,由于网络知识产权犯罪中技术帮助行为和实习行为之间往往是分离的,双方行为人无法成立紧密的共同犯罪,无法对帮助行为进行有效的刑事制裁,大量的网络知识产权犯罪的技术性支持行为的制裁处于缺失的状态。

(2)网络知识产权犯罪技术帮助行为的具体类型

从整体来看,网络知识产权犯罪的技术帮助行为主要可以分为两类:其一,间接网络服务的提供商。网络服务提供商是指通过信息网络向公众提供信息或者为获取网络信息等目的提供服务的机构,包括网络上的一切提供设施、信息和中介、接入等技术服务的个人用户、网络服务商以及非营利组织。[①] 常见的有网站搭建服务、网络信息存储服务、搜索引擎服务等,网络知识产权犯罪大多无法脱离网络服务商而存在。例如,在网络中发行侵犯著作权的作品,往往需要一个宣传的网络平台和存储侵权作品电子信息的存储空间,几乎所有行为人都不会使用自己的主机实施上述行为,而是通过网络服务提供商来实现。而当网络服务商明知自己的服务被用于侵犯知识产权犯罪依然提供上述服务时,无疑属于网络知识产权犯罪的帮助行为,尤其在网络服务提供商向多名独立的侵犯知识产权行为人提供网络服务时,其行为的危害性更会倍增。其二,直接侵害技术的提供者。部分网络知识产权犯罪行

① 姚建军:《网络服务提供者侵权行为探讨》,载《知识产权报》2011年2月22日版。

为除了需要网络服务提供商提供的一般网络技术支持外,还需要特殊的技术支持,犯罪行为才能得以实现。例如,尽管计算机软件以信息的形式存在,但是为了避免计算机软件被无限的复制和传播,计算机软件往往都存在一定的技术措施,限制软件被任意复制或仅限于特定授权主机使用,此时行为人想非法复制、传播计算机软件,就必须获得破解技术措施的技术支持,而明知他人意图破解技术措施侵害软件版权所有人的权益,依然提供技术支持的行为人,就属于为网络知识产权犯罪提供直接侵害技术的帮助行为人,而这种技术支持同样可以在网络空间中轻易地实现"一对多"的帮助。

(三)根本原因:双重时代背景下网络知识产权刑法保护的时代更新需求

客观地讲,网络知识产权刑法保护的上述种种不足,并非完全是刑事立法技术的原因,究其根本在于新的时代背景下,网络知识产权的刑法保护无论是在理念上还是在法律体系上,都已经滞后。互联网的产生和迅速发展推动人类进入了全新的信息时代,而传统的法律体系也迎来了自身的变革契机。网络的技术架构与规则架构是互联网赖以维继的两个重要支柱,前者塑造了网络的世界,后者则意图将网络改造为人类活动的规范与秩序的世界。因此,法律规则必须要进行时代性更新,满足信息时代的社会秩序需求,而其中知识产权由于其本身的无形智慧财产属性,同传统权益相比,其在信息时代同网络的结合异常地紧密。在信息时代和知识经济时代的双重时代背景下,传统的知识产权法律规则显然已经不足以满足网络知识产权的保护需求必须进行一定的法律变革,其中首当其冲的则是知识产权的刑法保护体系。

1. 网络知识产权犯罪的独特性:网络和知识产权的天然契合

网络犯罪的出现是新时期刑事法律所必须面临的挑战。但是,网络犯罪对于不同的法益冲击是不同的,相关法益同网络结合的越紧密,受到网络犯罪的冲击就越明显。网络犯罪对于生命权、健康权刑法保护的冲击显然较对名誉权、财产权的冲击要弱,而在刑法所保护的所有权益中,网络犯罪对于知识产权刑法保护的冲击可谓最为明显,这是由于网络和知识产权之间具有天然的契合性,网络和计算机技术使知识产权卸下了物质载体的"枷锁"迎来了全面的发展。"网络技术的出现,不但改变了人类的生活方式和社会经济发展模式，而且对当代各国的法律制度提出了挑战。正是在这个意义上，人们赋予知识产权制度以鲜明的时代技术特征，将其称为'网络知识产权'。"[①]因此，由于受到的冲击最大，网络知识产权刑法保护的缺陷也就更为明显，刑事立法更新的需求亦更强。

2. 网络知识产权刑法保护挑战的全面性：新生法益的产生和传统法益的异化

具体来看，根据是否侵害了新生的法益，我们通常可将网络犯罪划分为侵害新法益的新型网络犯罪和侵害传统法益的传统网络化犯罪。[②]而网络犯罪的这两种表现都显著地体现在网络知识产权犯罪上：一方面，网络和知识产权两种新兴事物互相促进、紧密结合衍生了新的法益，数据库、计算机软件、多媒体、网络域名、数字化作品，这些新的法益虽然不同于传统的智慧财产，但是都具有明显的财产利益属性，对于具有严重社会危害性的侵害这些法益的行为，在刑事法层面应当予以合理的评价；另一方面，传统的侵犯著作权罪的方面，传统犯罪行为方式同网络行为的虚拟性和技术性相结合带来的传统犯罪异化，如网络传播行为、网络制造、网络销售等行为都同传统的复制、发行、制造、销售的行为有所差异，在行为的定性和定量上同传统知识产权犯罪产生异化，刑事司法实践同样应当调整传统的法律评价模式。

基于以上的分析，在信息时代和知识经济时代尚未全面到来之前，传统的知识产权罪名体系虽然存在一定的缺陷，但是并不十分明显。在人类社会已经全面进入信息时代和知识经济时代的背景下，新的网络知识产权法益不断产生，这同传统的知识产权刑法保护范围过窄形成了鲜明的对比。而传统的知识产权罪名亦无法制裁由于网络因素介入后，在行为方式、犯罪结构上产生异化的网络知识产权犯罪，网络知识产权刑法保护的缺陷被放大，已经成为刑事法律体系在新时代背景下缺失最为明显的一环，网络知识产权犯罪的刑事立法更新势在必行。

三、网络知识产权刑法保护的宏观刑事政策转化

知识经济和信息时代对刑法规范的影响是不可逆的，刑法规范必

---

① 吴汉东：《论反不正当竞争中的知识产权问题》，载《现代法学》2013 年第 1 期。

② 于志刚：《网络犯罪与中国刑法应对》，载《中国社会科学》2010 年第 3 期。

须顺应这一大的时代背景作出更新和调整,进行网络知识产权刑法保护的时代更新,而首先需要实现宏观刑事政策的转化。从整体上看,我国对网络知识产权刑法保护整体上依然持1997年刑法修正之初的“适度保护”的刑事政策理念,而在新的时代背景下需要向“同等保护”刑事政策理念转化,并以此为指导进一步完善网络知识产权刑法保护的立法模式和保护范围。

(一)从“适度保护”到“同等保护”——知识产权保护刑事政策的基本立场

知识产权作为智慧财产,虽然是无形财产,但是在财产属性上同传统的有形财产并无实质的差异。由于对智慧财产属性认识的不充分,我国一直秉承对于知识产权的保护弱于传统的有形财产的保护的刑事政策理念,无论是刑事立法还是刑事司法都强调对相比较传统有形财产权益对知识产权进行“适度保护”,造成了网络知识产权刑法保护的严重不足。在刑事法律层面,逐步对知识产权实施同其他财产权的“同等保护”应当是未来知识产权刑法保护的基本立场。

1. 从知识产权保护理念的误区谈起

长期以来,关于知识产权保护的法律政策,我国一直强调在加强保护的同时亦不断强调我国是发展中国家的客观现实,言外之意,我国知识产权保护不能向发达国家看齐,这种基于国家发展水平保护的差异性,并不是由于同发达国家相比我国能投入的法治资源有限,而是许多人相信适当放宽知识产权保护的力度,有助于我国的经济发展,发挥后发优势赶超发达国家。对此,国务院2008年6月5日发布的《关于印发国家知识产权战略纲要的通知》(国发〔2008〕18号)明确指出,必须有效应对互联网等新技术发展对版权保护的挑战,妥善处理保护版权与保障信息传播的关系,既要促进信息传播,又要依法保护版权。然而关键的问题在于,对知识产权保护力度的加强是否必然会阻碍经济的发展和技术的创新?

有学者以中国1985~2005年的经济发展数据为样本,开展中国经济发展同知识产权保护之间的关系研究,结果发现“知识产权对中国经济增长具有显著正向促进作用:经济增长关于知识产权的长期弹性约为0.390,短期弹性为0,并存在长达3年的时滞,说明中国知识产权制度的建立切实激励了创新，促进了经济增长。知识产权制度有效保护巩固了中国技术创新成果，直接影响资源配置效率，为研发活动提供了强劲激励，从而激励再创新，进而间接促进经济增长。保护知识也是中国由粗犷型到集约型发展的必然要求。中国经济发展已经到了需要为知识产权提供足够保护的时候”。[①] 由此看来，知识产权保护程度的加强有助于经济、社会的发展，尤其是有助于促进知识产权领域的发展，在知识经济时代的今天，这将是决定国家发展潜力和国际竞争力的关键因素，因此对于知识产权只能“适度保护”的法律理念是存在一定的误区，尤其是在刑事法律理念依然坚持这一刑事政策，其不合理性更加凸显。

2.刑事政策转向“同等保护”的合理性

如果说为了避免知识产权的滥用，在民事法律领域和行政法领域对于知识产权的保护适当地减弱，将部分利用知识产权的行为不视为民事侵权或行政制裁行为，还具有一定合理性。但是，刑事犯罪领域对知识产权进行选择性保护，将严重侵害知识产权的行为排除在刑事制裁之外，无疑不具有合理性根据。然而，目前的问题在于，民事法领域和行政法领域已经在不断地通过立法指出部分侵犯知识产权的行为具有严重社会危害性，应当追究刑事责任，而刑事立法却不为所动，因此亟须调整现有的刑事政策。

(1)时代发展决定的“同等保护”的需求

在知识经济时代，知识运营将成为经济增长的主要方式、知识产业成为龙头产业、知识经济将成为未来社会的主导产业；在知识经济时代，加强知识产权的保护是社会发展的主旋律，而刑法保护更是其中最为关键的一环。因此，加强知识产权的刑法保护是宏观时代背景所决定的。

然而目前的问题在于，由于长期秉承“适度保护”甚至是“弱保护”的刑事政策，目前我国严重侵犯知识产权特别是严重侵害网络知识产权的行为，呈现出高发和泛滥的态势。例如，关于中国的盗版率，尽管我国官方和外国研究机构之间一直存在一定的争议，然而根据美国海

① 陈春晖、曾德明、朱丹：《知识产权与中国经济增长的协整关系研究》，载《湖南大学学报(自然科学版)》2007 年第 7 期。

关的统计,美国海关每年查获的盗版软件80%来自中国。① 不可否认,我国的盗版问题依然十分严峻,严重阻碍了我国相关软件产业的发展,同为发展中国家,印度对于网络知识产权的保护和软件产业的迅猛发展值得我们反思,②因此,我们现在要求加强网络知识产权的刑法保护,从"适度保护"向"同等保护"转换,并不是扩大网络知识产权犯罪的刑法打击范围,将危害性不严重的行为规定为犯罪行为,而是此类行为的危害性已然十分严重,但是却得不到有效的刑事制裁。

(2)部门法之间协调促使刑事政策转化

综合考察知识产权相关的法律制度,可以发现部门法之间存在严重的差异性。一方面,《著作权法》《商标法》等知识产权法在不断地扩张知识产权权利范围,加强对侵害知识产权行为的制裁;另一方面,从1997年至今,我国的知识产权刑事法律在法律修订完善的过程中,其保护程度和保护对象基本没有变化,刑事法领域的"加强保护"未能体现。以《著作权法》为例,我国1990年颁布了《著作权法》之后,在2001年、2010年历经了两次修订,每次修订都加强了著作权及其相关权益的保护。目前,著作权法正在进行新的草案审议,进一步扩大了著作权的保护范围和保护力度,我国《著作权法》中的"刑事责任条款"由于自身的"柔性"性质而难以成为实质刑法,不能发挥实际作用,需要刑事立法的跟进性保护。然而,目前知识产权刑事保护对现有的《著作权法》所规定的8种可以追究刑事责任的行为方式,依然尚未能全部纳入刑事制裁的范围,可以预想,一旦新的《著作权法》颁布,这种部门法的差异将更为明显。因此,从法律的整体协调来看,知识产权犯罪刑事政策的调整已经刻不容缓。

3. 避免走向"过度保护"的极端

由于宏观社会背景的转变,其他部门法纷纷加强知识产权保护,刑事法律也应当转换已有的刑事政策理念,从实质上弱化了知识产权保护的"适度保护",转向对无形财产的知识产权和有形财产的动产、

---

① Donald P. Harris, The Honeymoon Is Over: The U. S. -China WTO Intellectual Property Complaint, *Fordham International Law*, 2008.

② 王鑫:《印度的知识产权保护》,载 http://in. mofcom. gov. cn/aarticle/ztdy/200507/20050700148243. html,2015年11月3日访问。

不动产进行"同等保护"。但是应当注意的是,由于知识产权自身的权利属性特征和我国的二元法律体系特征,对于知识产权的刑法保护理念应该避免向"过度保护"转向,目前部分西方发达国家对于知识产权的保护有从"以民法为中心"向"以刑法为中心"转化,这并不适合作为我国的知识产权犯罪刑事政策。2008 年 9 月 26 日,美国国会通过了《2008 年资源和机构为知识产权优先法》,该法案的通过是美国知识产权刑事法律发展中的里程碑事件,法案的第二章强化了知识产权犯罪的刑罚处罚,明确规定侵犯知识产权犯罪为"重罪"以替代"犯罪"这一含混不清的表述,从而有效地排除了将知识产权犯罪视为"轻罪"的做法。①

必须指出,我国未来知识产权犯罪刑事政策的转变、刑法保护的加强,主要还是体现在保护范围的扩张而不是保护强度的增加,"当前,出现侵犯知识产权行为多发且危害严重的原因是多方面的,其中既有刑事司法与行政执法、民事司法的衔接不畅,大量的犯罪案件没有被及时移送的原因;也有随着新技术的发展导致的侵权行为方式不断发生变化而现有立法没有及时跟进等原因。因而,侵犯知识产权行为多发且危害严重,与我国刑法对侵犯知识产权罪规定的法定刑高低并无必然联系。"②目前,大量具有严重社会危害性的侵犯知识产权的犯罪行为得不到刑事制裁,这是刑事立法所应当关注的中心,而不是加强已有知识产权犯罪的刑事制裁。我国奉行行政违法和刑事犯罪二元体制,这是我国的法律特色之一。在这种二元体制下,刑法需要保证一定的谦抑性,出于加大处罚的目的,将所有侵害知识产权的行为都作为犯罪处罚,不适合我国现有的法律体制。

(二)保护权益范围的扩张——加强网络知识产权刑法保护的基础

我国现行刑法分则第三章的侵犯知识产权罪,是在 1997 年刑法修正时,在对散见于 1979 年刑法、单行刑法以及附属刑法中的知识产权罪名进行整合而建构的,在 1997 年刑法修正时,并没有增加任何实质意义上的新的知识产权罪名,而从 1997 年至今虽然立法机关和最高司

---

① 赵赤:《从"民法中心"到"刑法中心"的转变与实现——评析美国知识产权刑事立法的演进与最新发展》,载《天津行政学院学报》2010 年第 5 期。

② 刘科、高雪梅:《刑法谦抑视野下的侵犯知识产权犯罪》,载《法学杂志》2011 年第 1 期。

法机关亦数次颁布有关侵犯知识产权罪的法律解释，但是也都未曾涉及知识产权刑法保护范围扩大的事宜。必须承认我国立法机关对于侵犯知识产权罪的罪名设置上过于保守，目前侵犯知识产权罪的制裁范围上依然同1997年《刑法》颁布之前的单行刑法、附属刑法制裁的范围无实质区别，权益保护范围的过窄已经成为阻碍网络知识产权刑法保护的首要问题。因此，知识产权刑法保护权益的扩张，是未来知识产权刑事政策转变后刑法保护加强的主要内容和基础。

1. 知识产权刑法保护权益扩张的合理性依据

“加强保护，分门别类，宽严适度”是我国知识产权的司法政策，①其中“加强保护”被置于首位，而知识产权的刑法保护的加强，应当是通过刑法保护范围的扩张，而不是现有相关罪名刑罚的提升。一味地提升刑罚无法满足知识产权保护的真正需求，也违背了“宽严适度”的司法政策，因此知识产权权益刑法保护的扩张是未来知识产权刑事政策的主要内容，具体来看知识产权权益扩张的合理性体现以下几个方面：(1)网络时代的知识产权的刑法保护需求增加。在网络时代下，知识产权极速发展的同时也带来了更加脆弱的现实。知识产权作为智慧财产，权利人对其的掌控远不如无形财产紧密，而在网络时代知识产权这种天然的“缺陷”被进一步放大，网络知识产权更加容易被侵害。因此，著作权法、商标法、专利法等法律都在进行着法律更新，扩大对知识产权的保护，而在刑事法律层面，如果说在传统社会，刑法出于自身谦抑性的考量，对于部分具体知识产权未进行刑法层面的特殊保护的话，在网络和知识产权结合越来越紧密的今天，则必须要对知识产权权益进行全面的保护。(2)网络知识产权犯罪危害性倍增。网络知识产权已经成为知识产权的重要领域，而随着时代的发展，网络知识产权的重要性也会更加凸显，在网络空间中，行为人可以轻易地实现未经相关权利人授权，接触、利用网络知识产权，并可以将其在网络空间中进行无限的传播，侵犯知识产权危害性倍增，知识产权权利人权利受到严重损害，出现了大量具有严重社会危害性的侵犯网络知识产权的行为，刑法理应介入。(3)网络知识产权中诞生的新型权益处于法律模糊地带，需

① 袁定波：《加强保护分门别类宽严适度　最高法确立知识产权司法政策》，载《法制日报》2011年12月21日版。

要刑法尽快确认。在传统社会中,一个新型权益的产生,往往需要漫长的积累和社会观念的认同过程。但是在网络知识产权领域,由于网络技术和知识产权权益的天然契合,迅速地产生许多新型的网络知识产权权益,例如电子数据库、域名,这些权益目前尚处于法律的模糊地带,因此对不法分子大量的侵害,刑法有必要进行时代更新,将上述新型权益涵盖在刑法保护范围之内。

2. 知识产权刑法保护权益的扩张思路

在全新的双重时代背景下,知识产权受刑法保护的刑事政策,需要由传统的对知识产权进行"适度保护"转向参照传统财产权利的"同等保护",知识产权刑法保护范围的扩张是新的刑事政策的主要内容,具体来看未来的知识产权刑法保护权益的扩张,应当遵循以下思路:(1)逐步将知识产权法规定的知识产权纳入到刑法的保护范围。上文已述,我国知识产权法律明确宣示和规定了12种具体的知识产权,如果考虑到我国参加的国际条约,那么我国实质上认同和承诺保护的知识产权会更多。我国刑法目前仅对其中4种进行了特殊的保护,其他的只能依赖于一般罪名进行保护,在保护的效果和范围上都存在较大的差距。例如,对于侵犯技术措施权的行为,尽管此类行为的危害性已然十分严重,司法实践中几乎从未见相关的刑事处罚。因此,有计划地逐步完善知识产权刑法保护体系,将目前我国承认的具体知识产权纳入刑法保护的范围,是未来知识产权刑法保护权益扩张的方向之一。(2)进一步扩大刑法特殊保护知识产权的保护范围,我国刑法目前对著作权、商标权、专利权和商业秘密权4种权利设定了独立的罪名,进行了特殊的刑法保护,而其中著作权、商标权和专利权都属于知识产权权利体系中的主要和核心权利,因此,1997年刑法修订时,选择对其进行特殊的刑法保护。然而上文已述,这三种权利刑法对其保护的范围同《著作权法》《商标法》和《专利法》对刑法保护的期待存在较大的差距。以著作权的刑法保护为例,《著作权法》规定的可以追究刑事责任的8种行为,刑法只对其中4种行为进行了制裁,刑法未能满足《著作权法》所提出的刑法保护需求,而随着新的《著作权法》的立法生效,刑法的滞后将更加明显,有必要尽快对于目前刑法已经特殊保护的几种知识产权,进一步扩大保护范围。(3)尽快确定网络新型权益的刑法保护。随着网络知识产权的发展,以电子版权、域名、数据库为代表的新型网络知识产权开始出现,上述新型知识产权代表着信息时代知识产权最新的发展趋势和发展方向,刑法有必要对其进行保护,而对于上述新型权利的刑法保护可能需要从两方面着手:一方面,充分发挥司法机关的能动性和法律条文的普适性,以司法解释的方式将上述新型知识产权纳入到传统知识产权的保护范围中去,从将其纳入刑法的保护范围;另一方面,对于部分新型网络知识产权,将其解释为传统知识产权并无大碍,例如将电子版权解释为著作权,但是对于部分新型知识产权,例如能否将域名解释为商标权、企业名称权,则存在一定的法律理念争议。对此,刑法不宜走的过前,暂时应当考虑以一般罪名的方式对其进行保护,并且期待并呼吁相关知识产权法律尽快对上述新型权利进行确定和立法规定。

四、网络知识产权刑法保护的微观刑事对策

刑法解释和刑事立法在完善网络知识产权刑法保护的过程中,有着不同的价值,刑法解释具有经济性和及时性的特征,能避免刑事立法周期过长、成本过高的缺陷,并且由于刑法条文的抽象性和普适性,实际上可以涵盖大量的新型网络知识产权犯罪行为,而不需要进行刑事立法更新。然而,刑法解释必然无法完全替代刑事立法的作用,刑法解释有一定的限度,不可能无限地进行扩张解释,只能在不违背罪刑法定原则和国民的预测可能性的限度内进行解释,而对于特定的行为进行入罪化是建立和完善合理的罪名体系的需要,刑法解释不具有此功能。要构建顺应信息时代和知识经济时代的网络知识产权刑法保护体系,在宏观刑事政策调整的基础上,需要刑事司法解释的充分运用和刑事立法更新共同协作,两者不可或缺。

(一)网络知识产权犯罪的司法对策:继续和扩大司法解释努力

上文我们反思了目前网络知识产权犯罪司法实践中的不足,但实际上,通过对刑法规范进行一定的扩张解释,可以弥补相当一部分网络知识产权刑法保护的缺陷和不足,“法律作为规范,其内容是抽象的、概括的、定型的,制定出之后有一定的稳定性。法律不能频繁变动,更不

能朝令夕改，否则就会失去其权威性和确定性"。[①] 司法机关应当充分地发挥司法能动性，加强司法解释的努力，这并不是一时的权宜之计和短期的举措，而是司法解释自身功能的体现。

1. 网络知识产权犯罪定性的扩大解释

网络和知识产权犯罪相结合后，借助于网络的技术优势和虚拟特征，网络知识产权犯罪迅速地实现了犯罪的更新和发展。一方面，大量的新型侵犯网络知识产权的行为开始涌现；另一方面，出现了侵害全新的知识产权权利类型具有严重社会危害性的行为，而司法机关最大的难题则是面对上述新行为、新权益，是否能将其纳入传统的知识产权犯罪罪名体系之中，由于司法经验的不足，造成了司法实践中要么畏缩不敢制裁，要么随意制裁造成司法适用混乱，上文提及的对于经营网络游戏私服行为定性的混乱就是例证。然而，实际上无论是从法律理论还是从条文规定上，将非法经营私服牟利解释为侵犯著作权罪都是可行的，因此，最高司法机关及时制定和颁布相关的司法解释，指导和统一新型网络知识产权犯罪的定性，具有重要的意义。

(1)网络知识产权犯罪行为方式的扩大化解读

我国刑法分则第三章的侵犯知识产权罪实际上是对 1997 年《刑法》颁布之前的部分单行刑法、附属刑法的整合而来，仅从刑法条文的本来含义来看，确实存在制裁范围过窄的问题，为了满足司法实践的需要，最高司法机关实际上已经多次对侵犯知识产权罪具体罪名的罪状进行了扩大化的解释，未来最高司法机关应当坚持和继续这种司法努力。例如《刑法》第 213 条规定的假冒注册商标罪的罪状是"未经注册商标所有人许可，在同一种商品上使用与其注册商标相同的商标……"而《商标法》对于此类侵犯"相同"的注册商标和侵犯"近似"的注册商标是作为两种独立的行为来规定的。[②] 因此，如果遵循严格的字面解释，"相同的"和"近似的"是两种不同性质的侵害商标权行为，而刑法条

---

① 张文显：《法理学》，高等教育出版社 1999 年版，第 207 页。

② 《商标法》第 57 条则规定："有下列行为之一的，均属侵犯注册商标专用权：(一)未经商标注册人的许可，在同一种商品上使用与其注册商标相同的商标的；(二)未经商标注册人的许可，在同一种商品上使用与其注册商标近似的商标，或者在类似商品上使用与其注册商标相同或者近似的商标，容易导致混淆的；……"

文只规定了前一种成立犯罪。然而,2004年的《具体应用法律问题解释》中将"相同的商标"解释为"完全相同或者视觉上基本无差别、足以对公众产生误导的商标",实际上将假冒注册商标罪中的"相同的商标"进行了扩大化的解释,使该罪的罪状包含了侵犯相同的商标和侵犯近似的商标的行为。

需要注意的是,在未来网络知识产权犯罪的司法解释中,应当注意司法解释同网络因素相结合,如2011年《知识产权刑事案件意见》中,对于侵犯著作权罪中"以营利为目的"的解读,在传统的销售目的之外,又新增了收取网络广告、提供会员服务等行为同样可以视为"以营利为目的",显然就是考虑到了在网络空间中侵犯著作权行为借此牟利的多样化形态,这种司法解释的努力应当肯定并进一步加强。

(2)侵犯新型网络知识产权权益的扩张保护

网络和知识产权都是极具创新活力的事物,在网络时代,知识产权迅速地实现了知识产权的网络化,几乎所有的知识产权都具有了其网络空间中的形态,并且不断地衍生出新型的网络知识产权权益,在符合罪刑法定原则的前提下,将这些新型权益纳入刑法已有罪名的保护范围,同样是司法解释应当努力的方向。

同样,司法解释在此方面已经进行了积极的尝试。例如,刑法第217条的侵犯著作权罪仅规定了侵犯文字作品、音乐、电影、电视、录像作品、计算机软件几种特定作品的复制、发行权的行为,但是同时又规定了"其他作品"作为兜底性条款,而《适用法律问题意见》则进一步规定:"以营利为目的,未经著作权人许可,通过信息网络向公众传播他人文字作品、音乐、电影、电视、美术、摄影、录像作品、录音录像制品、计算机软件及其他作品……"属于侵犯著作权的罪状表现,司法解释中则不仅新增了美术、摄影、录像作品、录音录像制品属于"其他作品"的范畴,更为重要的是《适用法律问题意见》明确地将"信息网络传播权"这一新型权利纳入到刑法对著作权的保护之中。而未来的司法解释应当秉承这一思路,进一步将一些新型网络知识产权权益归入传统刑法所保护的权益之中。例如,对于电子数据库权利属性的认识,电子数据库是指经系统或有序安排,并可通过电子手段访问的独立的作品、数据或其他材料的集合,其主要功能在于向用户提供一定的信息。[①] 信息社会中"信息就是金钱"而电子数据库通过对信息的有序整合,可以帮助人们更好地收集和掌握信息,电子数据库的建设越来越受到重视,世界知识产权组织于 1996 年颁布了《数据库公约草案》,提出应当对电子数据库予以独立的保护。[②] 美国也对电子数据库进行了特殊的保护,规定了数据库权利人对于数据库拥有引用、发行、复制、传播等一系列权利。[③] 我国虽然没有明确地对电子数据库进行界定,但在《著作权法》中明确规定了汇编权,电子数据库可以视为汇编作品的电子化。因此,最高司法机关完全可以充分发挥司法能动性,将电子数据库置于侵犯著作权罪的刑法保护之中。

2. 网络知识产权犯罪定量标准的司法重构

我国犯罪成立秉承定性 + 定量的模式,定量因素不仅仅影响到量刑还会影响到犯罪的成立。上文已述,网络知识产权犯罪同传统犯罪的区别不仅仅在行为方式的手段化,还包括危害结果的网络化,而如何评价这些新型的危害结果,重构网络知识产权犯罪的定量标准,同样是司法解释所应当努力和探索的方向,从整体来看主要有以下两种思路。

(1)建构符合网络空间行为特征的量化标准

传统社会中对于知识产权的侵害必然要通过一定的物质载体来实现,因此,对于侵犯知识产权犯罪的量化标准,更多地依照侵权物质载体的数量或者是非法销售物质载体的数额。然而在网络空间中,由于接触方式和传播途径的虚拟化,传统的"数量"和"数额"已经不能全面、准确地评价犯罪的危害性,亟须新的量化标准,而司法机关也已经在这方面作出了积极的尝试,《适用法律问题意见》中规定侵犯著作权罪中"其他严重情节"的新的认定标准,"(一)非法经营数额在五万元以上的;(二)传播他人作品的数量合计在五百件(部)以上的;(三)传播他

① 董炳和:《数据库法律保护在中国——兼评中国法院审理的两起涉及数据库的案件》,载郑成思主编:《知识产权研究》(第 8 卷),中国方正出版社 1999 年版,第 190 页。

② Basic proposal for the Substantive Provisions of the Treaty on Intellectual Property in Respect of Databases, WIPO Doc. CRNR/DC/6(Aug 30, 1996), Article 1.

③ Database Investment and Intellectual Property Antipiracy Act of 1996, H. R. 3531, 104th Cong, 2d Sess.

人作品的实际被点击数达到五万次以上的;(四)以会员制方式传播他人作品,注册会员达到一千人以上的;(五)数额或者数量虽未达到第(一)项至第(四)项规定标准,但分别达到其中两项以上标准一半以上的;(六)其他严重情节的情形”。考察新司法解释的规定可以发现,定量因素不仅有传统的“数额”、“作品数量”,还包括了“点击次数”、“注册会员人数”等全新的量化标准,这两个新量化标准具有鲜明的网络时代特征。

(2)评价网络空间的行为由定量转化为定性

知识产权网络化后,知识产权的载体由传统的物质载体直接转化为信息载体,而网络信息具有无限复制性和延展性,网络知识产权信息载体的非法接触、传播也产生了显著的变化:一方面,从难易程度来看,非法接触和传播变得更加便捷和简单;另一方面,从传播途径和方式来看,非法接触和传播则变得更加多样化和复杂化。这给行为危害性的准确界定带来困难,如行为人利用自己架设的网站实施非法软件的网络传播行为,对于在行为人网站上直接被下载和点击的数量比较好计算,但是他人下载后再次转发或者转发网页链接后产生的下载和点击是否应该计算,如何计算?对此,司法机关在司法解释中进行了另一种尝试,即考虑到网络行为具有的特殊危害性,对于网络行为不再考察定量因素,而是将网络传播的事实直接作为定性因素定罪处罚,如2010年最高人民检察院、公安部颁布的《关于公安机关管辖的刑事案件立案追诉标准(二)》第74条规定,对于侵犯商业信誉罪的立案标准“(一)给他人造成直接经济损失数额在五十万元以上的;(二)虽未达到上述数额标准,但具有下列情形之一的:1.利用互联网或者其他媒体公开损害他人商业信誉、商品声誉的;2.造成公司、企业等单位停业、停产六个月以上,或者破产的”。该司法解释显然是考虑到了网络空间中传播的难以控制和巨大的危害性,对于网络空间中实施的损害商业信誉行为,不再具体考察危害的量化因素,直接将其认定为犯罪,这种新的思路在未来的网络知识产权犯罪司法解释制定中可以进一步地借鉴。

(二)网络知识产权犯罪的立法选择:推动和完善刑事立法更新

2010年《著作权法《刚刚进行了修正,新的著作权法立法工作又开始启动，新的著作权法草案正在由公众和专家审议，立法更新速度惊人。实际上，不仅仅是著作权法，新的商标法草案、专利法草案都正在进行更新，中国的知识产权法律体系正在进行全新的建构，知识产权法律的重构是信息时代和知识经济时代来临的时代背景下所必须经历的法律更新，这种更新是全局式的，而不是仅仅限定在知识产权法领域。

刑法虽然由于自身谦抑性和稳定性的要求，在法律修正上不可能同民事法律、行政法律一样频繁，但是新的双重时代背景下的刑事法律更新同样是不可逆转的时代发展趋势，特别是在知识产权刑法保护领域，上文已述，我国现行刑法实际上还是在奉行1997年刑法修正之前罪名体系，同现有的知识产权法律已经产生了巨大的部门法冲突，知识产权法所设定的权利，在刑法保护中却是空白。而随着知识产权法律的更新，刑事立法如果不进行跟进性的立法更新，这种部门法之间的不协调会更为严重。以著作权法为例，新的著作权法草案进一步扩大了著作权的权利范围和侵害著作权的行为种类，尤其新增加了4种同网络知识产权具有紧密联系的侵害技术措施和侵害权利管理信息的行为。[①] 必须指出，如果刑法不顺应时代需要，尽快扩大对网络知识产权的保护范围和力度，刑法无法行使其他部门法最后保障法的法律功能，未来知识产权法律立法更新的效果也会大打折扣。因此，知识产权犯罪尤其是网络知识产权犯罪领域内的刑事立法更新，是我国进入信息时代和知识经济时代的必要法律准备。

1. 法律更新内容之一：侵害网络知识产权行为的入罪化

由于刑法自身的谦抑性，对于行为的入罪化、增设新罪名应当高度谨慎，“当一种制裁直接或潜在地涉及剥夺人身自由的时候，立法者是不能随心所欲的，只有在最适当的情况下，立法者才有权规定刑事制裁；在不用刑事制裁措施就足以有效地处罚和预防某种行为时，就不允

① 《著作权法（草案）》（第2稿）第74条规定：“（一）未经许可，故意避开或者破坏权利人采取的技术保护措施的，法律、行政法规另有规定的除外；（二）未经许可，故意制造、进口或者向他人提供主要用于避开、破坏技术保护措施的装置或者部件，或者故意为他人避开或者破坏技术保护措施提供技术服务的；（三）未经许可，故意删除或者改变权利管理信息的，本法另有规定的除外；（四）未经许可，知道或者应当知道权利管理信息被删除或者改变，仍然复制、发行、出租、表演、播放、通过信息网络向公众传播相关作品、表演、录音制品或者广播电视节目的。”

许将该行为规定为刑事制裁,即刑法具有辅助性和补充性”。[①] 然而在全新的时代背景下,外部环境已经深刻地改变,出现了全新的具有严重社会危害性的侵犯知识产权的行为,在无法以司法解释来解决时,立法机关则不应沉默,应当积极介入,增设新罪名,推动入罪化,避免刑事立法滞后,从整体来看,未来知识产权犯罪的入罪化应当遵循以下两个思路。

(1)入罪法益的重要性

未来的刑事立法更新时,推动的入罪化一定是要为了增强对重要法益的保护,刑法是最后的保障法,不可能保障全部的法益,而只是对人类社会中最重要的权益予以刑法保护,未来知识产权权利范围会不断扩张,刑法不宜全部介入,但是对于重要的知识产权权益,在知识经济的时代背景下,刑法必须予以积极的保护。以专利权为例,专利权是知识产权中的主要权利之一,刑法有必要对其进行全面的保护,然而目前刑法仅仅规定了假冒专利罪,保护了标识权,而对于更为核心的许可使用权和转让权则未予以保护。而随着网络时代的到来,关于计算机和网络技术是推动社会进步、保障国家竞争力的重要领域,而此类技术专利又是最容易被侵害和滥用的,刑法有必要进行罪名调整,将专利的许可使用权和转让权,纳入刑法的保护。此类刑事立法早有先例,如德国就对非法实施他人专利的行为用刑罚手段加以制裁,《德国专利法》第 49 条规定,凡在法定许可情况外,未经专利权人许可而使用其发明者,即可构成非法使用他人专利罪。犯本罪的,应当判处罚金或 1 年以下监禁。[②] 因此,对于专利权等重要的法益,现有的刑法罪名体系下无法有效保护,为了避免权益的侵害,制裁严重的侵害权益的行为,有必要增设新的罪名。

(2)入罪行为方式严重危害性

推动新的侵害网络知识产权的行为入罪化时,还必须要考虑行为的严重社会危害性,这是成立犯罪的实质性条件,而在判断侵害网络知识行为的危害性时,必须结合网络空间的特征和犯罪行为表现综合考

---

① [意]杜里奥·帕多瓦尼:《意大利刑法学原理》,陈忠林译,法律出版社 1998 年版,第 3 ~ 5 页。

② 聂洪勇:《知识产权的刑法保护》,中国方正出版社 2000 年版,第 28 页。

量。例如,对于侵害技术措施的行为和帮助侵害技术措施的行为的危害性进行比较的话,根据传统的刑法理念,实行行为的危害性要大于帮助行为的危害性,但是在网络平台中,网络的虚拟性特征使网络空间中的网络的资源共享性和信息传输交流的便捷客观上促成了一对多帮助的实行,帮助行为本身所具有的社会危害性远超于其所帮助的行为,而上文已述,此时帮助行为人和实行行为人之间往往不能成立共同犯罪。因此,在未来的刑事立法更新中,不能对侵犯网络知识产权的行为随意地、盲目地进行刑事入罪化,应当结合网络的判断对犯罪行为的危害性有充分的认识,并且在入罪化的过程中应当注意理论基础的建构,上文所提及的帮助侵害技术措施行为的入罪化,其实质上是遵循了帮助行为实行化的立法思路,而《刑法修正案(七)》中对于提供用于侵入、非法控制计算机信息系统的程序、工具罪正是立法机关的立法尝试,在未来网络知识产权犯罪的入罪化过程中,也要重点考虑将无法纳入共同犯罪理论进行评价的、网络空间中帮助侵害知识产权的行为。

2. 法律更新内容之二:现有刑法条文的修正

除了增设新的罪名,实现严重侵犯网络知识产权行为的入罪化之外,对于现有刑法条文的适当修正同样是未来刑法立法更新的内容,由于刑事立法更新不能一蹴而就,短期大规模的入罪化更是不具有现实性,因此未来对网络知识产权犯罪的制裁,仍然需要以现有的知识产权犯罪罪名体系为基础,而对于现有罪名体系在司法实践中体现出的不足和滞后,在无法以扩大司法解释的方式解决时,有必要进行一定程度的立法修正,而从立法更新的成本和难易程度来看,对现有罪名的修正往往也比新罪名的设立更容易实现。

(1)侵犯著作权罪“以营利为目的”的去留

侵犯著作权罪是制裁网络知识产权犯罪的重要罪名,从上文的统计数据分析来看,2012 年检察机关提起公诉的侵犯知识产权犯罪中,侵犯著作权罪占据了大部分比例,为了进一步加大对网络知识产权的保护,我们可以通过扩张解释的方式扩大侵犯著作权罪的制裁范围。然而,我国侵犯著作权罪明确规定了主观上必须具有“以营利为目的”的成立犯罪条件,在一定程度上限制了侵犯著作权罪的适用。

应当指出,在传统社会中,由于侵犯著作权的行为只能通过一定的物质载体如书籍、光碟来实施，大规模的、严重的侵犯著作权行为需要一定的资金、时间、人工成本的投入，犯罪成本较高，往往具有营利的目的才会实施。因此，对侵犯著作权罪限定以营利为目的，在早期世界许多国家的知识产权刑法中都有所体现。在网络信息时代，借助网络和计算机的资源共享特点和信息传播的便捷性，实施大规模的侵犯著作权的行为变得十分容易，只需要很低的成本，甚至不需要任何成本的投入，此时严重侵犯著作权行为的目的也开始多样化。在此种背景下，美国于1994年最早以司法判决的形式，最早开始思考在侵犯著作权犯罪中，尤其是在严重侵害网络知识产权的行为中去除“以营利为目的”才能成立犯罪的限制。[①] 而随着司法实践中出现了越来越多的不以营利为目的而实施的严重侵害著作权权利人的行为中，英国、中国香港地区等发达国家和地区纷纷修订其著作权法律，其中一个显著的趋势就是逐步取消了“以营利为目的”作为侵犯著作权犯罪的主观构成要件要素。[②] 因此，由于网络时代背景下去除侵犯著作权罪中的“以营利为目的”正在成为世界范围的法律更新趋势，我国在未来的刑法修正中应当予以考虑，顺应时代发展带来的著作权保护的新需求。

（2）“平等保护”下社会危害性评价标准的调整

传统的财产都是实体财产如动产和不动产，而知识产权所代表的智慧财产属于无形财产，但这并不妨碍知识产权的财产权利属性。为了加强对知识产权的保护，未来我国的刑事政策应当从“适度保护”转为“平等保护”，就是对知识产权给予同实体财产同等的重视和刑法保护，这不仅体现在通过刑法制裁更多的侵犯知识产权的犯罪行为，还体现在对社会危害性评价标准的调整。

我国目前的侵犯知识产权犯罪罪名中，对于行为的危害性评价，“违法所得”是一个重要的标准，有的罪名直接在刑法条文中规定如侵犯著作权罪、销售侵权复制品罪，有的罪名虽然没有在刑法条文中明确规定，但是司法解释中同样将“违法所得”作为定罪量刑的重要标准，如假冒专利罪、侵犯商业秘密罪。而这种对侵犯知识产权的行为强调“违

---

① United States v. La Macchia，871 F. supp. 535（D. Mass，1994），转引自廖中弘：《中美知识产权刑事保护的比较研究》，载《法律科学》1997年第3期。

② 赵秉志主编：《侵犯知识产权犯罪比较研究》，法律出版社2004年版，第79页。

法所得”而非所侵犯知识产权的实际价值抑或权利人的损失,反映了立法指导思想的偏差,实际上就是对实体财产和智慧财产采取了“区别保护”的方针。

以盗窃罪为例,根据 2013 年最高人民法院、最高人民检察院颁布的《关于办理盗窃刑事案件适用若干法律问题的解释》,对于盗窃罪的危害性的认定标准的数额,应当根据被盗窃财物的价格证明来确定,即被盗窃财物的实际价值。实际上,我国大部分的传统财产犯罪,对其危害性的评价标准基本上都依照犯罪对象财物实际价值的大小,而对侵犯智慧财产的侵犯知识产权犯罪危害性的评价,却忽视了其财产属性。实际上,随着网络空间中侵犯知识产权行为成本的降低,行为人侵犯知识产权犯罪的违法所得,往往远低于权利人的实际损失。例如,正版的 WINDOWS 操作系统正常销售途径动辄上千元,而在淘宝上出售的盗版软件往往仅数元钱,以违法所得对其行为进行评价,对权利人严重不公。因此,在“平等保护”的刑事政策理念下,调整现有侵犯知识产权犯罪罪名体系中以“违法所得”为判定社会危害性的主要标准的不合理现象,应当是未来刑事立法修正的方向之一。

(3)罪名体系一致下的刑罚设置平衡

随着知识经济时代的来临,知识产权在社会中的重要性会不断地提升,为了加强对知识产权的刑法保护,建立完善的知识产权犯罪的罪名体系至关重要。而完善的罪名体系不仅保护权益的全面性和制裁行为的广泛性,同样在刑罚设置上也应当是协调统一的。我国侵犯知识产权犯罪对著作权、商标权、专利权和商业秘密权进行了特殊的保护。其中著作权、商标权、专利权是知识产权的主要与核心权利,三种权利本身在知识产权之中并没有轻重之分,然而在我国刑法的侵犯知识产权犯罪罪名体系却对三种权益进行了差异性的刑罚设置,主要表现在两个方面:其一,对于同样的侵犯知识产权的销售行为,对于侵犯商标权的,销售假冒注册商标的商品和非法制造的商标标讼的,法定最高刑设置为 7 年,而对于侵犯著作权的,销售侵权复制品的法定最高刑则只有 3 年;其二,对于同样直接侵犯知识产权的行为,对于直接侵犯商标权、著作权甚至是作为补充权利的商业秘密权,法定最高刑都为 7 年,而侵犯专利权的法定最高刑只有 3 年。刑罚设置的差异性体现了刑法在知识产权保护上的不合理区分,不仅违背了TRIPs协定所规定的同等严重性的犯罪所受到的处罚水平一致的要求,[①]更阻碍了知识产权犯罪罪名体系的协调和统一,需要通过刑事立法修正的方式重新平衡设置法定刑。

五、全球化背景下的中国知识产权保护策略

在全球化背景下,知识产权保护制度已经成为国家与国家之间特别是发达国家与发展中国家之间最具利益分歧的争议焦点之一。在这种条件下,TRIPs协定只能制定最低标准的知识产权保护规则,但是发达国家与发展中国家的双边及区域贸易协议常要求发展中国家执行发达国家的知识产权保护标准。在这种形势下,发展中国家如何选择适合于自身的知识产权保护水平,如何制定知识产权保护制度,如何合理地利用知识产权保护制度为自身获取最大利益是值得研究的问题。

(一)国际知识产权态势

在全球一体化的大环境下,发达国家也积极推行知识产权的全球一体化,根据自己的标准要求发展中国家对知识产权执行同样的保护力度。发达国家为维持技术垄断带来的经济利益,建立了完善健全的知识产权保护体系,借此保护限制其他国家尤其是发展中国家对其先进技术的模仿和使用。一方面,强化知识产权保护力度有利于保护垄断,会导致相关产品价格的升高,对社会公共利益产生不利的影响。另一方面,加大知识产权保护的力度显然不利于发展中国家技术的积累和创新,进而影响国家经济的健康发展。如果发展中国家采取和发达国家一致的知识产权保护政策,对本国经济是不合适的。采取高保护力度对发展中国家是不利的,因为被保护的往往是发达国家的利益。通过对这些产品进行模仿,不论从短期来看还是从长期来看,发展中国家都能得到更多利益。

虽然在知识产权国际谈判中,发展中国家并不能完全按照自己的意愿制定知识产权保护政策,但是发展中国家还是应该主动寻求对自身有利的规则。

---

① TRIPs协定第61条规定:"成员方应规定刑事程序和惩罚,至少适用于具有商业规模的故意的商标仿冒和盗版案件。可资利用的补救措施应包括足以构成一种威慑的与对相应程度的刑事犯罪适用的处罚水平相同的监禁和/或罚款措施。"

(二)全球化趋势与中国知识产权保护

一般认为,外商直接投资会对投资国产生一定程度上的技术“溢出”。这就是所谓的技术溢出理论。该理论认为,跨国公司通过对外直接投资实现其技术转移。虽然“技术溢出”是技术转移的一种非自愿的形式,但是从产业带动的影响范围和程度来看,技术溢出在东道国产业结构改善的过程中显然起到了重要的作用。由于现代技术创新的成本一般较高,发达国家的技术溢出对发展中国家技术进步的重要性可想而知,发展中国家基本上不用自己研究开发而直接复制模仿发达国家的技术,节省了大量研发费用。

从这个意义上来讲,在经济全球化的背景下,很多发展中国家都积极采取措施吸收外商直接投资或与外商合资,这在一定程度上缓解了发展中国家发展过程中技术贫乏的现象,在发展初期是行之有效的一种方法。中国在改革开放初期也是走的这种路子,开放市场吸引投资并换取技术,也取得了一定的效果。但资本的本质是用最小的投入换取最大的回报,发达国家的核心技术是不会轻易出卖的,所以,以市场换技术的路子最终是行不通的。以汽车产业为例,改革开放以来,国际知名汽车厂商大都在中国建立了合资企业,在国际经济环境不景气的背景下,凭借中国这个新兴市场的强大购买力,赚取了超额利润,但到目前为止,中国汽车产业还没有掌握汽车制造的核心技术。从长远来看,与国家利益密切相关的先进技术和核心技术是无法模仿来的。如果仅是模仿,放弃自主创新能力,会因核心技术匮乏而在产业升级、经济增长方式转变上遭受制约,就会成为“世界制造工厂”,处于整个利润分配的底层。

在经济全球化这个大环境下,发达国家对发展中国家的侵略方式已经改变,武力侵略在很多时候已经不适用,更多的时候是采用经济侵略的方式,这种经济侵略方式很重要的武器就是知识产权保护。例如,发达国家的“专利池”保护已经使我们感受到了切肤之痛:1995 年以来,以飞利浦、索尼、先锋 3 家跨国公司组成的“3C 集团”和东芝、三菱、日立、松下、JVC、时代华纳 6 家跨国公司组成的“6C 集团”为主,对我国 DVD 行业与企业联合发布 DVD 规格标准,实施专利联营许可协议,强行推行“专利池”模式的“一揽子许可”。而我国 DVD 行业与企业对此措手不及,曾一度抢占世界份额80%左右的中国DVD企业,在手持专利大棒的国外专利权人及其相关企业的大举进攻之下,很快败下阵来。

(三)中国知识产权保护的思路分析

经济全球一体化已经是一个不可逆转的过程。中国在全球化过程中总体上来讲是既得利益者,所以从本质上来说是全球化进程的积极推动者,但中国知识产权领域处于弱势地位,从整体上看,全球化对于中国知识产权来说是负面影响大于正面影响的。一个国家总体上的知识产权战略要服务于国家的整体经济战略,既要为国家的经济发展作出贡献,同国家的经济发展水平相适应,又要顺应全球一体化的潮流,这就要求国家知识产权的总体战略要体现本国特色。

随着全球化的加速进行,中国经济、文化、科技方面的实力不断增强,技术、商品出口规模进一步扩大,已经成为一定意义上的贸易大国,在世界上的影响力不断加强,中国每年专利申请量也呈几何数量增长,但在国际范围内中国拥有知识产权的绝对数量还是占极少数,且大多都是外围专利,涉及核心专利的内容就更显单薄。这与中国的贸易大国的地位是很不相符的,在国际贸易中就极易受制于人,从而严重阻碍了中国高新技术的创新与发展。

为此,我国2006年开始实施"自主创新"发展战略,明确了自主创新作为科技发展的战略基点和调整产业结构及转变增长方式的基础地位。2008年,国务院颁布《国家知识产权战略纲要》,把知识产权战略作为提升自主创新能力、建设创新型国家的核心。明确规定,我国在对外关系中要扩大和加强知识产权对外交流合作,建立和完善知识产权对外信息沟通交流机制,加强国际和区域知识产权信息资源及基础设施建设与利用的交流合作,鼓励开展知识产权人才培养的对外合作,引导公派留学生、鼓励自费留学生选修知识产权专业,支持引进或聘用海外知识产权高层次人才,积极参与国际知识产权秩序的构建,有效参与国际组织有关议程。2010年11月5日,温家宝总理在全国知识产权保护与执法工作电视电话会议上强调:保护知识产权是尊重创造性劳动和激励创新的一项基本制度,是建设法治国家和诚信社会的重要内容。要建设创新型国家,完善社会主义市场经济体制,必须坚定不移地保护知识产权。这是中国政府高度重视知识产权保护的体现,表明了中国保护知识产权坚定不移的决心和信心。

(四)中国知识产权保护的未来策略

一个国家的经济发展水平与知识产权保护程度有着密切的关系,不同的国家依据各自的国情对知识产权采取不同程度的保护,即便是同一个国家,在不同的历史发展阶段也会采取不同程度的知识产权保护方式和力度。

一般而言,知识产权保护力度偏小对发展中国家来说不利于激发本国企业自主创新的积极性,但却可以增加由于技术引进产生的技术溢出效应;相反,加大知识产权保护力度可以增加本国企业自主创新的积极性,却会对技术溢出效应产生不利影响。

技术溢出并不能代替发展中国家自身的研究开发与技术创新。发达国家对发展中国家的技术溢出的目的是追求高额利润,所以往往要求得到巨额回报。因此,发展中国家往往要以被迫开放市场等作为条件,这也会导致本国企业在技术创新方面减少动力,使发展中国家的技术水平长期处于落后状态。而且发达国家的核心技术往往有战略意义或有极高的商业价值,基本上不会溢出。

在这个意义上说,要缩小甚至于赶超发达国家的技术水平,不能从根本上依赖于发达国家对发展中国家的技术溢出,从本质上还是要依靠本国的科技创新。因此,就必须加大对研究开发的投入力度,逐步从模仿走向创新,并适当注重对自身创新能力的培育,同样也需要考虑知识产权保护对国内自主研发能力的影响和作用。

发达国家尤其是美国,很早就开始建立和完善本国的知识产权保护国家战略,而且往往执行的是两套标准。在国内,基本是遵循平衡原则——在知识产权所有人和利用人之间保持着适当的平衡,既给予所有权人合适的保护,又积极促进技术的进步和利用,进而推进经济社会的进步和发展。在国际上则推行最大保护原则,把保护国内产业和保护国家竞争优势的战略管理理念贯彻于立法和执法中去,以谋求美国知识产权在世界范围内的霸权地位,以促进资本的高额回报。

现行的国际知识产权制度更多地体现了发达国家的利益,发达国家利用知识产权制度掠夺发展中国家的资源,利用发展中国家的廉价劳动力输入高科技产品,赚取高额利润。发展中国家只能被动接受。

要改变这一不平等的状况,发展中国家只能变主动为被动,积极从立法和司法方面争夺话语权,改变国际知识产权不平等的局面,使发展中国家能真正地从知识产权制度中获益。

值得欣慰的是,中国的许多有识之士已经认识到这个问题并开始持续关注,积极推动立法研究和探讨,最终导致了《国家知识产权战略纲要》的出台。《国家知识产权战略纲要》的颁布使中国有了一个可以真正实现的路线图,要实现这个路线图,中国要在以下四个方面加大力度:一是重视人才队伍的建设。要有计划地培养知识产权人才,大力提高中国企业的自主创新能力,最终使之成为一个创新性的国家。二是完善现有知识产权法律制度,加快研究制定新形势下的知识产权法律制度,比如中国的民间艺术保护制度、非物质文化遗产保护制度。三是加快知识产权审判制度改革,加大知识产权执法力度。四是争夺在国际知识产权规则制定中的话语权。

参考文献

一、外文文献

[1] Gantz J, Reinsel D. Extracting value from chaos. IDC iView,2011:1 - 12.

[2] Manyika J, Chui M, Brown B, et al. Big data: the next frontier for innovation, competition, and productivity. McKinsey Global Institute,2011.

[3] Jon Crowcroft: Copyright, Piracy and Software. In: Lionel Bently: Copyright and Piracy: an Interdisciplinary Critique. Cambridge University press,2010,p. 210.

[4] Jürgen Ensthaler: Gewerblicher Rechtsschutz und Urheberrecht. Springer,2009,3 Aufl,S. 44.

[5] Ahrens Hans-Jürgen: Gesetzgebungsvorschlag zur Beweisermittlung bei Verletzung von Rechten des geistigen Eigentums. In: GRUR 2005,S. 837 ff.

[6] Bork Reinhard: Effiziente Beweissicherung für den Urheberrechtsverletzungsprozess-Dargestellt am Beispiel raubkopierter Computerprogramme. In: NJW 1997, S. 1665 ff.

[7] Hector Macqueen: Contemporary Intellectual Property. Oxford University Press. 2007, p. 868; Bandi-Dohrn: Probleme der Rechtsverwirklichung beim Schutz von Software. In: CR, 1987, S. 835ff; Büllesbach Alfred/Büchner Wolfang: IT doesn't matter!? -Aktuelle Herausforderungen des Technikrechts-Jahrestagung der Deutschen Gesellschaft für Recht und Informatik,2005, Köln,2006.

[8] Dreier Thomas: Verletzung urheberrechtlich geschützter Software nach der Umsetzung der EG-Richtlinie. In: GRUR 1993, S. 781 ff.

[9] James Boyle: The Public Domain. Yale University Press, 2008, pp. 76 – 82.

[10] Sharath Udupa: Deobfuscation: Reverse Engineering Obfuscated Code. 12th Working Conference on Reverse Engineering. 7 – 11 Nov. 2005, pp. 1095 – 1350.

[11] Martin Schmidhuber: Verhaltenskodizes im nationalen und grenzüberschreitenden elektronischen Geschäftsverkehr. Peter Lang, 2004, S. 129; Rotraud Gitter: Softwareagenten im eletronischen Geschäftsverkehr. Nomos, 2006, S. 208.

[12] Ernst Stefan: Die Verfügbarkeit des Source Codes-Rechtlicher Know-how-Schutz bei Software und Webdesign. In: MMR 2001, S. 208 ff; Thomas Gniadek: Die Beweisermittlung im gewerblichen Rechtsschutz und Urheberrecht. Duncker und Humblot, Berlin, 2011, S. 85.

[13] Albrecht/Grafe/Kilchling: Rechtswirklichkeit der Auskunftserteilung über Telekommunikationsverbindungsdaten nach § § 100g, 100h StPO. Duncker und Humblot, Berlin, 2008, S. 203 – 211.

[14] Raja Vinesh/Fernandes Kiran J: Reverse Engineering-an industrial perspective. Springer, 2008, p. 2.

[15] Wego Wang: Reverse Engineering-Technology of Reinvention. Taylar & Francis Press, 2011, p. 27.

[16] Michael Spence: Intellectual Property. Oxford University Press, 2007, p. 308.

[17] Reto M. Hilty: Urheberrecht. Stämpfli Verlag AG Bern, 2011, S. 301; Fallenböck/Galla/Stockinger (Hrsg.): Urheberrecht in der digitalen Wirtschaft. Manz, 2005, S. 192.

[18] Ludwig Delp: Das Recht des geistigen Schaffens in der Informationsgesellschaft. 2 Aufl, C. H Beck Müchen, 2003, S. 285.

[19] Philipp D. Bollacher: Internationales Privatrecht, Urheberrecht und Internet. Peter Lang, 2005, S. 15.

[20] Ernst Stefan: Die Verfügbarkeit des Source Codes-Rechtlicher Know-how-Schutz bei Software und Webdesign. In: MMR 2001, S. 177.

[21] Till Evert: Anwendbares Urheberecht im Internet. Verlag Dr. Kovac, 2005, S. 207.

[22] Hoeren Thomas: Internet und Recht-Neue Paradigmen des Informationsrechts. In: NJW 1998, S. 2849 ff.

[23] Felix Banholzer: Die Internationale Gerichtszuständigkeit bei Urheberrechtsverletzungen im Internet. Peter Lang,2011,S. 152.

[24] Axel Metzger: Urheberrechtsschranken in der Wissensgesellschaft: „Fair use" oder enge Einzeltatbestände? In: Matthias Leistner (Hrsg.) Europäische Perspektiven des Geistigen Eigentums. Mohr Siebeck,2010,S. 101.

[25] Nicola Lucchi: Digital Media and Intellectual Property. Springer,2006,p. 62; Fallenbäck-Galla-Stockinger(Hrsg.) Urheberrecht in der digitalen Wirtschaft. Manz,2005,S. 191 - 198.

[26] Peter Lutz: Grundriss des Urheberrechts. C. F Müller,2009,S. 165.

[27] Matthias Pierson, Thomas Ahrens und Karsten Fischer: Recht des geistigen Eigentums. Verlag Vahlen, 2007, S. 29; Samuelson, Pamela; Scotchmer, Suzanne: The Law and Economics of Reverse Engineering, Yale Law Journal, Vol. 111, No. 7, May 2002, pp. 1575 - 1664.

[28] Ulrich Loewenheim: Handbuch des urheberechts,2 Aufl,2010, § 9, Rn. 186 - 188.

[29] Birner Cornelia: Die Internet-Domain als Vermögensrecht. Zur Haftung der Internet-Domain in Zwangsvollstreckung und Insolvenz. Mohr Siebeck,2005, S. 67.

[30] Olenhusen Albrecht Götz von: Digitale Information-und Wissensgesellschaft und das Urheberrecht. In: ZRP 2003,S. 232 - 235.

[31] Metzger Axel: Richtlinie zum Urheberrecht in der „Informationsgesellschaft" – Privatkopie trotz technischer Schutzmaßnahmen? MMR 2002,S. 139.

[32] David Berry: Copy, Rip, Burn: The Politics of Copyleft and Open Source. Pluto Press,2008,p. 177.

[33] Joshua Gay: Free Software, Free Society: Selected Essays of Richard M. Stallman. CreateSpace,2009,p. 202.

[34] Schwarz, M.; Takhteyev, Y. (2010), "Half a Century of Public Software Institutions: Open Source as a Solution to the Hold-Up Problem", Journal of Public Economic Theory 12(4), pp. 609 - 639.

[35] Rafal Urbaniak: How Not To Use the Church-Turing Thesis Against Platonism. In: Philosophia Mathematica(2011)19(1), pp. 74 - 89.

[36] Colin P. Williams: Explorations in Quantum Computing. Spinger, 2010, p. 427.

[37] Grosheide Willem: Durchsetzung von Urheberrechten im Wege einstweiliger

Maßnahmen. GRUR Int. 2000, S. 310 – 324.

[38] Haberstumpf/Helmut: Handbuch des Urheberrechts. 2 Aufl, Neuwied, 2000.

[39] Philipp D. Bollacher: Internationales Privatrecht, Urheberrecht und Internet. Peter Lang, 2005, S. 64.

[40] Andrew M. St Laurent: Understanding Open Source & Free Software Licensing. O'Reilly Media, 2004, p. 63.

[41] Sharonk Sandeen: Intellectual Property Deskbook for the Business Lawyer: A Transactions-Based Guide to Intellectual Property Law. Amer Bar Assn, 2008, p. 201.

[42] Eric S Raymond: The Cathedral and the Bazaar-Musings on Linux and Open Source by an Accidental Revolutionary. O' Reilly Media, 2001, pp. 16 – 19.

[43] Karl Franz Fogel: Producing Open Source Software: How to Run a Successful Free Software Project. O'Reilly Media, 2005, p. 35.

[44] Fallenböck-Galla-Stockinger(Hrsg.) Urheberrecht in der digitalen Wirtschaft. Manz, 2003, S. 238.

[45] Jürgen Ensthaler: Gewerblicher Rechtsschutz und Urheberrecht. 3 Aufl, 2009, S. 106 – 106.

[46] Steven Kinney: Trusted Platform Module Basics Using TPM in Embedded Systems with CDROM: Using TPM in Embedded Systems. Elsevier, 2006, p. 23.

[47] Jennifer Davis: Of plots, puddings and draught-excluders: the law as it applies to the infringement of computer programs. In: Lionel Bently/Jennifer Davis: Copyright and Piracy: an Interdisciplinary critique. Cambridge University Press, 2010, p. 230.

[48] Jürgen Nützel: Digital Rights Management. In: Frank Fechner(Hrsg.) Die Privatkopie-Juristische, Ökonomische und technische Betrachtungen. Universitätsverlag Ilmenau, 2007, S. 29 – 35.

[49] Dorothee Krutisch: Strafbarkeit des unberechtigten Zugangs zu Computerdaten und-Systemen. Peter Lang, 2003, S. 66.

[50] Hans Peter Bull: Datenschutz, Informationsrecht und Rechtspolitik. Duncker und Humblot, Berlin, 2005, S. 117 – 181.

[51] Pelopidas Konstantinos Donos: Datenschutz-Prinzipien und Ziele. Nomos, 1998, S. 56; Jan von Knop/Martin Zilens (Hrsg.): Datenschutz-Im Spannungsfeld zwischen Sicherheit und Privatheit. W. Bertlsmann, 2005, S. 15.

[52] Andreas Seling: Schutz der Privatsphäre durch das Strafrecht. LexisNexis, 2010, S. 82.

[53] Joseph F. Bradley, The Role of Trade Association and Professional Business Society in America, University ParkPennsylvania, 1965, p. 4.

[54] See WIPO, WIPO Intellectual Property Handbook (2nd Edition), WIPO Publication No. 489(E), Geneva, 2004, pp. 271 - 272.

[55] Paul Goldstein. Copyright [M]. 2nd Ed. Aspen Law & Business, 1999, at §6.0, 6:2.

[56] Donald P. Harris, The Honeymoon Is Over: The U. S. - China WTO Intellectual Property Complaint, Fordham International Law, 2008.

[57] Basic proposal for the Substantive Provisions of the Treaty on Intellectual Property in Respect of Databases, WIPO Doc. CRNR/DC/6 (Aug 30, 1996), Article 1.

[58] Database Investment and Intellectual Property Antipiracy Act of 1996, H. R. 3531, 104th Cong, 2d Sess.

二、中文专著

[59]胡康生:《中华人民共和国著作权法释义》,法律出版社 2002 年版。

[60]《中国新媒体发展报告 No. 5(2014)》,社会科学文献出版社 2004 年版。

[61]《第 35 次中国互联网发展状况统计报告》2015 年。

[62]薛虹:《网络时代的知识产权法》,法律出版社 2000 年版。

[63]于志刚:《传统犯罪的网络异化研究》,中国检察出版社 2010 年版。

[64]张明楷:《刑法学》,法律出版社 2011 年版。

[65]张军主编:《刑事法律文件解读》(总第 80 辑),人民法院出版社 2012 年版。

[66]张军、熊选国主编:《刑事法律文件解读》(总第 67 辑),人民法院出版社 2011 年版。

[67]蔡海宁主编:《信息网络与高新技术法律前沿 2009》,法律出版社 2009 年版。

[68]罗胜华编著:《网络法案例评析》,对外经济贸易大学出版社 2012 年版。

[69]张明楷:《刑法学》,法律出版社 2011 年版。

[70]张明楷:《刑法分则的解释原理》(上),中国人民大学出版社 2011 年版。

[71]于志刚主编:《涉药犯罪的立法缺陷与完善》,中国医药科技出版社 2013 年版。

[72]杜国强、廖梅、王明星:《侵犯知识产权犯罪比较研究》,中国人民公安大学出版社2005年版。
[73]高铭暄:《中华人民共和国刑法的孕育诞生和发展完善》,北京大学出版社2012年版。
[74]刘树德:《空白罪状——界定·追问·解读》,人民法院出版社2002年版。
[75][俄]俄罗斯联邦总检察院编:《俄罗斯联邦刑法典释义》(下册),黄道秀译,中国政法大学出版社2000年版。
[76]张明楷:《刑法学》,法律出版社2011年版。
[77]舒国滢主编:《法理学》,北京大学出版社2006年版。
[78]张明楷:《刑法分则的解释原理》(下),中国人民大学出版社2011年版。
[79]戴长林主编:《网络犯罪司法实务研究及相关司法解释理解与适用》,人民法院出版社2013年版。
[80]刘树德:《罪状构建论》,中国方正出版社2002年版。
[81]林维:《刑法解释的权力分析》,中国人民公安大学出版社2006年版。
[82]金华、陈平凡等:《云计算法律问题研究》,法律出版社2012年版。
[83]冯晓青:《著作权法》,法律出版社2010年版。
[84]潘灿君:《著作权法》,浙江大学出版社2013年版。
[85]崔国斌:《著作权法原理与案例》,北京大学出版社2014年版。
[86]奚晓明:《〈中华人民共和国侵权责任法〉条文理解与适用》,人民法院出版社2010年版。
[87]张新宝:《侵权责任法》,中国人民大学出版社2010年版。
[88]冯晓青:《知识产权法利益平衡理论》,中国政法大学出版社2006年版。
[89][意]彼德罗·彭梵得:《罗马法教科书》,黄风译,中国政法大学出版社1992年版。
[90][德]卡尔·拉伦兹:《德国民法通论》(上册),王晓晔等译,法律出版社2003年版。
[91]张建华:《信息网络传播权保护条例释义》,中国法制出版社2006年版。
[92]王迁:《网络版权法》,中国人民大学出版社2008年版。
[93]胡卫夕、宋逸:《微博营销》,机械工业出版社2011年版。
[94]冯晓青:《著作权法》,法律出版社2010年版。
[95][德]M.雷炳德:《著作权法》,张恩民译,法律出版社2005年版。
[86]冯晓青:《知识产权法哲学》,中国人民公安大学出版社2003年版。
[97]叶明:《行业协会限制竞争行为的反垄断法规制》,法律出版社2010年版。
[98]张俊浩:《民法学原理》,中国政法大学出版社1998年版。

[99]魏振瀛:《民法》,北京大学出版社 2000 年版。
[100]龙卫球:《民法总论》,中国法制出版社 2001 年版。
[101]鲁篱:《行业协会限制竞争法律规制研究》,北京大学出版社 2009 年版。
[102]王名、刘培峰等:《民间组织通论》,时事出版社 2004 年版。
[103]赵秉志主编:《侵犯知识产权犯罪比较研究》,法律出版社 2004 年版。
[104]《意大利民法典》,费安玲、丁玫译,中国政法大学出版社 1997 年版。
[105]聂洪勇:《知识产权的刑法保护》,中国方正出版社 2000 年版。
[106]程昔武:《非营利组织治理机制研究》,中国人民大学出版社 2008 年版。
[107]樊纲:《市场经济与经济效率》,生活·读书·新知三联书店 1992 年版。
[108][意]杜里奥·帕多瓦尼:《意大利刑法学原理》,陈忠林译,法律出版社 1998 年版。
[109]张文显:《法理学》,高等教育出版社 1999 年版。
[110]徐子沛:《大数据,正在到来的数据革命,以及它如何改变政府、商业与我们的生活》,广西师范大学出版社 2015 年版。
[111]孔祥俊:《WTO 知识产权协定及其国内适用》,法律出版社 2002 年版。

三、中文论文

[112]郑成思:《从"入世"及法学研究角度透视著作权法和商标法的修改》,载《人民法院报》2001 年 11 月 4 日第 3 版。
[113]李艳新:《也谈著作权法修改:信息网络传播权与播放权之界定与范围》,载《2013 年中华全国专利代理人协会年会暨第四届知识产权论坛论文汇编》第四部分,2013 年 7 月 1 日。
[114]陈志刚:《论信息网络传播权的刑法保护》,载《湖南公安高等专科学校学报》2008 年第 3 期。
[115]王迁:《论著作权法中"发行"行为的界定——兼评"全球首宗 BT 刑事犯罪案"》,载《华东政法学院学报》2006 年第 3 期。
[116]刘银良:《论著作权法中作者经济权利的重塑——以比较和实践为视角》,载《知识产权》2011 年第 8 期。
[117]刘银良:《百尺竿头,何不更进一步?——评著作权法第三次修改》,载《知识产权》2013 年第 2 期。
[118]张莉:《〈著作权法〉第三次修订工作启动:网络版权侵权问题牵一发而动全身》,载《中国贸易报》2011 年 7 月 28 日第 6 版。
[119]徐铭勋:《论数字环境下著作权行政保护与刑事保护的强化》,载《河北法学》2013 年第 1 期。

[120]冯晓青:《我国著作权合同制度及其完善研究》,载《法学杂志》2013 年第 8 期。
[121]焦捷:《知识产权战略对中国企业国际化的五大作用》,载《科技日报》2008 年 7 月 6 日版。
[122]张今、郭斯伦:《著作财产权体系的反思与重构》,载《法商研究》2012 年第 4 期。
[123]王迁:《我国〈著作权法〉对"广播权"和"信息网络传播权"的重构》,载《重庆工学院学报(社会科学版)》2008 年第 9 期。
[124]于志刚:《全媒体时代与编造、传播虚假信息的制裁思路》,载《法学论坛》2014 年第 2 期。
[125]于志刚:《网络犯罪与中国司法应对》,载《中国社会科学》2010 年第 3 期。
[126]鲍丹、肖潘潘、吕毅品、史鹏飞:《30 人以上死亡为特别重大安全事故》,载《人民日报》2012 年 8 月 27 日版。
[127]刘文勇:《新时代传播的宠儿——病毒式传播》,载《东南传播》2007 年第 9 期。
[128]慕名:《微信们要革谁的命?》,载《通讯企业管理》2011 年第 8 期。
[129]匡文波:《微信 PK 微博:谁更"凶猛"?》,载《人民论坛》2013 年第 22 期。
[130]袁彬:《全媒体时代虚假信息犯罪的刑法治理》,载《内蒙古社会科学(汉文版)》2014 年第 2 期。
[131]于志刚:《侵犯著作权罪中"以营利为目的"的网络异化——以珊瑚虫 QQ 案为视角》,载《昆明理工大学学报·社科(法学版)》2008 年第 7 期。
[132]陈宜飚:《香港:全球首例 BT 用户侵权量刑调查》,载《21 世纪经济报道》2005 年 11 月 1 日版。
[133]杜芳:《论网络信息著作权的刑法保护》,载《中国人民公安大学学报(自然科学版)》2010 年第 1 期。
[134]刘祥国、李正生:《数字化时代中国版权制度的现状及挑战》,载《社会科学家》2010 年第 10 期。
[135]王迁:《论网络环境中发行权的适用》,载《知识产权》2001 年第 4 期。
[136]陈春晖、曾德明、朱丹:《知识产权与中国经济增长的协整关系研究》,载《湖南大学学报(自然科学版)》2007 年第 7 期。
[137]于志刚:《信息社会与刑事法律的时代转型》,载《检察日报》2011 年 3 月 31 日第 3 版。
[138]崔立红、秦野:《网络时代知识产权犯罪问题研究及其对策》,载《犯罪研究》2001 年第 1 期。

[139]赵赤:《从“民法中心”到“刑法中心”的转变与实现——评析美国知识产权刑事立法的演进与最新发展》,载《天津行政学院学报》2010 年第 5 期。
[140]中华人民共和国国务院新闻办公室:《中国互联网状况》,载《人民日报》2010 年 6 月 9 日第 14 版。
[141]张塞加:《互联网特性与出版探讨》,载《科技与出版》2007 年第 12 期。
[142]吕志峰:《P2P 技术的应用和思考》,载《甘肃科技纵横》2003 年第 5 期。
[143]于志刚、李怀胜:《网络犯罪危害性的公众认知异化及其反思》,载《贵州民族学院学报》2008 年第 5 期。
[144]张塞加:《互联网特性与出版探讨》,载《科技与出版》2007 年第 12 期。
[145]刘阳:《新媒体:让我欣喜让我忧》,载《人民日报》2009 年 9 月 14 日第 15 版。
[146]李芹、赵立辉:《网吧播放影片,当心侵权》,载《人民法院报》2010 年 5 月 23 日第 3 版。
[147]佚名:《当原创文学遭遇“免费盗版”》,载《彭城晚报》2010 年 11 月 29 日第 C06 版。
[148]鞠佳佳:《BT 下载的刑法思考》,载《中国检察官》2010 年第 9 期。
[149]文莉莎:《边破边立　网络电影探索盈利之道》,载《第一财经日报》2008 年 2 月 14 日第 C05 版。
[150]徐馨:《网络影视作品侵权法律该从何处“开刀”?》,载《人民日报》2006 年 2 月 21 日第 11 版。
[151]陈瑜:《热播影视作品为何频遭网络侵权?》,载《科技日报》2009 年 4 月 29 日第 3 版。
[152]邓社民:《共享 P2P 网络对著作权的挑战和法律回应》,载《网络法治月月谈·争鸣》2008 年第 1 期。
[153]于志刚:《论传统刑法与虚拟空间的冲突和衔接》,载《浙江社会科学》2004 年第 1 期。
[154]林竹静:《数字化作品著作权犯罪定量标准重构——兼谈关于刑法第 217 条、第 218 条的修正意见》,载《犯罪研究》2012 年第 3 期。
[155]阴建峰、张勇:《挑战与应对:网络知识产权犯罪对传统刑法的影响》,载《法学杂志》2009 年第 7 期。
[156]任燕:《利用网络侵犯著作权犯罪及其刑事立法完善探析》,载《公民与法(法学版)》2009 年第 7 期。
[157]栗爱民:《网络著作权侵权行为研究》,载《江苏经贸职业技术学院学报》2008 年第 3 期。

[158]李怀胜:《技术过失行为的法理省思——基于网络背景的刑事法考察》,载《刑法论丛》2010 年第 3 卷。
[159]李怀胜:《论著作权犯罪中“发行”与“销售”的区别——兼论刑法第 217 条与第 218 条的关系》,载《吉林公安高等专科学校学报》2008 年第 6 期。
[160]陈志刚:《论信息网络传播权的刑法保护》,载《湖南公安高等专科学校学报》2008 年第 3 期。
[161]薛虹:《因特网上的版权及有关权保护》,载郑成思主编:《知识产权文丛》(第 1 卷),中国政法大学出版社 1999 年版,第 90 页。
[162]郭建勋:《Web 2.0 的特点及其对网络信息交流的影响》,载《河南科技学院学报》2008 年第 3 期。
[163]田亨华:《网络侵权获刑者第一人能否终结私服时代》,载《第一财经日报》2006 年 3 月 23 日第 4 版。
[164]刘科、高雪梅:《刑法谦抑视野下的侵犯知识产权犯罪》,载《法学杂志》2011 年第 1 期。
[165]于志刚:《三网融合视野下刑事立法的调整方向》,载《法学论坛》2012 年第 4 期。
[166]袁定波:《加强保护分门别类宽严适度　最高法确立知识产权司法政策》,载《法制日报》2011 年 12 月 21 日版。
[167]赵秉志、刘科:《国际知识产权刑法保护的发展趋势》,载《政治与法律》2008 年第 7 期。
[168]张心向:《我国知识产权刑事保护现象反思——基于实体法规范的视野》,载《南开学报》2010 年第 4 期。
[169]于志刚:《论共同犯罪的网络异化》,载《人民论坛》2010 年第 29 期。
[170]吴汉东:《〈著作权法〉第三次修改的背景、体例和重点》,载《法商研究》2012 年第 4 期。
[171]舒洪水、贾宇:《全球化时代的知识产权犯罪及其防治》,载《法学家》2009 年第 1 期。
[172]邹德萍:《微博版权浮出水面》,载《上海信息化》2011 年 10 月版。
[173]马荣春:《刑法类型化思维——一种“基本的”刑法方法论》,载《法治研究》2013 年第 12 期。
[174]柏浪涛:《破坏生产经营罪问题辨析》,载《中国刑事法杂志》2010 年第 3 期。
[175]高晓莹:《论非法经营罪在著作权刑事保护领域的误用与退出》,载《当代法学》2011 年第 2 期。

[176]欧阳本祺:《对非法经营罪兜底性规定的实证分析》,载《法学》2012 年第 7 期。
[177]马春晓:《非法经营罪的“口袋化”困境和规范解释路径——基于司法实务的分析立场》,载《中国刑事法杂志》2013 年第 6 期。
[178]刘德法、尤国富:《论空白罪状中的“违反国家规定”》,载《法学杂志》2011 年第 1 期。
[179]田宏杰、阮柏云:《非法经营罪内涵与外延扩张限制思考》,载《人民检察》2012 年第 23 期。
[180]吴仁碧:《论非法经营罪的几个问题》,载《政治与法律》2010 年第 2 期。
[181]于志刚、邢飞龙:《中国网络法律体系的现状分析和未来建构——以 2012 年 12 月 31 日为截止时间点的分析》,载《辽宁大学学报》2013 年第 4 期。
[182]蒋铃:《刑法中“违反国家规定”的理解和适用》,载《中国刑事法杂志》2012 年第 7 期。
[183]李学龙、龚海刚:《大数据系统综述》,载《中国科学》2015 年第 1 期。
[184]于志强:《我国网络知识产权犯罪制裁体系检视与未来建构》,载《中国法学》2014 年第 3 期。
[185]吴汉东:《论反不正当竞争中的知识产权问题》,载《现代法学》2013 年第 1 期。
[186]芮松艳:《深层链接行为直接侵权的认定——以用户标准为原则,以技术标准为例外》,载《中华商标》2009 年第 4 期。
[187]邓灵斌、余玲:《大数据时代数据共享与知识产权保护的冲突与协调》,载《图书馆论坛》2015 年第 6 期。
[188]姚建军:《网络服务提供者侵权行为探讨——兼议〈侵权责任法〉第 36 条的辨析及其延伸》,载《法律适用》2011 年第 2 期。
[189]冯晓青:《我国对因特网服务提供商著作权侵权责任立法之研究》,载《科技与法律》2001 年第 2 期。
[190]赵刚:《网络服务提供者教唆侵权的认定中主观过错的考量》,载《电子知识产权》2014 年第 5 期。
[191]梁彗星:《中国侵权责任法解说》,载《北方法学》2011 年第 1 期。
[192]徐伟:《网络服务提供者连带责任之质疑》,载《法学》2012 年第 5 期。
[193]王太平、姚鹤徽:《间接侵权责任制度适用的有限性及出路》,载《电子知识产权》2009 年第 1 期。
[194]董炳和:《数据库法律保护在中国——兼评中国法院审理的两起涉及数据库的案件》,载郑成思主编:《知识产权研究:第 8 卷》,中国方正出版社

1999 年版,第 190 页。
[195]屠世超:《行业自治规范的法律效力及效力审查机制》,载《政治与法律》2009 年第 3 期。
[196]李永明、吕益林:《论知识产权之公权性质——对“知识产权属于私权”的补充》,载《浙江大学学报》2004 年第 4 期。
[197]冯晓青、刘淑华:《试论知识产权的私权属性及其公权化趋向》,载《中国法学》2004 年第 1 期。
[198]吴汉东:《关于知识产权私权属性的再认识——兼评“知识产权公权化”理论》,载《社会科学》2005 年第 10 期。
[199]孙海龙、董倚铭:《知识产权公权化理论的解读和反思》,载《法律科学》2007 年第 5 期。
[200]刘春田:《知识产权解析》,载《中国法学》2003 年第 4 期。
[201]李昌风:《知识产权保护的平衡原则及其构建》,载《理论学刊》2005 年第 9 期。
[202]陈子龙:《知识产权权利冲突及司法裁量》,载《知识产权文丛》(3),中国政法大学出版社 2000 年版,第 22 页。
[203]王迁:《〈信息网络传播权保护条例〉中“避风港”规则的效力》,载《法学》2010 年第 6 期。
[204]衣庆云:《知识产权公权化理论之批判》,载《电子知识产权》2007 年第 7 期。
[205]胡开忠:《“避风港规则”在视频分享网站版权侵权认定中的适用》,载《法学》2009 年第 12 期。
[206]冯晓青:《著作权法中思想与表达二分法原则探析》,载《湖南文理学院学报(社会科学版)》2008 年第 1 期。
[207]毛庆:《互联网成知识产权侵权重灾区》,载《南京日报》2013 年 4 月 24 日版。
[208]陈武:《行业协会在实施知识产权战略中的作用》,载《电子知识产权》2005 年第 6 期。
[209]柳树康:《2006 年专项行动新动态　打击网络侵犯知识产权犯罪》,载《人民日报》2006 年 4 月 12 日版。
[210]姚建军:《网络服务提供者侵权行为探讨》,载《知识产权报》2011 年 2 月 22 日版。

图书在版编目(CIP)数据

网络知识产权犯罪制裁体系研究 / 于志强著. —北京:法律出版社,2017
(浙江理工大学法学文库)
ISBN 978-7-5197-1089-7

Ⅰ. ①网… Ⅱ. ①于… Ⅲ. ①计算机网络—侵犯知识产权罪—研究—中国 Ⅳ. ①D924.334

中国版本图书馆CIP数据核字(2017)第172828号

网络知识产权犯罪制裁体系研究
WANGLUO ZHISHI CHANQUAN FANZUI ZHICAI TIXI YANJIU

于志强 著

策划编辑 周丽君
责任编辑 周丽君
装帧设计 贾丹丹

出版 法律出版社
总发行 中国法律图书有限公司
经销 新华书店
印刷 北京北苑印刷有限责任公司
责任校对 郭艳萍
责任印制 张建伟
编辑统筹 独立项目策划部
开本 A5
印张 8.875
字数 282千
版本 2017年8月第1版
印次 2017年8月第1次印刷

法律出版社/北京市丰台区莲花池西里7号(100073)
网址/www.lawpress.com.cn
投稿邮箱/info@lawpress.com.cn
举报维权邮箱/jbwq@lawpress.com.cn
销售热线/010-63939792
咨询电话/010-63939796

中国法律图书有限公司/北京市丰台区莲花池西里7号(100073)
全国各地中法图分、子公司销售电话:
统一销售客服/400-660-6393
第一法律书店/010-63939781/9782
西安分公司/029-85330678
重庆分公司/023-67453036
上海分公司/021-62071639/1636
深圳分公司/0755-83072995

书号:ISBN 978-7-5197-1089-7
定价:38.00元